데이터로 읽는 세계경제

미야자키 이사무·다야 데이조 지음 | 여인만 옮김

AK

일러두기

1. 이 책의 일본 인명과 지명은 국립국어원 외래어 표기법에 따라 표기하였다.

2. 서양 지명 및 서양 인명은 영어 표기를 기준으로 했다.

3. 책 제목은 『』, 자료는 「 」, 신문 등은 〈 〉로 표시하였으며, 이외의 인용, 강조, 생각 등은 따옴표를 사용했다.

4. 이 책은 산돌과 Noto Sans 서체를 이용하여 제작되었다.

목차

1. 세계경제의 윤곽

"일본 국민은 항구 평화를 염원하고
인간 상호관계를 지배하는 숭고한 이념을
깊이 자각하며 평화를 사랑하는
여러 국민의 공정과 신의를 신뢰하여…"

-일본 헌법 전문

1) 국가의 수·국토

국가란 일반적으로 일정 영토와 그 주민을 통치하는 자주적인 권력 조직과 통치권을 가진 정치사회로, 국제적으로는 영토·국민·주권을 지니고 독립된 대상으로 인정받고 있는 것을 일컫는다. 현재 전 세계 국가는 196개국(2019년 말 기준)인데 이 중 193개국이 국제연합UN 가맹국이다.

역사적으로 보면, 국가의 수는 2차 세계대전 이후 증가하는 추세에 있다. 위에서 언급한 196개국의 독립 시기를 보면, 1960~1970년대 아프리카에서 여러 국가가 독립한 데 이어 1990년대에는 구소련에 속하던 많은 나라가 독립했다. 세계는 민족적인 결합을 중심으로 세분화되는 경향을 보이고 있다. 동시에 경제적인 국경이 약해지면서 지역화의 움직임이 강해지고 있다.

이들 국가와 특정국의 영유 혹은 보호를 받는 지역을 포함한 국가·지역군이 1억 3,400제곱킬로미터(그린란드 등 독립국 이외의 지역과 남극을 포함하면 약 1억 5000만제곱킬로미터로 지구 표면의 약 29퍼센트를 점한다)에 공존하고 있다. 국토 면적이 넓은 나라는 러시아, 캐나다, 미국, 중국, 브라질, 오스트레일리아, 인도, 아르헨티나 순이다. 반대로 면적이 작

〈세계 196개국의 독립 시기〉

독립 시기	국가 수
1942년 이전	67
1943-1949	14
1950-1959	8
1960-1969	43
1970-1979	25
1980-1989	8
1990-1999	25
2000-2009	3
2010-2019	3
합계	196

주: 일본이 승인하고 있는 195개국과 일본을 대상. UN가맹국은 193개국으로 북한이 포함됨. 한편 일본이 승인하고 있는 국가 중 3개국은 가맹하고 있지 않음.

〈세계의 국가와 영토〉

지역, 주요국·그룹	국가수	면적(만㎢)	%
아시아	36	2,765	20.6
일본		38	0.3
중국		960	7.2
인도		329	2.4
ASEAN 여러 나라[1)]	10	449	3.3
중동	15	691	5.2
대양주	16	849	6.3
오스트레일리아		769	5.7
아프리카	54	3,069	22.9
나이지리아		92	0.7
유럽	54	2,721	20.3
EU[2)]	27	414	3.1
독일		36	0.3
프랑스		55	0.4
이탈리아		30	0.2
영국		24	0.2
CIS 여러 나라[3)]	12	2,213	16.5
러시아		1,710	12.8
북미	2	1,961	14.6
미국		963	7.2
캐나다		999	7.4
중남미	34	2,041	15.2
멕시코		196	1.5
브라질		852	6.4
합계	196	13,406	100.0

주: 1) 동남아시아국가연합(ASEAN) 10개국: 인도네시아, 싱가포르, 태국, 필리핀, 말레이시아, 브루나이, 베트남, 미얀마, 라오스, 캄보디아

2) 유럽연합(EU) 27개국: 유로권(이탈리아, 네덜란드, 독일, 프랑스, 벨기에, 룩셈부르크, 아일랜드, 그리스, 스페인, 포르투갈, 오스트리아, 핀란드, 키프로스, 슬로바키아, 슬로베니아, 몰타, 에스토니아, 라트비아, 리투아니아), 비유로권(덴마크, 스웨덴, 체코, 헝가리, 폴란드, 불가리아, 루마니아, 크로아티아)

3) CIS(독립국가연합) 12개국: 아시아에 속하는 국가도 많지만, 여기서는 유럽으로 분류. 러시아, 아제르바이잔, 아르메니아, 우크라이나, 우즈베키스탄, 카자흐스탄, 키르기스스탄, 조지아, 타지키스탄, 투르크메니스탄, 벨라루스, 몰도바

자료: 외무성 홈페이지 등

은 나라로는 카리브해·남태평양의 여러 섬나라가 있다. 참고로 일본은 37제곱킬로미터로 전체 육지면적의 0.3퍼센트, 세계 평균 국가 면적의 약 반 정도인데, 면적순으로는 61위에 해당한다.

동독과 서독이 통일되고(1990년), 홍콩(1997년)·마카오(1999년)도 평화적으로 중국에 반환되었다. 하지만 한반도는 아직도 분단된 채로 남아있다. 2000년 이후 독립한 국가로는 동티모르, 몬테네그로, 코소보, 남수단이 있다.

2) 인구·민족

세계인구는 2017년에 74억 명에 근접한 것으로 알려져 있다. 그중 약 60퍼센트는 아시아에 거주하고 아프리카·유럽·남북미에 각각 10퍼센트 정도가 살고 있다.

국가별로 보면, 1억 명 이상의 인구를 보유한 국가는 11개국으로, 중국, 인도, 미국, 인도네시아, 브라질, 파키스탄, 방글라데시, 나이지리아, 러시아, 일본, 멕시코 순이다. 그러나 이들 국가의 내부에서 인구 동태가 있어 순위가 중장기적으로는 변동한다. 선진국을 중심으로 한 OECD 가맹 36개국은 세계인구의 약 20퍼센트를 점하는데, 일본을 비롯해 인구증가율은 저하하는 추세에 있다. OECD 가맹국은 아니지만, 중국에서도 인구억제 효과가 나타나고 있다.

세계인구는 7,000~8,000개의 민족으로 구성되어있다고 한다. 국가가 196개, 행정조직으로서의 지역이 약 40개 정도이기 때문에 대부분 국가·지역들이 적든 많든 복수 민족으로 구성되어있고 소수민족을 포함하고 있는 경우가 많다. 하지만 세분화된 지역의 하나인 유럽에서조차 많은 나라가 소수민족문제를 안고 있어 자치권 확대 혹은 분리·독립을 요구하는 움직임이 나타나고 있다. 영

〈세계의 주요 모국어 인구〉

언어	인구(100만 명)	언어	인구(100만 명)
중국어	1,311	(인도)마라티어	83.1
스페인어	460	(인도)텔그어	82.0
영어	379	말레이어	80.3
(인도)힌두어	341	터키어	79.4
아라비어어	319	한국어	77.3
(방글라데시)벵갈어	228	프랑스어	77.2
포르투갈어	221	독일어	76.1
러시아어	154	베트남어	76.0
일본어	128	(인도)타밀어	75.0
(파키스탄)라푼다어	119	(파키스탄)울두어	68.6

출처: https://www.ethnologue.com, 2019

국에서는 북아일랜드와 스코틀랜드 문제가 있고 프랑스, 스페인에도 마찬가지 움직임이 있다. 구소련·동유럽에서 민족 간 분쟁이 발생하고 유고슬라비아에서는 무력 항쟁이 나타났다. 이스라엘과 아랍국가 간의 분쟁, 인도네시아에서 독립한 동티모르도 복잡한 민족 대립의 예이다. 민족은 인종, 언어, 풍속뿐만 아니라 종교, 가치관, 귀속 의식을 공유하고 있는 만큼 이민족과의 공존 문제는 중요하다.

〈세계의 인구 분포〉

지역·주요국·그룹	100만 명	%
아시아	4,335	58.7
일본	128	1.7
중국	1,397	18.9
한국	51	0.7
인도	1,309	17.7
ASEAN 5*	553	7.5
중동	258	3.5
사우디아라비아	32	0.4
대양주	40	0.5
오스트레일리아	24	0.3
아프리카	1,194	16.2
나이지리아	181	2.5
남아프리카공화국	55	0.5
유럽	826	11.2
EU 여러 나라	442	6.0
유로권	337	4.6
독일	82	1.1
프랑스	64	0.9
이탈리아	60	0.8
영국	65	0.9
CIS 여러 나라	346	4.7
러시아	144	2.0
남북아메리카	988	13.4
미국	320	4.3
캐나다	36	0.5
멕시코	126	1.7
브라질	206	2.8
합계	7,383	100.0

*: 다음 항 참조

자료: United Nations Population Division Department of Economic and Social Affairs, *World Population Prospects: The 2017 Rev.*

〈세계의 주요 종교 인구〉

(2016년)

언어	인구 (100만 명)
그리스도교	2,448
가톨릭	1,242
개신교	553
동방정교회	284
이슬람교	1,752
힌두교	1,019
불교	521
중국민간종교	441
민족종교	267
신종교	66
시크교	26
스피리티즘	15
유대교	15
기타종교, 무종교, 무신론	863
기독교 인구 증가율 (%, 1995~2016)	27.0
이슬람교 인구 증가율 (%, 1995~2016)	59.3

주: 이슬람교는 수니파와 시아파로 구별되는데, 전자가 80~90퍼센트 정도를 점한다. 스피리티즘은 심령주의, 심령술, 교영술 등으로 번역되는데, 신자 자신은 그리스도교의 일파로 생각하고 있다.

자료: 《JMR 조사 리포트調査レポート 2017년도》, 2018. 4

3) 국내총생산

국가의 경제력을 나타내는 지표로는 소득(플로)과 부(스톡) 외에 노동력, 자본력, 기술력, 정보력 등이 있는데, 일반적으로 GNP(국민총생산, 1년간 생산한 재화·서비스의 합계), 혹은 GDP(국내총생산, 국내에서 생산된 것만의 합계)가 자주 사용된다. 환율 환산의 문제가 있기는 하지만, 2019년의 세계 GDP 총액은 약 87조 달러로 추계된다.

1980년 이후 국가별, 지역별로 세계에서 차지하는 점유율이 크게 변동하고 있다. 즉 성장률에 차이가 발생했다. 이 동안 점유율이 상승한 지역·국가는 신흥·발전도상국 특히 아시아 여러 나라였다. 중국의 점유율은 3퍼센트에 약간 미치지 못하다가 16퍼센트를 넘어설 만큼 급등했다. 아시아 이외의 신흥·발전도상국의 점유율은 저하 경향에 있다. 그중 구소련, 동유럽은 소련 붕괴 후 경제 혼란으로 점유율을 일시적으로 크게 하락시켰으나 그 후 회복·상승하고 있다. 한편 저하한 지역·국가는 선진 여러 나라로 점유율이 75퍼센트에서 60퍼센트를 밑돌게 되었다. 그중에서도 일본 및 여러 유럽 국가의 저하가 두드러졌다. 미국의 점유율도 낮아지기는 했지만, 하락 폭이 비교적 작았다.

〈세계 주요 지역의 GDP 점유율의 추이〉

지역	세계 GDP에서 점하는 비율(%)				
	1980	1990	2000	2010	2019
선진국 경제	75.8	78.2	79.1	65.5	59.8
유로권		26.0	19.2	19.2	15.6
G7	61.7	63.6	65.0	49.9	45.7
그 외 선진경제	6.9	7.7	8.1	8.8	8.6
(EU)	28.7	26.4	21.5	22.1	18.2
신흥·발전도상국 경제	24.2	21.8	20.9	34.5	40.2
CIS 여러 나라		0.6	1.1	3.2	2.5
신흥·발전도상 아시아	6.8	4.8	6.9	14.8	23.4
(ASEAN5)	2.0	1.4	1.5	2.5	3.0
신흥·발전도상 유럽	2.2	1.6	1.7	2.6	2.2
중남미·카리브해 여러 나라	7.6	4.9	6.5	7.7	6.1
중동·북아프리카	4.6	4.5	3.2	3.9	3.7
사하라 이남 아프리카	2.6	1.6	1.2	2.0	2.0
합계	100.0	100.0	100.0	100.0	100.0

주: ASEAN 5: 인도네시아, 필리핀, 말레이시아, 태국, 베트남
EU: 벨기에, 불가리아, 체코, 덴마크, 독일, 에스토니아, 아일랜드, 그리스, 스페인, 프랑스, 크로아티아, 이탈리아, 키프로스, 라트비아, 리투아니아, 룩셈부르크, 헝가리, 몰타, 네덜란드, 오스트리아, 폴란드, 포르투갈, 루마니아, 슬로베니아, 슬로바키아, 핀란드, 스웨덴의 27개국
유로권: EU에서 다음의 8개국을 제외한 19개국. 덴마크, 스웨덴, 불가리아, 체코, 헝가리, 폴란드, 루마니아, 크로아티아
중동: 아프가니스탄, 파키스탄을 포함
CIS 여러 나라: 아르메니아, 아제르바이잔, 벨라루스, 조지아, 카자흐스탄, 키르기스스탄, 몰도바, 러시아, 타지키스탄, 투르크메니스탄, 우크라이나, 우즈베키스탄

세계의 인구분포는 GDP와는 다르므로 당연하게도 1인당 GDP 순위도 변화하게 된다. 시장환율로 계산하면 일본의 1인당 GDP는 4만 달러를 조금 넘어선다. 1990년대에는 한때 미국을 제친 적도 있었지만, 그 후 일본의 성장률 정체로 다시 역전되어 미국의 약 3분의 2 수준으로 되었다.

〈세계 주요국의 GDP 추이〉

	각국 GDP 점유율(%)					변화폭(%)	GDP (10억 달러)	1인당 GDP (달러)
	1980	1990	2000	2010	2019	1980 →2019	2019	2019
오스트레일리아	1.46	1.38	1.18	1.90	1.62	0.16	1,417	55,421
브라질	1.31	1.94	1.94	3.34	2.25	0.94	1,960	9,344
캐나다	2.48	2.54	2.20	2.45	1.99	-0.49	1,739	46,419
중국	2.74	1.70	3.59	9.19	16.29	13.55	14,217	10,153
프랑스	6.30	5.43	4.04	4.01	3.16	-3.14	2,762	42,473
독일	7.63	6.79	5.78	5.19	4.54	-3.09	3,964	47,786
인도	1.70	1.39	1.41	2.59	3.41	1.71	2,972	2,199
이탈리아	4.33	4.99	3.38	3.22	2.32	-2.01	2,026	33,353
일본	9.92	13.36	14.44	8.63	5.93	-3.99	5,176	41,021
한국	0.58	1.19	1.66	1.66	1.90	1.32	1,657	31,937
멕시코	2.05	1.24	2.09	1.60	1.42	-0.63	1,241	9,853
나이지리아		0.27	0.20	0.56	0.51	0.24	445	2,233
러시아			0.82	2.47	1.85	1.03	1,610	11,191
사우디아라비아	1.48	0.50	0.56	0.80	0.87	-0.61	762	22,507
남아프리카공화국	0.74	0.49	0.40	0.57	0.43	-0.31	371	6,331
영국	5.42	5.08	4.88	3.72	3.24	-2.18	2,829	42,310
미국	25.63	25.43	30.29	22.71	24.46	-1.17	21,345	64,767
세계 합계(조 달러)	11.1	23.4	33.8	66.0	87.3	-	87,265	11,820*

*: 세계인구는 2017년의 추계치인 73억 8300만 명을 사용

자료: IMF, *World Economic Outlook*, April 2019

4) 산업구조

일반적으로 발전도상국은 농업·임업 등 1차 산업 비중이 높은데, 경제가 발전하면서 제조업을 중심으로 한 2차 산업의 비중이 높아지고 나아가 상업·운수·통신·정보 등 3차 산업이 확대된다(윌리엄 페티의 법칙, 콜린·클라크의 법칙). 그러나 2차, 3차 산업의 비중이 높아져도 미국처럼 세계에서 가장 생산성이 높고 생산량도 많은 농업을 보유하고 있는 국가도 있다. 각국의 자연·자원 조건에 따라 산업구조는 독특한 형태를 띤다.

산업구조는 소득(부가가치)의 분포, 취업자의 배분 등을 통해 표현할 수 있는데, 선진국 중에서도 독일, 스위스, 일본, 한국 등은 제조업의 비중이 높다. 반대로 미국, 영국, 오스트레일리아 등은 제조업의 비중이 낮고, 서비스업 특히 최근에는 정보·통신업의 비중이 높다. 홍콩, 싱가포르 등은 1차 산업이 거의 없고 금융·상업 등의 비중이 높다. 중국에서는 급속한 산업의 고도화(농업→공업→서비스업)가 진전되고 있다.

나라별로 특징이 있어서 모든 나라가 동일한 형태로 산업구조의 고도화가 진전되지는 않는다. 현실적으로는 국가별로 산업·무역 정책이 상이하고 때로는 '약육강식'

〈선진국 취업 구조의 변화〉(16개국 평균)

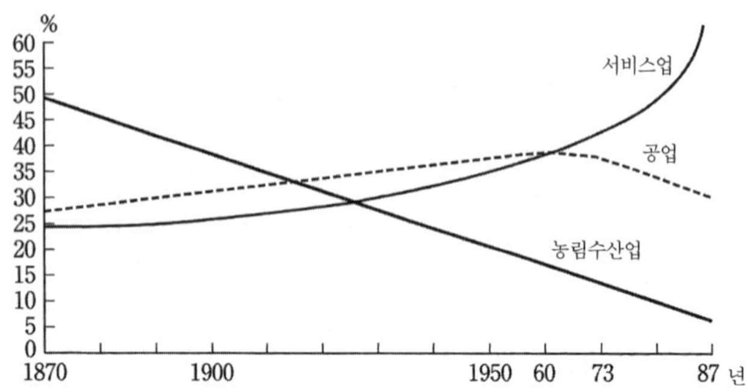

주: 16개국은, 일본, 미국, 캐나다, 오스트레일리아 및 유럽의 주요 12개국. 공업에는 전기, 가스, 수도를 포함

자료: Maddison, A, *Dynamic Forces in Capitalist Development: Long-run Comparative View*, Oxford University Press, 1991

의 법칙이 작용해서 명확한 형태로 분업체제가 형성되어 있지는 않다.

6장에서 다룰 것이나, 최근 정보통신혁명의 진전에 따라 각 산업이 정보화되고 있고, 정보통신산업 자체가 다른 산업 분야로 진출하고 있다. 이제까지의 1차~3차 산업 분류가 예전처럼 확실하지 않게 되었다.

〈주요국의 산업구조〉

부가가치기준(1) 단위 : %

	일본	미국	독일	한국
	2017년	2017년	2018년	2017년
1차 산업	1.2	0.9	0.8	2.2
2차 산업	23.5	14.9	25.8	33.6
제조업	20.8	11.6	23.1	30.4
3차 산업	75.3	84.3	73.5	64.2
정보통신	4.9	7.1	4.7	3.7

주: 1차 산업은 농림수산업, 2차 산업은 광업, 제조업, 에너지, 3차 산업은 그 외 서비스업

부가가치기준(2) 단위 : %

	브라질	중국	인도	러시아
	2016년	2018년	2017년	2016년
1차 산업	5.7	7.5	17.1	4.7
2차 산업	16.2	33.9	21.7	26.3
제조업	12.5	29.0	16.7	13.7
3차 산업	78.1	58.6	61.2	69.0

주: 1차 산업은 농림수산업, 2차 산업은 에너지를 포함한 광공업, 3차 산업은 그 외 서비스업

취업자기준 단위: %

	일본	독일	한국	브라질	러시아
	2017년	2017년	2017년	2017년	2016년
농림수산업	3.4	1.3	4.8	9.5	6.7
공업	25.1	27.4	25.1	20.7	26.9
제조업	18.5	19.0	16.9		14.4
서비스업	71.5	71.3	70.1	69.8	66.3
정보·통신	3.3	3.0	2.9		

주: 공업은 건설업을 포함
자료: OECD statistics

5) 천연자원·에너지 분포

인간은 다양한 자원을 직접 혹은 가공하여 사용하면서 경제활동을 영위한다. 자원에는 넓은 의미에서 '인적자원'으로서의 노동력, 최근에는 '환경자원'도 포함하게 되었다. '관광자원'이라는 용어도 사용된다.

이중 유형의 천연자원 중에는 재생 가능한 자원과, 반복 또는 유효 이용할 수는 있지만 궁극적으로는 원래대로 되돌리지 못하고 고갈되는 자원이 있다. 농림·수산자원은 전자에 속하는 편이고, 석유와 광물자원은 후자에 속한다. 따라서 '유한한 자원'이라는 말이 사용된다.

주요 에너지 자원인 석유·천연가스·석탄의 매장량 분포를 보면, 석유의 경우 중동이 50퍼센트에 가깝고, 천연가스는 중동과 러시아가 60퍼센트에 근접한다. 최근 캐나다, 베네수엘라의 오일 샌드에서 석유 생산이 급증하고, 미국에서 셸 가스와 오일 생산이 증대하는 등 새로운 움직임이 나타나고 있다. 석탄 매장은 유럽과 아시아를 포함해서 세계적으로 분산되어있다.

금속자원 분포도 일부 국가·지역에 편중되어있다. 금, 은, 동, 철광석, 보크사이트, 주석, 니켈 등은 상위 3~6개국에서 전체의 50~70퍼센트를 점하고 있다. 다양한 첨

〈석유 확인 매장량〉
(2018년 말)

지역·국가	비율(%)
북미	13.7
캐나다*	9.7
미국	3.5
중남미	18.8
베네수엘라*	17.5
유럽	0.8
CIS	8.4
카자흐스탄	1.7
러시아	6.1
중동	48.3
이란	9.0
이라크	8.5
쿠웨이트	5.9
사우디아라비아	17.2
아랍에미리트	5.7
아프리카	7.2
리비아	2.8
나이지리아	2.2
아시아·태평양	2.8
세계 합계	100.0
OPEC	71.8

〈천연가스 확인 매장량〉
(2018년 말)

지역·국가	비율(%)
북미	7.1
미국	6.0
중남미	4.2
베네수엘라	3.2
유럽	2.0
CIS	31.9
러시아	19.8
투르크메니스탄	9.9
중동	38.4
이란	16.2
이라크	1.8
카타르	12.5
사우디아라비아	3.0
아랍에미리트	3.0
아프리카	7.3
알제리	2.2
나이지리아	2.7
아시아·태평양	9.2
중국	3.1
세계 합계	100.0

* 캐나다, 베네수엘라의 오일 샌드에서 생산이 가능해져서 매장량이 증가

자료: BP, *Statistical Review of World Energy*, 68th ed., 2019

단제품의 생산에 필요한 희귀금속(희토류) 등도 일부 국가에 집중되어있다.

하지만 경제발전 수준, 당해 자원의 품질 등의 요인 때문에 매장 분포와 생산 분포는 반드시 일치하지는 않는

〈세계의 1차 에너지 소비〉
(2018년, %)

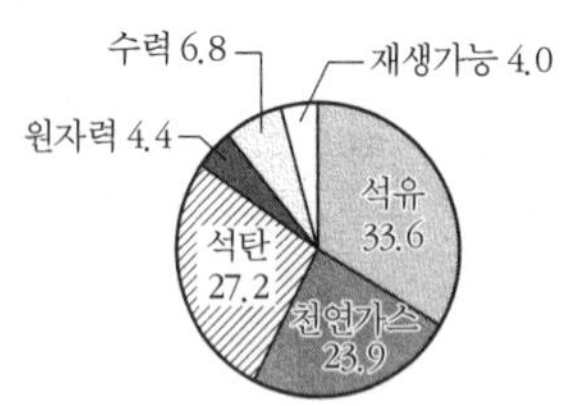

〈광물의 주요 매장국〉(2018년, %)

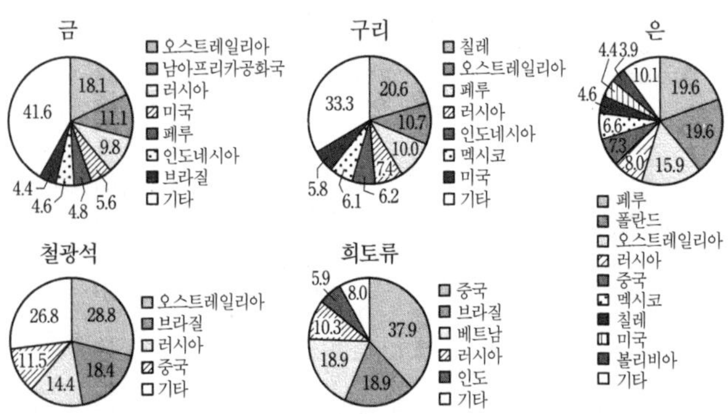

자료: US Dept. of Interior, *USGS Mineral Commodity Summaries*, 2019

다. 이전은 '자원을 가지고 있는 국가'와 '자원이 없는 나라' 간에 경제 이해가 달라서 종종 정치적 마찰, 국제분쟁의 원인이 되었다. 오늘날에도 자원은 중요한 국제문제 중 하나이다.

6) 기술

재화와 서비스의 생산은 원재료·노동력·자본이 합쳐져 이루어지는데, 그 효율을 결정하는 것은 기술이다. 즉 기술은 생산요소를 적절하게 결합시켜 효율적으로 품질이 우수한 것을 만들어내는 수법·기법이다. 따라서 기술은 경제의 발전·성장을 좌우한다. 하지만 기술 수준과 진보의 속도를 경제학적으로 계측하기는 곤란해서 엄밀하게 국제적으로 비교하기 어렵다.

기술 향상은 연구·개발·응용 단계마다 가능하다. 주요국 중에서 GDP에서 연구비가 차지하는 비율이 3퍼센트를 넘어선다든지 그에 가까운 수준을 유지하고 있는 국가는 일본, 한국, 미국, 독일, 영국 등이다. 이들 나라는 예외 없이 연구가 민간기업 중심으로 이루어진다. 한편, 중국의 연구비는 급증하고 있으며 기술 진보가 현저하다. 주요국의 논문 수 점유율과 피인용수 점유율을 보면, 중국인에 의한 양 점유율의 확대가 현저하여 미국인에 의한 점유율을 거의 따라잡는 수준까지 도달했다. 이 점유율에서 압도적인 비율을 자랑하던 미국의 존재가 위협받고 있다.

연구와 개발 노력의 성과 중 하나로 특허 등록이 있다.

〈주요국의 연구 활동과 성과〉

	연구비(2016년)		특허 등록 건수 (2016년, 만 건)	노벨상 수상자 수(명)
	조 엔	GDP에 대한 비율(%)		
일본	18.4	3.42	28.9	22
미국	55.6	2.74	27.7	243
독일	11.1	2.93	10.0	33
프랑스	6.0	2.25	4.8	17
영국	4.9	2.74	2.4	53
러시아	1.5	1.10	-	12
중국	25.7	2.11	32.2	0
한국	6.5	4.23	12.0	0

주: 연구비에는 각국 모두 인문·사회과학이 포함되어있음. 특허 등록 건수는 출원자의 국적별로 자국 및 타국에 등록된 건수와 PCT 국제출원에 따른 등록 건수를 합계한 것임. 노벨상은 1946년~2017년의 자연과학 분야에 한함

이 지표에서도 중국의 약진은 뚜렷하여 이미 일본, 미국을 상회하고 있다. 특허 등록의 전 단계인 특허출원 건수는 2012년부터 양국을 크게 앞지르고 있다.

기술은 본질적으로 보편적이어서 발전 성과는 만인에게 혜택이 돌아가는 법이다. 그렇지만 현실적으로는 그것이 국제경쟁력을 좌우하기 때문에 근대국가에서는 군사기밀과 함께 민간기술의 보호에도 힘을 쓰고 있다. 그러한 의미에서 지적 소유권 문제가 주목을 받고 있다.

〈주요국 등의 논문 수 점유율과 피인용 수 점유율 추이〉

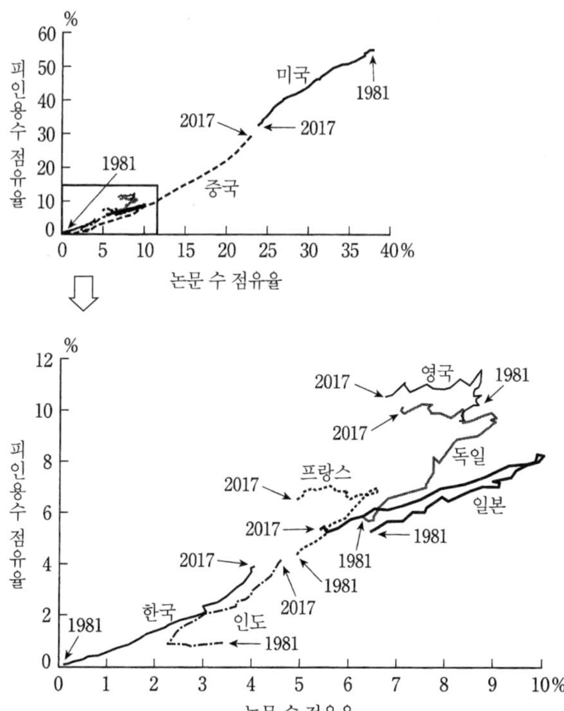

주: 1) 각국의 논문 수 점유율(논문 수가 세계 전체 논문 수에서 점하는 비율)을 가로축, 각국의 피인용 수 점유율(각국의 피인용 횟수가 세계 전체 피인용 횟수에서 점하는 비율)을 세로축에 표시

2) 피인용 횟수는 1981년~2017년 대상

3) 인문·사회과학 분야를 제외

4) 복수 국가의 공저 논문은 각각의 나라에 중복 계상

자료: 문부과학성, 『2018년도 과학기술요람平成30年度 科学技術要覧』

7) 교통·정보통신

세계경제는 정보통신의 발달을 통해 정보화됨으로써 시장경제의 일체화를 가속화하고 있다.

사람과 물건의 이동에 대해서는 산업혁명 이래, 육상, 해상, 항공 등의 교통수단이 수행한 역할이 중요했다. 이들 교통수단은 국제적으로 확대되고 대량 수송화와 속도 향상이 이루어져 지금도 중요한 역할을 담당한다. 수송기관별로 보면, 항공기에 의한 수송 증가에다가 1990년대 이후 자동차, 선박에 의한 수송 증가율도 높아졌다. 지역별로는 아시아·태평양 지역에서의 증가율이 높다.

최근 교통보다 대량이면서 고속으로 이동·전달됨으로써 경제적·사회적으로 큰 영향을 미치고 있는 것이 통신에 의한 정보전달이다. 그 가운데서도 비전기 계통의 우편·신문·잡지 등의 증가율은 낮은 데 비해, 전기통신 계통의 전화·방송·인터넷의 증가율이 높다. 전기통신망의 디지털화, 통신위성과 광케이블 등에 의한 기간통신망의 정비, 규제 완화 등에 따른 정보전달 수단의 증가가 뚜렷하다. 그중에서도 1990년대 말경부터의 정보통신혁명에 의해 정보전달이 비약적으로 빨라지고 전달되는 정보 자체의 대용량화가 진전되고 있다. 모든 현상이 디지털화되

〈세계의 항공 여객 수송 추이〉(유료여객 억km)

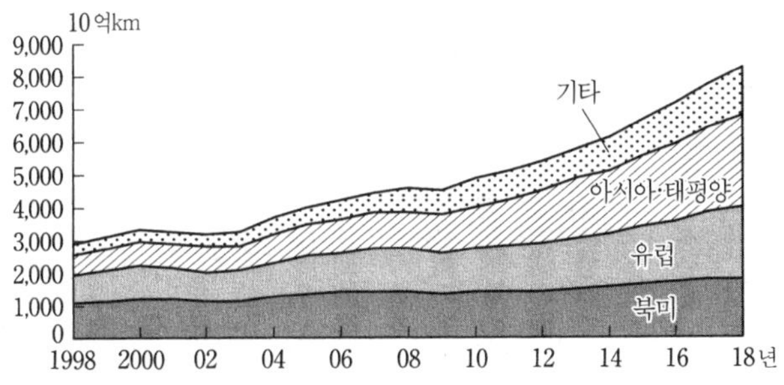

주: 유료여객km=승객수×수송거리
자료: 일본항공기개발협회日本航空機開発協会, 『2018년도판 민간항공기 관련 통계집平成30年度版 民間航空機関連データ集』

〈세계의 상선 선복량 추이〉

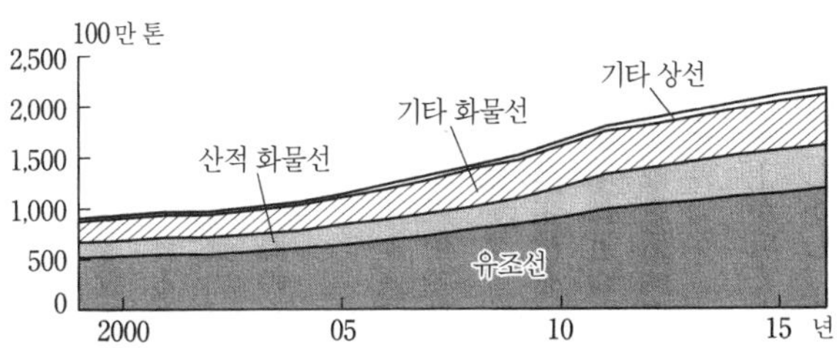

주: 기타 상선이란 화물의 수송을 목적으로 하지 않는 상선으로 어선, 조사선, 작업선 등
자료: 일본선주협회日本船主協会, 『해운통계요람海運統計要覧2018』

고, 그것이 순식간에 분석·전달되는 시대가 되었다.

인터넷을 통해 세계는 강력하게 결합되고 세계경제의 일체화가 더욱 진전되었는데, 최근에는 그것이 중국을 중심으로 한 신흥국을 포함하게 됨으로써 세계는 매우

〈세계의 데이터 트래픽 추이〉

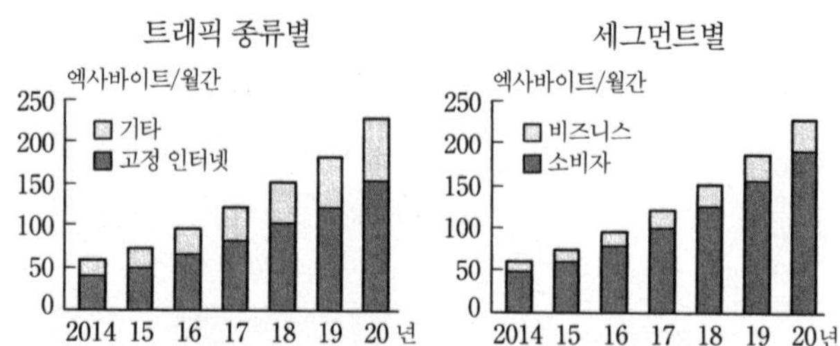

주: 1비트=0 혹은 1, 1바이트=8비트, 1엑사바이트=10의 18제곱 바이트
자료: 『2018년판 정보통신백서平成30年版 情報通信白書』

좁아졌다.

반면에 모든 것의 이동이 고속·대용량이 됨으로써 부정적인 영향의 전파도 더욱 빨라지게 되었다. 2020년에 발생한 신형 코로나바이러스는 그것을 여실히 보여준 사례이다.

8) 사회자본·국민 생활

사회자본은 사회적 인프라(하부구조)라고도 불리는데, 생활 및 산업의 물적 기초를 이루는 공공적 고정자본을 말한다. 상하수도·도시공원·도로·철도·항만·공항·전화 등인데, 국제적으로 특히 발전도상국의 경우에는 발전설비 등을 포함하고, 또한 최근에는 각국에서 정보 관련 시설, 교육·보육 관련 시설, 의료시설까지 넣어서 지칭하는 경우가 많다.

어쨌든 거액의 자본이 필요하고 자본의 회임기간도 길다. 따라서 공적자금이 투입되는 경우가 많다. 일본은 다른 선진국에 비해 낮은 수준이었기 때문에 2차 세계대전 후 얼마동안 거액의 사회자본을 투입한 결과 그 증가율이 상당히 높았다.

사회자본투자는 장기적인 전망을 하고 계획적으로 정비해가는 것이 바람직하다. 유럽 여러 나라는 중기 재정전망에 따라 프로그램을 책정하고 일본에서도 중기계획 가운데 사회자본의 충실이 목표로 설정되었다. 그리고 각 부처별 장기계획을 시행해가고 있다. 하지만, 시장경제에서는 경기변동이 불가피한데, 경기가 과열 기미를 띨 때는 사회자본 정비를 억제하고 불황 때는 사회자본

〈주요국의 사회자본, 사회보장, 국민 생활의 비교〉

	일본	미국	독일	프랑스	중국	인도	브라질	러시아
사회자본								
철도영업킬로미터 (1,000km, 2017년)	27.9	151.0	33.5	29.2	67.3	67.4	29.8	85.5
도로 포장률 (%, 2015년)	100.0	66.3	100.0	100.0	72.1	61.1	13.5	70.6
발전량 (10억kWh, 2015년)	1,041	4,317	647	568	5,815	1,354	581	1,068
병상 수 (1,000명당, 2014년)	12.3	2.8	6.0	6.3	2.8	0.7	2.2	8.9
의사 수 (1,000명당, 2015년)	2.4	2.6	4.2	3.2	3.6	0.8	1.9	4.0
이동전화 계약 건수 (100명당, 2017년)	133.6	120.7	133.6	106.2	104.3	87.3	113.0	157.9
인터넷 이용자 비율 (%, 2017년)	90.9	75.2	84.4	80.5	54.3	34.5	67.5	76.0
사회보장								
사회지출* (대GDP비율, %, 2018년)	21.9	18.7	25.1	31.2	-	-	-	-
의료비 지출 (대 GDP 비율, %, 2015년)	10.9	16.8	11.2	11.1	5.3	3.9	8.9	5.6
국민 생활								
평균수명 (남녀평균, 2016년)	84	79	81	83	76	69	75	72
출생률 (1,000명당, 2010~15년평균)	8.4	12.5	8.5	12.1	12.6	20.0	15.0	13.0
인구밀도 (㎢당 인구, 2017년)	340	-	231	118	144	231	24	-
1일 1인당 열량 공급량 (kcal, 2013년)	2,726	3,682	3,499	3,482	3,108	2,459	3,263	3,361
자동차 보유 대수 (100명당, 2017년)	61.2	84.9	60.6	60.7	14.7	3.5	21.0	36.4

*: 정부 또는 사회보장기금에 의한 사회보장지출

자료: 총무성 통계국総務省統計局,『세계의 통계世界の統計 2019』; The World Bank, World Development Indicators, July 2019;『세계국세도감世界国勢図会 2019/20』

정비를 경기 자극책의 주요 수단으로 사용하는 경우가 많다.

사회보장·국민 생활 면에서 일본은 여러 유럽 국가 수준에 근접했지만, 적은 휴가 일수 등 풍요를 충분히 누리지 못하고 있다. 이러한 현상도 생활 관련 사회자본의 부족이 일부 반영된 것인지 모른다.

9) 정치와 경제

경제라는 용어에는 두 가지 의미가 있다. 고지엔(『広辞苑』)에 따르면, 경제란 "①나라를 다스리고 인민을 구하는 것. 국민경제. 정치 ②인간의 공동생활 기초를 이루는 재화·서비스의 생산·분배·소비의 행위·과정, 그것을 통해 형성되는 사람과 사람의 사회관계의 총체. 의미가 변해서 금전의 거래 ③비용·수고가 들지 않는 것. 검약"으로 정의되어있다. 영어 사전에도 'political economy'로서 ①의 의미와 'saving'으로 ③의 의미가 쓰여 있다. ②는 마르크스 경제학에서도 종종 사용되는 의미이다.

원래 정치와 경제는 불가분이어서 정치적으로 불안정하면 경제의 안정과 성장이 없다. 역으로 경제가 혼란하게 되면 정치적 안정도 없다. 그 예는 일일이 거론할 필요가 없을 정도로 많으나, 동서냉전이 종결된 후 경제적 혼란이 계속되면서 정치적으로도 혼돈되었던 국가가 러시아이고, 경제적 안정과 성장에 어느 정도 성공했기 때문에 정치적으로도 안정된 나라가 중국이었다고 할 수 있을 것이다. 정치가 먼저인가 경제가 먼저인가는 어려운 문제이기는 한데, '일정한 소득이 없으면 마음도 일정하지 않다恒産なき者は恒心なし' '의식이 먼저 충족되어야

〈주요국의 경상수지 추이〉(대 GDP비)

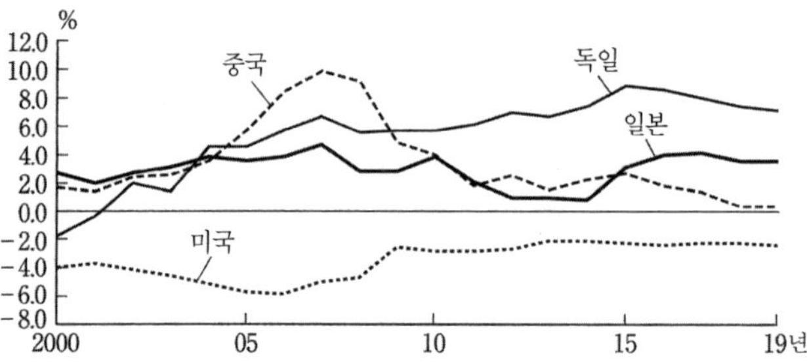

주: 경상수지의 적자란 그와 동일한 규모의 금융수지의 흑자(자본의 순유입)가 있다는 것으로, 국내 투자를 국내 저축으로 모두 충당할 수 없었다는 것을 의미한다. 경상수지의 흑자란 그와 동일한 규모의 금융수지의 적자(자본의 순유출)가 있다는 것으로, 국내 저축을 국내 투자로 전부 사용할 수 없었다는 것을 의미한다. 어느 경우에나 지나친 것은 문제라서 정책적인 대응이 필요하다.

자료: IMF, *World Economy Outlook*, Apr. 2019

〈주요국의 노동생산성 연평균 증가율 추이〉

단위: %

	1970-79	1980-89	1990-99	2000-09	2010-18
프랑스	4.0	2.9	1.9	1.0	0.9
독일	3.8	2.4	1.9	1.1	1.0
일본	4.3	4.1	2.3	1.1	1.1
한국		7.4	6.0	4.6	2.7
영국	2.7	2.0	2.8	1.2	0.5
미국	1.5	1.6	1.6	2.2	0.7

주: 여기서 노동생산성 증가율은 노동자 1인당 실질 GDP 증가율

자료: OECD Statistics, July 2019.

예절을 안다衣食足而知禮' '빈貧하면 둔鈍하다'라는 말이 있는 걸로 보아 적어도 최소한의 경제적 안정이 먼저라고 할 수 있다.

절약·검약이라는 용어는 경제학적으로 달리 표현하면

<주요국의 GDP 대비 방위비 비율의 추이>

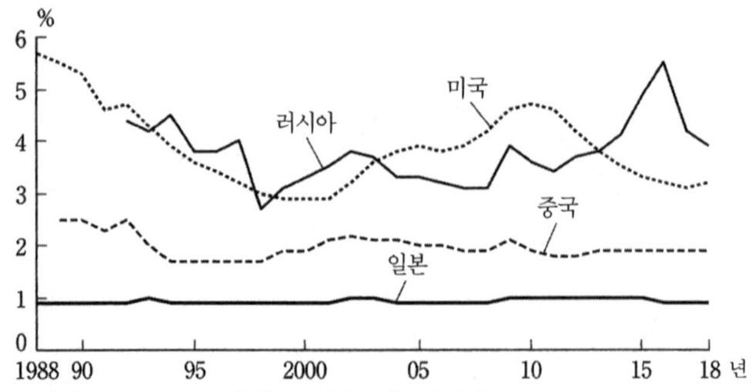

주: 단위는 2017년 고정가격·환율로 계산한 미국 억 달러
출처: http://www.sipri.org/databases/milex

고저축·고생산성이 된다. 가능한 한 적은 노동·자본·자재를 투입하여 가능한 많이 생산한다고도 할 수 있고, 주어진 생산요소로 생산을 극대화한다고 할 수도 있다. 근대경제학에서는 '경제'를 이러한 협의의 의미로 사용하는 경우가 많다. 그것은 한편에서는 계량경제학의 진보를 가져왔지만, 다른 한편에서 경제문제에서 역사성과 윤리성을 제거해버렸다는 비판을 받게 되었다.

10) 국제화의 갈등

냉전이 종식되고 대립과 상호불신의 체제에서 '공생의 시대'로 접어들어 '전원참가형' 국제화가 진전되었다. 세계적으로 발전도상국은, 일부 예외가 있기는 하지만, 개혁개방을 주창하면서 세계경제에 본격적으로 참가하게 되었다. 예전에 공산당 정권하에서 계획경제를 표방하던 국가도 포함해서 대부분 나라가 시장경제로 편입되었다. 정치적인 민주화와 함께 경제체제의 자유시장 경제화로 세계는 '역사의 종식'이 찾아왔다고 여겨졌다.

하지만 'Japan as No.1'이 실현되지 못했던 것처럼 역사는 끝나지 않았다. 경제의 글로벌화로 경제력을 크게 증강시킨 나라는 중국이다. 중국은 '사회주의 시장경제'를 주창하면서 일당독재 지도체제에서 누구도 예상하지 못했던 경제적 성과를 거두었다. 미중 간 대립이 심각해지고 있는데, 그것은 경제·첨단기술·안전보장을 포함한 갈등으로 미일 경제마찰에 비해 훨씬 광범위하고 복잡한 문제이다. 냉전시대처럼 세계경제 분단이 재현하지 않는 한, 미일 마찰의 경험에서 보듯이 쌍방이 서로 양보해야 해결책이 나올 수 있다. 예를 들어 상대의 경상수지 적자를 저축 부족으로 비판하기는 쉽지만, 자국의 경상수지 흑자도 투자 부족에 의한 것이므로 그것을 해결할 필요도 있다. 어떠한 정치체제이든 앞으로도 전원참가형의 국제거래가 이루어질 것이다. 예전과 같은 블록경제, 분단된 경제로 되돌아갈 수는 없다. 그만큼 세계경제는 상호의존도를 높여가고 있다.

한편 어느 나라나 정치적으로 국가의 주권을 강조하는 그룹의 발언권이 강해지고 있다. 자칫하면 '시장'과 '국가권력'이 충돌할지도 모르는 양상이다.

2. 국제무역

"완전한 자유무역 제도하에서 각국은
자연스럽게 그 자본과 노동을 자국에 가장
유리하다고 생각되는 용도에 이용한다.
개별적인 이익을 추구하는 이 행위는
전체의 보편적인 이익으로 정확하게 결합된다."

-D. 리카도/하시마 다쿠야羽島卓也 외 옮김,
『경제학 및 과세의 원리経済学及び課税の原理』

1) 일반무역

한 나라의 대외적 접촉은 무역이라는 형태로 시작된다. 교환을 통해 국제분업의 이익을 얻기 위함이다. 최근 많은 나라가 대외무역을 확대하여 성장·발전을 이루었다.

상품무역의 규모는 세계 전체로 수출, 수입이 각각 약 20조 달러(2018년) 정도이다(양자 간에 약간의 차이가 나는 이유는 수송보험과 운임이 주로 수입 측에 포함되기 때문이다). 1980년에서 2019년까지 세계의 연평균 경제성장률이 3.5퍼센트였던 데 비해, 무역(수출량)의 증가율은 5.4퍼센트였다. 세계 각국은 무역을 통해 경제적인 연계를 강화하면서 성장했던 것이다.

1980~2018년간 세계 무역의 지역별·국가별 점유율은 변화했다. 수출점유율이 상승한 지역은 아시아인데, 그 중에서도 중국의 점유율은 급상승했다. 반대로 점유율이 하락한 지역은 유럽·남북미·아프리카이고, 국가별로 보면 일본·영국·미국이 두드러진다. 수입의 점유율도 비슷한데, 다른 점은 미국의 점유율이 높다는 것이다. 수출에서는 EU가 30퍼센트, 중동을 제외한 아시아도 30퍼센트, USMCA(미국, 멕시코, 캐나다)가 10퍼센트를 각각 약간 상회하고, 수입은 각각 30퍼센트 근접, 30퍼센트 초과,

〈세계경제와 세계무역의 증가율〉

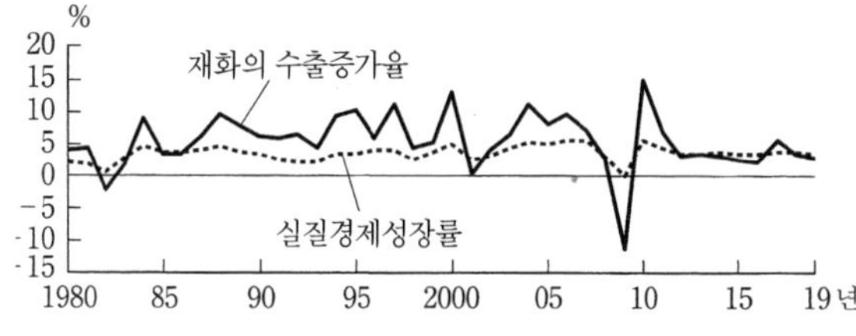

〈세계경제와 세계무역의 연평균 변화율〉

단위: %

	1980-1989	1990-1999	2000-2009	2010-2019	1980-2019
실질경제성장률	3.2	3.1	3.9	3.8	3.5
재화의 수출증가율	4.7	6.9	5.1	4.7	5.4

자료: IMF, *World Economic Outlook*, Apr. 2019

20퍼센트 근접으로 이들 지역의 합계가 세계 전체의 80퍼센트 정도를 점하고 있다.

국가별로 무역액이 큰 순서대로 보면, 중국, 미국, 독일, 일본, 프랑스, 영국, 한국, 이탈리아이다. 최근 미중무역마찰은 압도적인 양대 무역 대국 간의 분쟁으로 그 영향이 광범위하게 미치는데, 특히 글로벌 서플라이 체인(국제공급망)의 대폭적인 재편을 초래하고 있다.

〈수출입의 지역·국가별 비중 추이〉

지역·국가	수출(%)			수입(%)		
	1980	2000	2018	1980	2000	2018
아시아	24.8	32.0	41.2	20.6	27.4	38.0
일본	6.3	7.4	3.8	6.7	5.7	3.8
중국	0.9	3.9	12.8	1.0	3.4	10.8
한국	0.9	2.7	3.1	1.1	2.4	2.7
인도	0.4	0.7	1.7	0.7	0.8	2.6
ASEAN 여러 나라	3.5	6.7	7.4	3.2	5.7	4.8
중동(서아시아)	9.9	4.2	6.3	4.6	3.2	4.8
대양주	1.5	1.3	1.6	1.5	1.4	1.5
오스트레일리아	1.1	1.0	1.2	1.1	0.9	1.0
아프리카	5.9	2.3	2.5	4.6	2.0	2.9
나이지리아		1.6	2.3	0.8	0.1	0.2
유럽	48.0	42.3	38.4	52.1	40.8	36.3
EU	36.1	33.6	30.7	39.9	32.6	29.0
유로권	30.7	29.8	25.6	34.3	28.7	23.9
프랑스	5.7	5.1	3.0	6.6	5.1	3.4
독일		8.5	8.0		7.5	6.5
이탈리아	3.8	3.7	2.8	4.8	3.6	2.5
영국	5.4	4.4	2.5	5.5	5.2	3.4
CIS 여러 나라		2.0	3.0		1.0	1.9
러시아		1.6	2.3		0.7	1.3
남북미	19.8	22.1	16.5	21.2	28.5	21.3
USMCA	15.2	19.0	13.2	16.4	25.3	18.0
미국	11.0	12.1	8.5	12.3	18.9	13.2
캐나다	3.3	4.3	2.3	3.0	3.7	2.4
멕시코	0.9	2.6	2.3	1.1	2.7	2.4
중남미/카리브해 국가들	4.6	3.1	3.3	4.8	3.1	3.3
MERCOSUR	2.4	1.8	1.8	2.4	1.6	1.5
브라질	1.0	0.9	1.2	1.2	0.9	1.0
TPP11	14.1	19.8	15.3	14.3	17.3	14.8
세계 합계(10억 달러)	2,050.1	6,452.3	19,476.2	2,091.0	6,654.6	19,790.4

자료: UNCTAD Statistics, 2019

2) 무역수지와 무역구조

한 나라의 수출과 수입의 균형은 물론 두 나라 간에 무역수지가 균형을 이루는 경우도 거의 없다. 즉 무역수지는 변화한다.

무역수지는 1970년대 중반 이후 1980년대까지는 선진국의 적자, 발전도상국의 흑자라는 구도가 정착되어있었는데, 1990년대 전반은 일본과 유럽의 흑자로 그 관계가 일시적으로 역전되었다. 하지만 1990년대 말 이후는 다시 발전도상국의 흑자와 선진국의 적자가 확대되는 상태가 지속되고 있다. 1980년대까지의 발전도상국의 흑자는 주로 산유국에 의한 것이었다. 그러나 2010년대 이후 발전도상국 흑자는 주로 중국의 흑자이고 선진국의 적자는 거의 미국의 적자이다. 특히 미국의 적자 규모가 압도적인데, 2010년대 이후 중국과 독일의 흑자를 합친 것보다도 크다. 한편 일본은 2010년대 들어 무역수지가 적자 경향을 보이고 있다.

수출입 양이 매년 변화할 뿐만 아니라 품목 구성도 경쟁력 등의 차이 때문에 변화하고 있다. 무역 전반에 대해 보면, 공산품은 농산물, 원재료 등에 비해 점유율을 높였다. 공산품 중에서도 전기·전자기기를 포함한 기계류가

〈상품 무역의 주요 수출입국〉

순위 1980년	순위 2000년	순위 2018년	수출국	2018년 금액 (10억$)	2018년 점유율 (%)
21	7	1	중국	2,487	12.8
1	1	2	미국	1,664	8.5
	2	3	독일	1,561	8.0
2	3	4	일본	738	3.8
5	9	5	네덜란드	723	3.7
23	12	6	한국	604	3.1
3	4	7	프랑스	581	3.0
14	10	8	홍콩	569	2.9
6	8	9	이탈리아	546	2.8
4	5	10	영국	486	2.5
9	11	11	벨기에	460	2.4
22	13	12	멕시코	450	2.3
8	6	13	캐나다	449	2.3
	17	14	러시아	444	2.3
18	15	15	싱가포르	412	2.1
			기타	7,302.2	37.5
			세계 합계	19,476.2	100.0

순위 1980년	순위 2000년	순위 2018년	수입국	2018년 금액 (10억$)	2018년 점유율 (%)
1	1	1	미국	2,614	13.2
19	8	2	중국	2,136	10.8
	2	3	독일	1,286	6.5
2	3	4	일본	749	3.8
4	4	5	영국	674	3.4
6	9	6	프랑스	673	3.4
3	5	7	네덜란드	646	3.3
15	10	8	홍콩	627	3.2
17	13	9	한국	535	2.7
25	22	10	인도	510	2.6
5	7	11	이탈리아	500	2.5
18	11	12	멕시코	477	2.4
7	12	13	캐나다	469	2.4
8	6	14	벨기에	450	2.3
10	14	15	스페인	388	2.0
			기타	7,056.4	35.7
			세계 합계	19,790.4	100.0

〈주요국의 상품 무역수지 추이〉

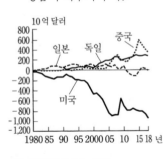

10억 달러
800
600
400
200
0
-200
-400
-600
-800
-1,000
-1,200
중국
일본
독일
미국
1980 85 90 95 2000 05 10 15 18 년

〈선진국·발전도상국의 상품 무역수지 추이〉

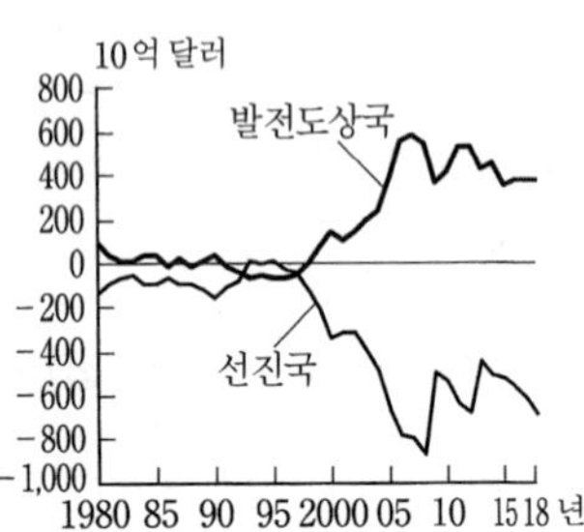

자료: UNCTAD Statistics, 2019

대부분의 선진공업국과 중국을 비롯한 일부 신흥국에서 최대 수출 품목인데 비해, 많은 발전도상국에서는 이들 품목이 최대 수입 품목이다. 그러한 발전도상국의 주요 수출품은 주로 원유, 농산품, 의류 등 1차 산품 및 노동집약적 제품이 많은데, 모두 해당 국가의 산업구조를 반영하고 있다.

무역수지와 무역구조의 변화는 무역마찰과 환율변동의 중요한 원인이다. 특히 무역흑자 규모가 커지기 쉬운 중국과 아시아 여러 나라에서는 무역 상대국과 무역마찰이 발생하기 쉽다.

3) 서비스수지

2014년 이후의 국제수지통계는 IMF가 2008년에 책정한『국제수지 매뉴얼 제6판』에 따라 작성되고 있다. 경상수지는 무역·서비스수지, 1차 소득수지, 2차 소득수지로 구성된다. 서비스수지는 수송·여행·금융·지적 재산권 사용료 등의 지불과 수취로 구성되고, 1차 소득수지(이전에는 소득수지)에는 직접투자 수익·증권투자 수익·기타 투자 수익이 기록된다. 한편 예전의 경상이전수지는 명칭이 변경되어 '2차 소득수지'로 되었는데, 금액으로는 대부분의 나라에서 매우 작다.

서비스수지는 선진국 전체로 보면 흑자, 발전도상국은 적자이다. 하지만 발전도상국은 과거 약 40년간 줄곧 적자이다. 1차 소득수지도 같은 경향을 보여 미국·일본·유럽의 여러 나라는 흑자이고 많은 발전도상국은 적자이다. 다만 쿠웨이트와 사우디아라비아 등 일부 산유국은 흑자이다.

서비스무역의 내용을 보면, 운수와 여행의 수수(지불 및 수취)도 늘어나고 있지만, 그 외의 커머셜 서비스가 증가하고 있다. 커머셜 서비스 중에는 금융서비스, 지적 재산권 등 사용료, 통신서비스 등도 늘어나고는 있지만 새로

〈세계의 재화·서비스의 수출과 1차 소득수취액의 추이〉

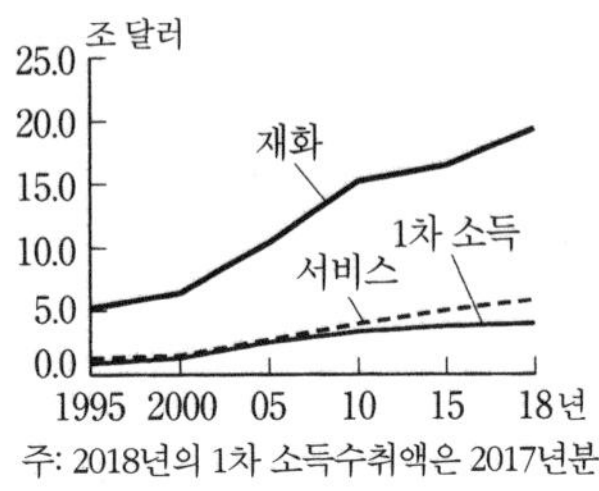

주: 2018년의 1차 소득수취액은 2017년분

〈선진국·발전도상국의 서비스무역수지 추이〉

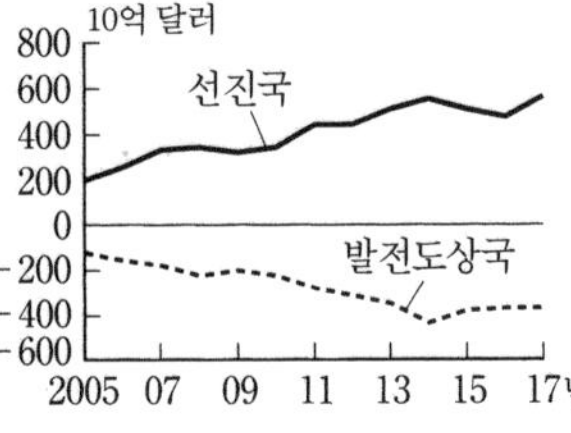

〈세계의 서비스무역 수취액의 내역 추이〉

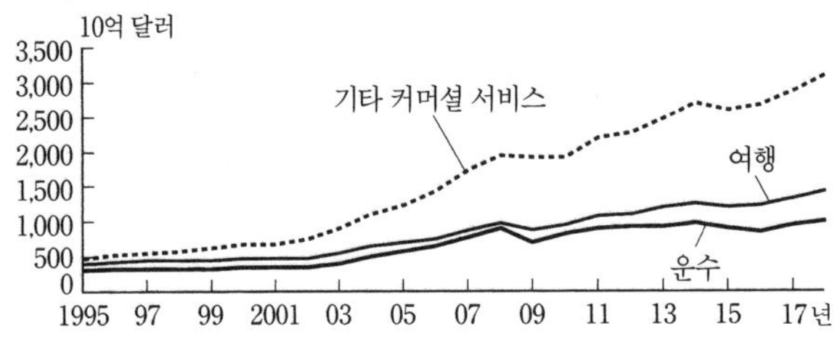

〈기타 커머셜 서비스 무역 수취액의 내역 추이〉

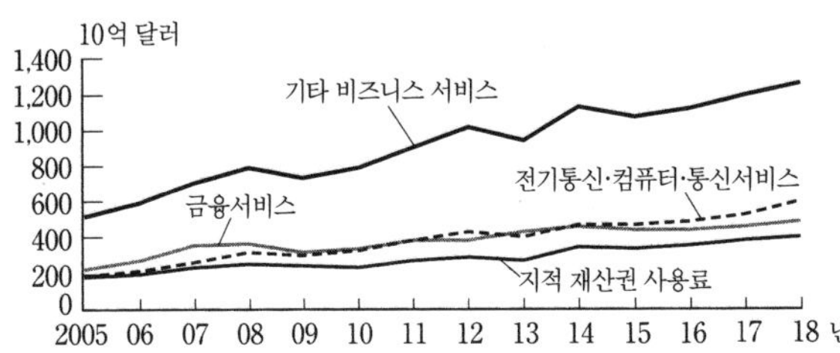

〈기타 비즈니스 서비스의 내역〉(2018년)

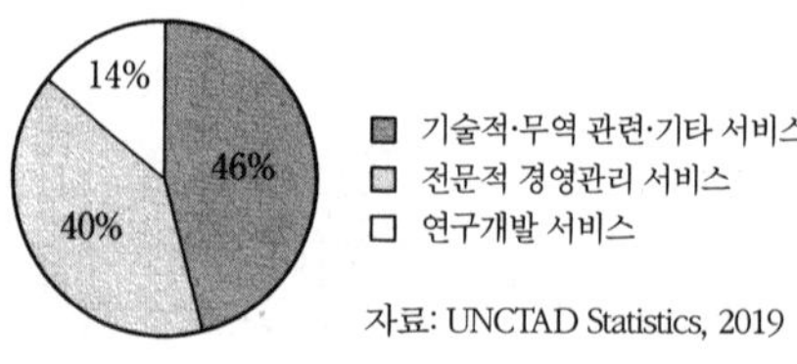

운 서비스인 기타 비즈니스 서비스가 증가하고 있다. 거기서 늘어나고 있는 것은 기술적·무역 관련·기타 서비스와 전문적 경영관리 서비스 등이다. 즉 경제활동이 진화함에 따라 필요한 서비스 내용도 변화하고 있다. 무역 교섭 등에서도 전략적 공업제품과 함께 서비스 거래 그중에서도 새로운 서비스의 중요성이 높아지고 있다.

4) 디지털 무역

최근 정보통신기술이 발전하면서 국제무역에서 새롭게 '디지털 무역'이라고 불리는 거래가 활발해지고 있다. 디지털 기술의 발전이 PC와 스마트폰을 보급시킴으로써 무역의 규모와 범위가 확대되고 거래가 신속해졌다. 단순하게 말하자면, 디지털 무역이란 경제 디지털화의 국제판이라고 할 수 있다.

디지털화 기술을 사용한 무역의 가장 큰 특징은 데이터가 국경을 넘어선다는 점이다. 무엇을 디지털 무역으로 부르는가는 아직 확정되지 않았지만, 최근 그 주제에 대한 몇 개의 보고서를 정리한 OECD에 의하면, 48쪽의 그림처럼 된다. 이들 거래는 전자적으로 인터넷 등을 경유하여 주문하는데, 물리적으로 배송되는 것(예를 들어 외국 제품을 온라인 시장에서 구입)도 있고, 인터넷상에서 배송되는 것(예를 들어 해외 민박을 앱으로 예약)도 있다. 그중에는 종래의 무역통계로는 포착되기 어려운 것도 있다. 예를 들어 세계적 자동차 배차 서비스 앱을 이용한 경우 등을 잘 생각해보면 이제까지의 서비스 거래에 비해 상당히 복잡하고 그것을 기록하는 방식도 매우 곤란하다.

무언가의 재화·서비스를 구입한 결과 개인정보와 기업

〈디지털(전자) 무역의 개념 구조〉

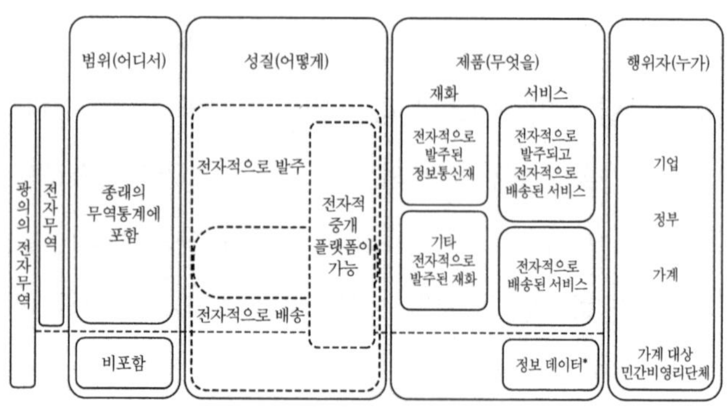

*: 정보의 거래 혹은 명확한 금전적 교환이 없는 데이터 거래

주: OECD는 경제협력개발기구

자료: OECD-WTO, *Handbook on Measuring Digital Trade*, OECD, 2019

〈세계의 월경 데이터 통신량 추이 및 전망〉

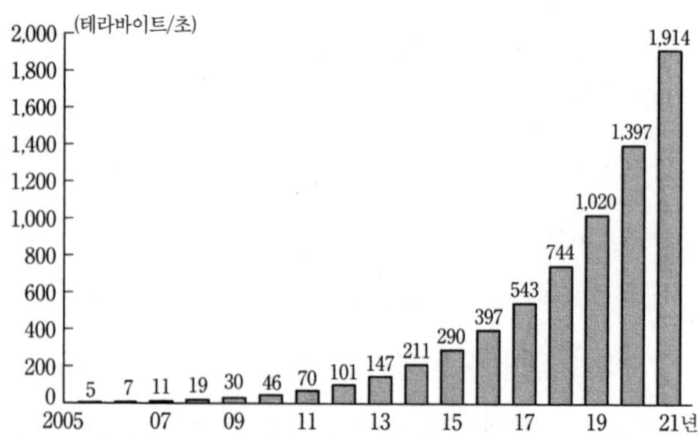

주: 2015년 이후는 예측치. 1바이트는 8비트, 1테라바이트는 1조 바이트

출처: 『통상백서通商白書 2018』

정보가 중개업자에 의해 축적되고 그것이 장래에 가치를 낳게 된다. 그와 관련하여 디지털·플랫포머의 일부 기업이 거대화되고 행정적으로 대응해야 할 문제가 발생하고 있다. 소비자 보호 혹은 독점금지법의 관점에서 여러 논의가 진행되고 있는데, 국제적으로 공통의 규범을 제정할 필요가 있다.

5) 에너지무역

나라별로 경제활동의 수준과 구조는 상이하고 또한 에너지자원의 매장·생산 분포는 그와 일치하지 않는다. 따라서 에너지무역이 발생한다.

지리·국경을 넘어서 활발하게 국제 거래가 이루어지고 있는 1차 에너지는 석유가 가장 많고 석탄과 천연가스가 그 뒤를 잇고 있다. 2018년 시점에서 석유생산의 약 75퍼센트, 천연가스의 약 8퍼센트가 국제적으로 거래되고 있다. 한편 석탄은 석유 등에 비하면 서로 다른 지역 간의 무역은 한정적이다. 그래도 생산의 22퍼센트가 국제적으로 거래된다. 석탄의 주요 수출국은 오스트레일리아, 인도네시아, 러시아이고 수입국은 아시아(중국·인도·일본·한국 및 기타)의 비중이 압도적으로 크다.

석유의 수출점유율을 지역별로 보면, 중동 34.5퍼센트, 러시아 12.8퍼센트, 일본을 제외한 아시아·태평양 10.6퍼센트, 미국 10퍼센트, 중남미 7.2퍼센트, 서아프리카 6.4퍼센트(모두 2018년 기준)이다. 미국은 셰일 오일이 증산되면서 2010년대 들어 주요 수출국으로 부상했다. 수입에서는 2000년대 이후 중국, 인도의 증가가 현저하다. 한편 2000년대 중반 이후 미국의 수입이 감소하고 있다.

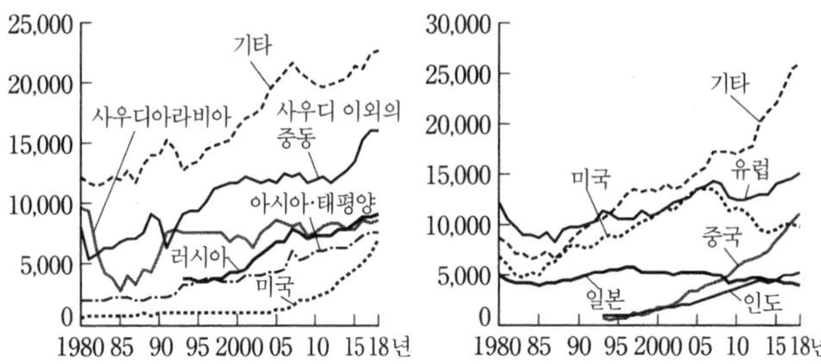

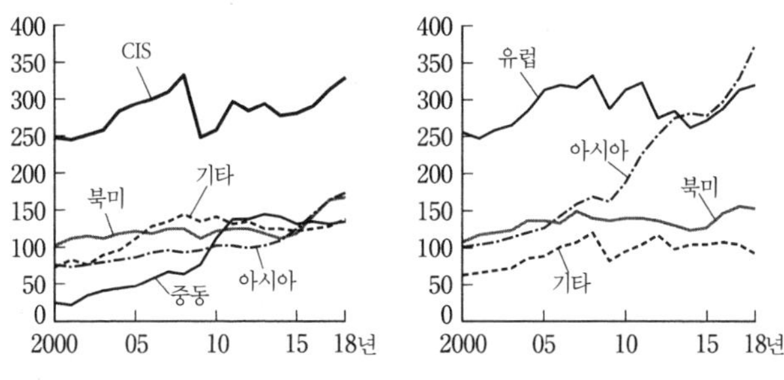

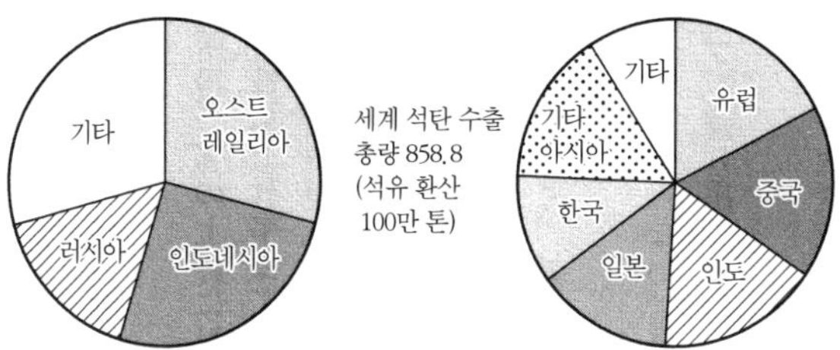

자료: BP, *Statistical Review of World Energy*, 2019

천연가스의 무역은 액화천연가스LNG로 이루어지는 비중이 커져 2018년에는 45.6퍼센트에 도달함으로써 파이프라인에 의한 무역량에 근접하게 되었다. 천연가스의 국제 거래에는 최근 주목할 만한 변화는 없지만, 아시아 지역 국가들의 LNG 수입이 늘어나고 있다.

에너지는 정치적 상품의 성격이 있어 경제적 요인만으로 국경을 이동하고 있지는 않다. 중동 지역 에너지에 대한 미국의 의존도 저하는 미국의 중동에 관한 관심을 약화시킬 것이다.

6) 농산품 무역

농산품 무역도 세계경제의 발전과 함께 확대되었다. 2016년에 세계의 농산물 수출 총액은 1조 2641억 달러로 재화의 수출 총액에서 점하는 점유율은 이전보다 낮아져 7.9퍼센트였다. 이 점유율은 1980년에는 11.4퍼센트, 같은 기준으로 데이터를 확인할 수 있는 1961년에는 23.6퍼센트였다.

이는 농산품의 일부인 1차 산품 수입의 소득탄력성(실질소득 1퍼센트의 상승에 대한 수입 수량의 변화율)이 광공업제품에 비해 낮기 때문이다. 또한 공업 부문의 생산성 상승률이 1차 산업의 그것을 상회하고 있기 때문이기도 하다. 이는 1차 산품 가격이 공업제품 가격의 상승에 비해 낮은 결과를 가져온다(그 결과 1차 산품 수출국의 교역조건-수출가격지수를 수입물가지수로 나눈 값-이 악화된다).

식료품 무역수지의 적자와 흑자는 선진국과 발전도상국의 구분과 반드시 일치하지는 않는다. 2017년 현재 최대 흑자국은 브라질이고 캐나다, 네덜란드, 아르헨티나가 그 뒤를 이었다. 최대 적자국은 일본이고 그다음은 중국, 영국, 한국 순이었다.

대표적인 농산품인 곡물과 축산품의 주요 수출국은 최

〈농산품 수출액과 재화 수출 총액의 추이〉 〈주요 식료품 무역 흑자국 및 적자국〉(2017년 10억 달러)

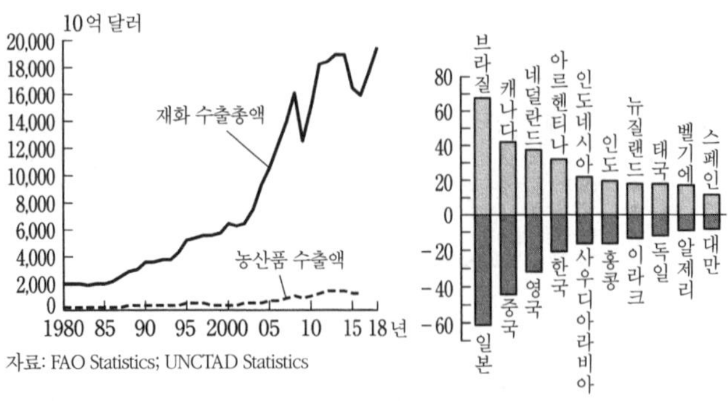

자료: FAO Statistics; UNCTAD Statistics

근 그다지 변화하지 않았다. 임산물도 마찬가지이다. 그러나 수산물의 수출국은 중국이 1위로 부상했고, 베트남도 전통적인 수산물 수출국인 노르웨이에 버금가는 수준이 되었다.

농축임수산물 무역은 기본적으로 생존에 관련되는 경우가 많고, 또한 국내 1차 산업과의 관계 때문에 정치적 측면을 띤다. 나아가 최근에는 환경문제와도 관련되는 주목할 만한 무역 분야다.

〈주요 곡물 수출국〉(2017년)

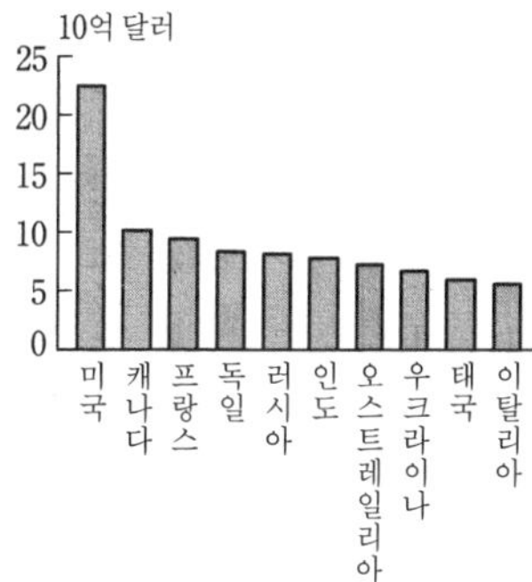

자료: UNCTAD Statistics, 2019

〈주요 축산품 수출국〉(2017년)

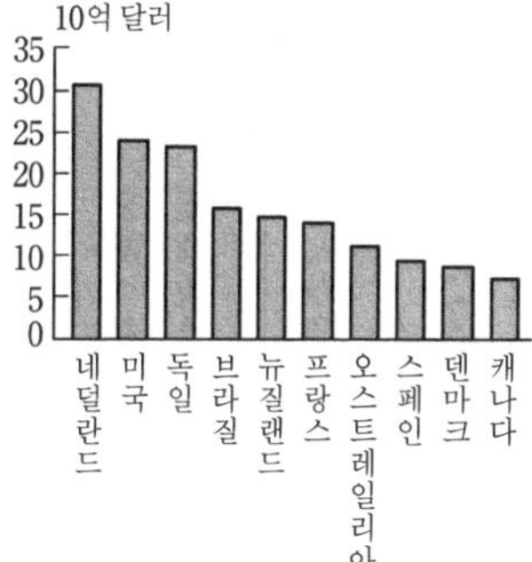

자료: UNCTAD Statistics, 2019

〈주요 수산물 수출국〉(2017년)

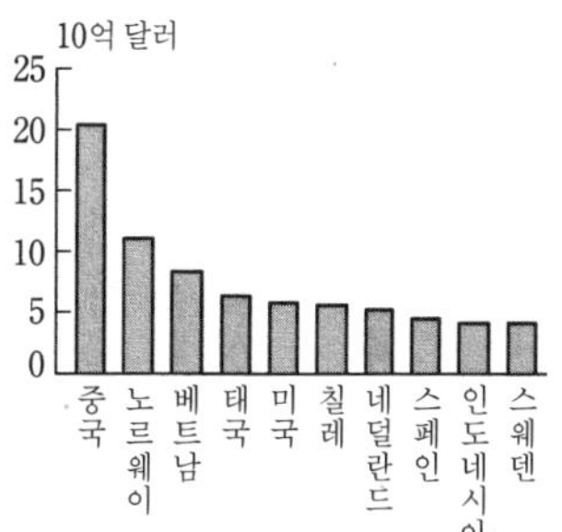

자료: UNCTAD Statistics, 2019

〈주요 임산품 무역 흑자국〉
(2016년)

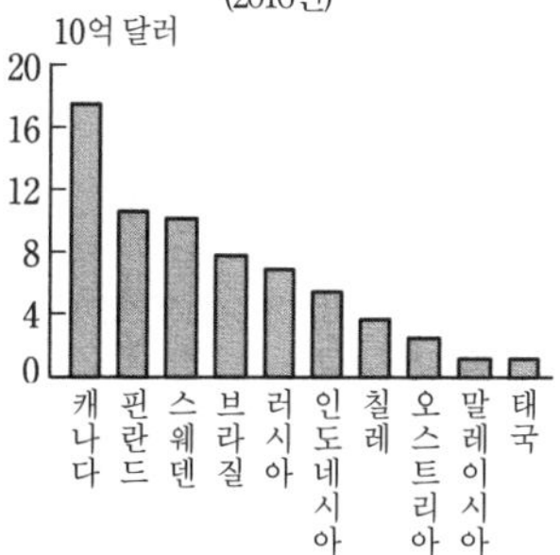

자료: FAO, *Forest Products 2016*, 2018

7) 관세·비관세장벽

국내 거래와 마찬가지로 국제 거래에서도 세금이 부과된다. 수입품에 대한 과세를 관세라고 한다. 관세가 부과되면 그만큼 국내 판매가격이 높아져서 국내 수요를 억제하는 효과가 있다. 또한 국내 가격이 상승하면 그만큼 국내 산업이 보호가 되어 국내 공급이 증대됨으로써 수입을 억제한다. 관세 이외에도 직접적·간접적인 수입 억제 조치·제도가 있는데 이것들을 총칭하여 '비관세장벽'이라고 한다.

2000년대 이전에는 세계무역기구WTO를 중심으로 관세·비관세장벽을 낮추고 국제무역을 확대시킨다는 합의가 국제적으로 공유되고 있었다. 하지만 그 후 경제적으로 체력을 비축한 신흥국가의 존재감 강화와 그러한 신흥국가의 수출 공세로 수세에 몰린 선진국의 태도 변화로 WTO가 기존의 노선을 유지하기가 어려워졌다. 나아가 국제무역의 바람직한 모습에 대한 서로 다른 입장을 대표하는 미국과 중국이 관세인상을 이용한 무역전쟁에 빠져들었다. 각각의 입장 차는 환율, 첨단기술의 패권 경쟁, 경제력을 배경으로 한 안전보장 면의 대결로까지 치닫고 있다.

〈수입 관세의 효과〉

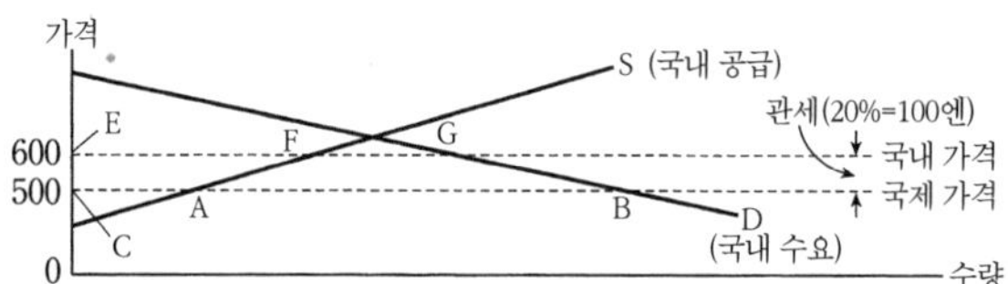

주: 국내 수요량은 CB에서 EG로 감소, 국내 공급량은 CA에서 EF로 증가. 수입량은 AB에서 FG로 감소

자료: 이토 모토시게伊藤元重, 『세미나 국제경제입문 제2판ゼミナール 国際経済入門 第2版』, 니혼게이자이신문사日本経済新聞社, 1996년

〈GATT/WTO 라운드 협상에 따른 관세 인하〉

연도	교섭 명	참가국 수	관세 인하 품목 수
1947	제1회 협상	23	약 45,000
1949	제2회 협상	32	약 5,000
1950-1951	제3회 협상	34	약 8,700
1956	제4회 협상	22	약 3,000
1960-1961	딜론 라운드	23	약 4,000
1964-1967	케네디 라운드	46	약 30,300
1973-1979	도쿄 라운드	99	약 33,000
1986-1994	우루과이 라운드	124	약 305,000

자료: 『관세연보 1999년판関税年報 平成11年版』(일본 외무성 홈페이지外務省HP, 2011년 12월 접속)

〈비관세장벽의 예〉

수량제한(수출자율규제를 포함), 반덤핑규제 남용, 보조금(수출입에 대한), 세이프가드(수입 급증에 대한 긴급 수입제한 조치) 남용, 무역 관련 투자조치(로컬 콘텐츠-국산품의 구입·사용- 등 요구), 원산지규정(무역재의 국적 판정 규범)의 부적절한 사용, 기준·인증제도, 정부조달에 대한 내외차별조치, 일방적 조치(미국의 통상법 수퍼 301조-불공정무역에 대한 대처·보복-가 그 전형적인 예), 검역·규격 검사

자료: 경제산업성통상정책국経済産業省通商政策局編, 『불공정무역보고서 2019년판不公正貿易報告書 2019年版』

〈주요국의 평균 관세율〉

단위: %

	전체 산품		농산품		농산품 이외의 산품	
	2006	2018	2006	2018	2006	2018
중국	10.0	10.0	15.8	15.7	9.1	9.1
인도	49.2	50.8	114.2	113.1	34.9	36.0
일본	6.1	4.7	28.4	19.3	2.7	2.5
한국	17.0	16.5	59.3	58.0	10.1	9.8
대만	6.6	6.6	18.3	17.9	4.8	5.0
EU	5.4	5.1	15.4	12.8	3.9	3.9
러시아	-	7.6	-	11.2	11.1	7.1
미국	3.5	3.4	5.2	4.9	3.3	3.2
브라질	31.4	31.4	35.5	35.4	30.8	30.8

자료: WTO, *World Tariff Profiles*, 2006, 2019

관세 및 비관세장벽은 국내 생산의 확보, 수입의 억제를 통한 국내 산업·고용의 유지를 위한 것으로, 발전도상국은 유치산업을 보호하고 선진국은 쇠퇴산업의 구조조정을 위한 시간을 확보하는 것이 목적이다. 다만 자유롭고 무차별적인(모든 나라를 동일하게 대우) 무역이 이상적인 상태이므로 자유무역 체제에서 관세 및 비관세조치는 좀 더 신중하게 운영되어야 한다.

8) 직접투자

기업은 무역뿐만 아니라 직접투자 및 대부를 통해 국경을 넘어선 경제활동을 확대해왔다. 그 대표적인 예가 활발하게 무역할 뿐만 아니라 외국에 현지법인을 설립한다든지 외국기업의 주식을 취득함으로써 외국에서 광범위한 사업을 경영하는 다국적기업이다. 다국적기업 발생 모체는 나라에 따라 다르지만, 최근에는 다양한 업종·규모의 기업이 다국적화하고 있다. 미국은 애초 석유·제조업 관련 기업이, 영국은 투자회사가 각각 발생 모체인 경우가 많았으나, 일본에서는 종합상사가 많았다. 최근에는 그러한 업종과 관계없이 다양한 업종으로 퍼져가고 있다.

그 형태도 자원의 안정된 공급을 확보하기 위한 자원개발형 투자에서부터 시장밀착형 기업활동을 수행하는 경우, 판매거점의 네트워크를 만드는 경우 혹은 조세회피지역tax haven의 이용을 위한 경우 등 다양하다. 또한 최근에는 통화가치 변동과 국내 산업구조의 변화에 대응하면서 해외로 생산 거점을 이동시키는 데 필요한 활동이 늘어나고 있다. 생산 거점의 이동으로 필요해지는 부품의 수출, 제품의 국내 역수입 혹은 제3국으로의 수출 등

〈세계의 대외 직접 투자액 추이〉

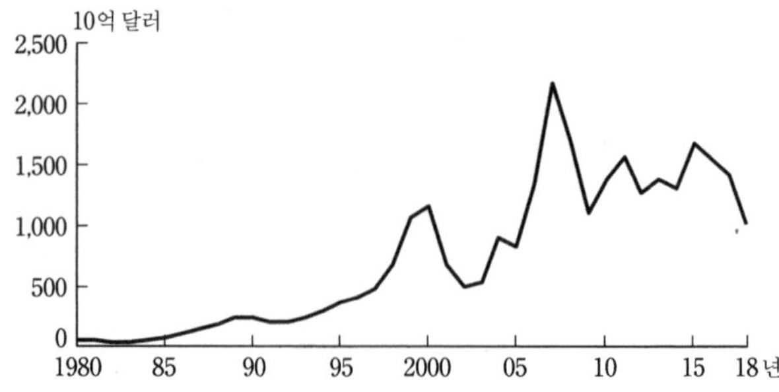

으로 무역 기회가 늘어나는 효과가 있다.

일반적으로 경제 합리성에 근거한 다국적기업의 활동은 한편에서 본국 정부의 보호를 받으면서 다른 한편에서 정치적·행정적 의미에서의 '국경'을 무너뜨리고 있다. 구체적으로는 재화, 서비스, 자본, 기술, 정보의 국경 없는 이동을 활발하게 수행하는 주역을 담당하고 있다. 다만 본국과의 관계가 없어지는 것이 아니라 과도적으로는 강해지기도 한다.

〈국가별 대외 직접투자 잔액〉(2018년, %)

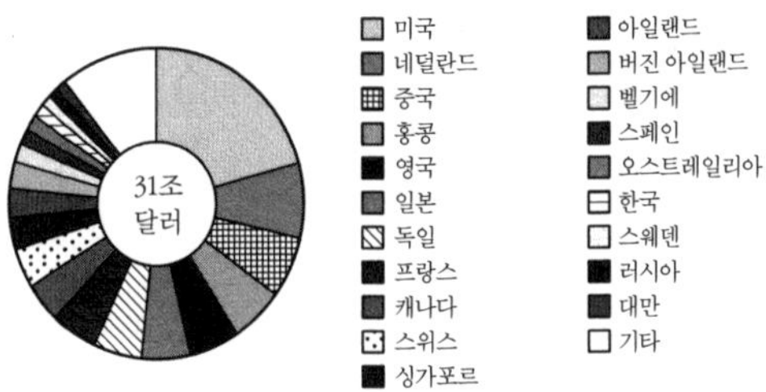

〈국가별 대내 직접투자 잔액〉(2018년, %)

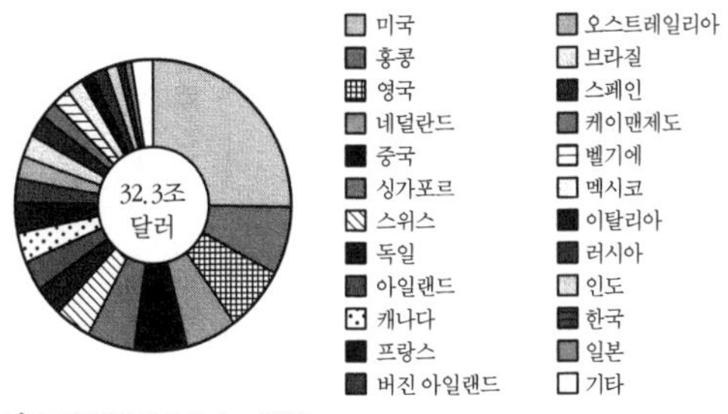

자료: UNCTAD Statistics, 2019

9) WTO, 위기에 처한 체제

1930년대에 나타난 세계경제의 블록화가 세계무역의 축소를 초래하고 나아가 세계대전으로 이어졌다는 교훈을 바탕으로 2차 세계대전 후 세계 자유무역 체제가 구축되었다. IMF와 함께 그 중심이 된 것이 관세 및 무역에 관한 일반협정GATT으로 관세 및 비관세장벽을 삭감·철폐함으로써 자유·무차별적인 무역을 추진하기 위한 국제기구였다. 그것을 확대·발전시켜 1995년 1월에 발족한 것이 세계무역기구WTO이다. WTO는 그때까지의 재화의 무역에 더해 서비스, 지적 소유권 등의 분야로 대상을 확대하고 분쟁 해결 절차의 강화·개선을 도모했다.

여기서 말하는 무차별이란, 가장 유리한 무역상의 대우를 다른 가맹국에도 무조건 부여하는 최혜국대우를 의미한다. 2차 세계대전 후 GATT·WTO 체제가 자유·무차별 무역을 추진하여 세계무역의 확대에 크게 기여했다. 하지만 선진국 대 발전도상국의 의견 대립과 국제 거래의 복잡화 등 때문에 예전처럼 전체적인 합의 형성이 어렵게 되고, 그 사이 수출자율규제라는 무역 제한 조치도 자주 나타났다. 거기에다 미국과 중국에 의한 본격적인 대립이 발생했다.

많은 국가에서 아직도 WTO의 개혁 추진을 외치고 있지만 실현되기는 어려운 실정이다. 그 사이 각국·지역에서 여러 지역무역협정이 체결되고 있다. WTO 협정에서도, 역외에 대해 장벽을 높이지 않는다는 것 등 일정 요건의 충족을 조건으로 최혜국대우 원칙의 예외를 인정하고 있다. 하지만 실제로는 역외국 간 분쟁이 빈발하고 법적 구속력이 있는 WTO의 시정 권고를 요구하는 제소가 끊이지 않고 있어 WTO가 무역분쟁 제소 기관이 되어버린 듯한 느낌이 있다. 하지만 그것조차 효율적으로 기능하지 않고 있다.

〈WTO에서 자유화 협상의 흐름〉

시장접근 분야				규범 분야			
	광공업품 관세	1974년	제1차 협상				
		1948년 1월	GATT 발족				
	광공업품 관세	1949년 ~1961년	제2차 협상 ~딜론 라운드				
	광공업품 관세	1964년 ~1967년	케네디 라운드	AD 등			
	광공업품 관세	1973년 ~1979년	도쿄 라운드	AD, TBT, 정부조달, 보조금, 라이센스 등			
서비스 농업	광공업품 관세	1986년 ~1994년	우루과이 라운드	AD, TBT, 정부조달, 보조금, 라이센스 등	섬유협정, PSI, 원산지, TRIPs, SPS, DSU, TRIMs		
		1995년 1월	WTO 설립				
서비스 에너지 유통 전자상거래 농업	광공업품 관세	2001년~	도하 개발 어젠다	AD 보조금 지역무역 협정	TRIPs (부분 현상)	투자 경쟁 무역원활화 정부조달 투명성 전자상거래	환경

주: AD: 반덤핑협정
TBT: 무역의 기술적 장애에 관한 협정
PSI: 선적 전 검사에 관한 협정
TRIMs: 무역에 관한 투자조치에 관한 협정
TRIPs: 지적소유권의 무역 관련 측면에 관한 협정
SPS: 위생 식물 검사 조치의 적용에 관한 협정
DSU: 분쟁 해결에 관련된 규칙 및 절차에 관한 양해
출처: 경제산업성經済産業省, 『불공정무역보고서 2019년판不公正貿易報告書 2019年版』

〈WTO에서 자유화 협상의 흐름〉

분쟁 당사국 간 협의
⇩ 결렬
패널(소위원회)에 의한 검토·보고
⇩ 불복
상급위원회*에 의한 검토·권고/재정
⇩ 이행할 수 없는 경우
대상의 청구, 대항조치의 용인

*2020년 초 시점에서 상급 위원 정원 7명 중 6명 결원

10) 미일 경제 마찰의 교훈

냉전 종식과 함께 각국 간 경제경쟁이 격화되었다. 물론 그것이 공평하고 공정하게 이루어지는 한 시장경제에서 경쟁은 환영할 만하다. 하지만 그것이 결과적으로 관계국 간 무역 불균형을 과도하게 확대한다든지 WTO 규범에 비추어 공정·자유가 아닌 방법으로 수출이 늘어나거나 수입이 억제되면 경제 마찰이 발생한다.

그 전형적인 예가 1980년대 미일 간 무역 불균형에서 발생한 경제 마찰이었다. 최근처럼 제재를 서로 주고받는 양상까지는 가지 않았지만, 양국 간 우호 관계에 심각한 영향을 미칠 뻔했다. 또한 유럽을 비롯한 제3국과의 통상관계에도 좋은 영향을 주지 못했다. 미국과 일본은 서로 주장의 근거가 있었다. 일본은 미국에 대해 저축률의 상승을 요구하고, 미시적으로 관리무역적인 수량 제한 등을 일본에 요구하는 것이 자유무역의 원칙에 어긋난다고 주장했는데, 그 주장 자체는 정당했다. 다만 미국이 왜 그러한 태도를 보일 수밖에 없었는가를 일본이 어느 정도 정확하게 이해했는지는 의문이다. 한편 미국은 일본의 거시정책이 잘못되었기 때문에 불균형이 발생하였고, 너무나 '일본적인' 행정지도와 규제라는 이해하기 어려운 제도·관행 때문에 그 불균형이 확대되고 있다고 주장했다. 객관적으로 보아 이 주장도 상당 정도 사실이었다.

최근에 나타나고 있는 미국과 중국의 마찰은 경제 마찰뿐만 아니라 안전보장 면에서의 대결이라는 좀 더 복잡한 성격을 띠고 있다. 하지만 미국과 중국이 상호 제재에 그치지 않고 대화를 계속하여 상호 이해를 진전시키는 것 이외에 관계 개선의 길은 보이지 않을 것이다. 그것이 미일 마찰과 그 후의 협조가 보여주는 교훈이다.

3. 국제금융

"현재의 통화제도는
사실 변동하기 쉬운 관계를 포함하고 있어
일반적으로 만족할 만한 제도가 아니다.
그런데 주요 경제 대국 간의 새로운 합의가
아직 나타날 징후는 보이지 않는다."

-제2회 전직 국가 정상회담OB 서밋, 1984년

1) 자본의 흐름

경제가 발전하면서 재화·서비스 거래와 함께 자본거래가 증가한다. 국제적인 자본 흐름은 국제간 자산거래에서 발생하는데, 국제간 채권·채무 관계 변화를 초래한다. 자국 자본이 외국에 투자되거나 대부되면 채권이 증가하고, 역으로 그 수입국은 채무가 증가한다. 그러면 각국에서 네트(순)로 자본유출 또는 자본유입이 된다.

2019년 4월 중 하루당 외화거래액은 영미 두 나라만으로 5억 달러 정도로 추계되었다. 세계의 재화·서비스 수입 총액이 2018년에 약 26조 달러였으므로 약 5일분 외화거래총액에 해당한다. 자본거래가 얼마나 대규모인지를 알 수 있다. 외화거래 중심은 영국(런던)이고 미국이 그 뒤를 잇는데, 이 두 나라로 집중이 가속화되고 있다. 다만 영국이 유럽연합에서 이탈함으로써 향후 어느 정도의 영향이 나타날지가 주목된다.

국제금융거래가 얼마나 영국과 미국을 중심으로 이루어졌는가는 양국의 국제수지에서도 엿볼 수 있다. 양국 모두 경상수지 적자를 대폭 상회하는 외국자본의 유입이 있고, 그 상회한 만큼 자국 자본이 유출된다. 즉 양국 모두 세계금융센터로 기능하고 있다. 다만 리먼 쇼크 이후

〈주요국의 하루 외화거래액 추이〉

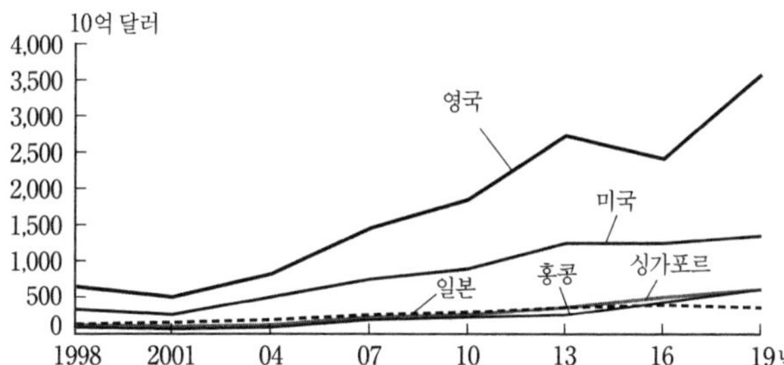

자료: 일본은행日本銀行, 「외환 및 파생상품에 관한 중앙은행 조사에 대해外国為替及びデリバティブに関する中央銀行サーベイについて」, 2001년 9월 29일, 2010년 9월 1일, 2016년 9월 1일, 2019년 9월 20일

〈미국의 국제수지〉

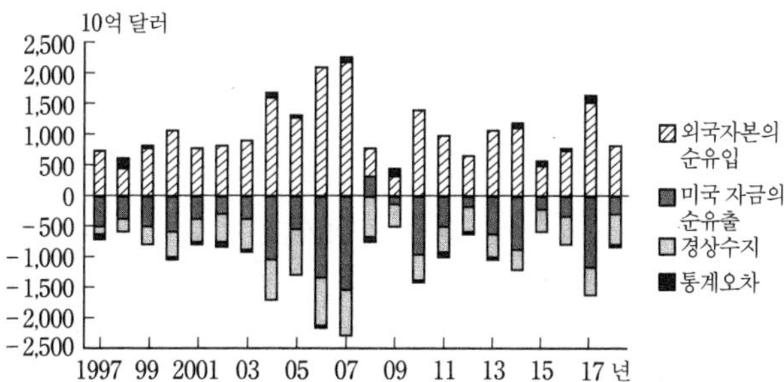

자료: US BEA, *US International Transactions*

〈영국의 국제수지〉

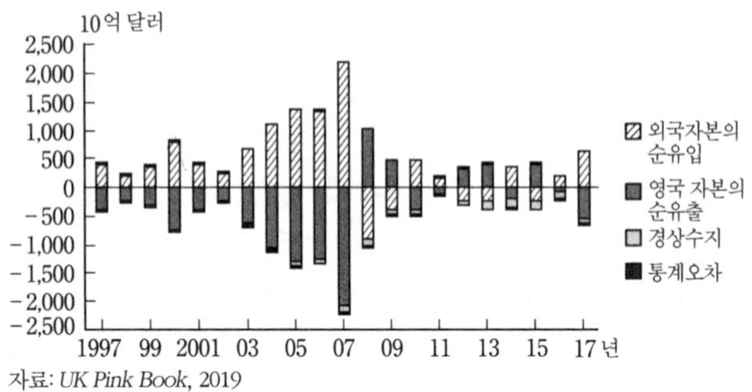

자료: *UK Pink Book*, 2019

는 그 기능이 특히 영국에서 저하(정상화?)되고 있다.

네트 기준으로 자본의 흐름은 2007년을 제외하고 미국 경유의 자본 흐름이 영국 경유보다도 대규모 금액인 듯하다. 미국에서 자본의 수수를 네트 기준으로 보면 자본은 경상수지 흑자국에서 유입되어 신흥국 등으로 유출되는 경향이 있다.

2) 금융 자본시장

국제적인 자본의 조달·운용의 중심지는 런던(시티), 뉴욕(월가)이다. 런던은 전통적으로 축적된 금융 노하우와 그것을 체현한 인재를 배경으로 국제금융센터의 지위를 유지하고 있다. 많은 금융기관은 영국에서의 사업 면허를 바탕으로 EU 전역에서 업무를 전개해왔는데, 영국의 EU 탈퇴와 그에 따른 금융 면허(싱글 패스포트) 상실의 영향이 우려된다. 한편 뉴욕의 경쟁력은 미국의 정치력·군사력·경제력을 배경으로 하고 있다.

비거주자에게도 개방된 시장으로 주요 선진국의 금융 자본시장과 유로시장이 있다. 유로시장이란 어떤 나라의 통화 발행국 이외의 지역에서 이루어지는, 그 통화에 의한 금융거래시장을 의미한다. 예를 들어 런던(혹은 홍콩)에서 이루어지는 달러(혹은 엔)화 표시 예금·대출거래와 증권발행은 유로 거래이다. 한편 외채란 비거주자가 발행하는 그 나라의 통화표시 채권을 가리킨다. 예를 들어 세계은행이 도쿄에서 발행하는 엔화 표시채권은 외채이다.

자본조달에는 은행 차입금과 증권발행이 있다. 은행의 국외 채권 잔액을 보면, 최근 일본의 은행융자가 증가하고 미·영·프·독의 은행과 함께 전 세계의 절반 이상을 점하고 있다. 한편 국제시장에서 발행되는 증권에는 다양한 형태가 있는데, 그중에서 고정금리형 채권은 여전히 외채발행의 중심을 이루고 있다. 국제채권증권(유로채와 외채)의 발행 주체는 세계적으로 분산되어있다.

자본의 운용은 실물자산에 대한 투자를 별도로 하면, 주로 선진국의 금융 자본시장에서 이루어지는데 유로시장을 포함하여 주요국에 예금하든가 주식·채권에 투자하게 된다.

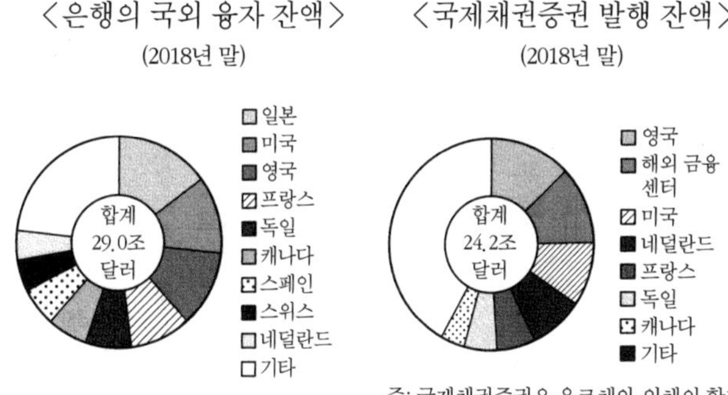

주: 국제채권증권은 유로채와 외채의 합계

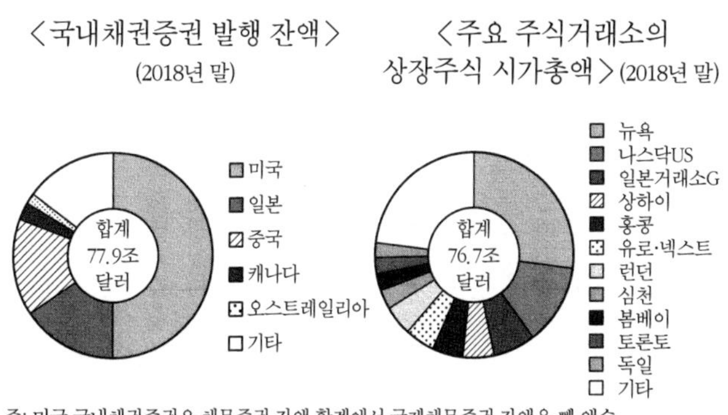

주: 미국 국내채권증권은 채무증권 잔액 합계에서 국제채무증권 잔액을 뺀 액수
자료: *BIS Statistical Review*, June 2019

〈대표적인 해외·금융 센터*〉

1. 카리브해: 케이맨제도(영국령), 버진 아일랜드(영미령)
2. 대서양: 버뮤다제도(영국령)
3. 중동: 두바이, 바레인
4. 아시아: 홍콩, 싱가포르
5. 유럽: 맨섬(영국령), 모나코, 리히텐슈타인

*: 일부 비거주자(개인, 법인)가 자금 조달·운용에 이용하는 세금이 적은 국가·지역

3) 금리, 주가, 금융파생상품

자본은 기대수익이 낮은 곳에서 높은 곳으로 흘러간다. 원칙적으로 자본이동의 규제가 없는 경우 자본은 국경을 넘어 자유롭게 고수익을 따라 이동하는데, 언제나 환율 리스크가 존재한다. 각국의 금융정책에 의해 단기금리에 차가 나타난다고 반드시 자본이 이동하는 것은 아니지만, 장기금리의 차는 자본이동의 유인이 된다. 다만 물가상승률이 높은(낮은) 나라는 통화가치가 약해지는(강해지는) 경향이 있어서 실질 장기금리차가 자본이동의 주요 원인 중 하나가 된다고 할 수 있다. 1980년대 전반과 1990년대 후반에 미국으로의 자본유입이 증가해 고달러의 요인이 되기도 했다.

여러 선진국 간의 장기금리는 연동하는 경향이 있어 금리차는 주로 (예상) 인플레이션율과 변제 리스크의 차이를 반영하게 된다. 채권과 함께 주요한 투자대상인 주식의 가격은 금리의 움직임과 밀접한 관계가 있고, 기업수익에 영향을 미치는 다양한 요인에도 좌우된다. 특히 경기(GDP)의 변동에는 큰 영향을 받는다.

금리, 주가, 외환의 변동 리스크를 경감시키는 수단으로 선물, 옵션, 스왑 거래가 있다. 선물거래란 일정 기일

<미일 10년 국채이자율의 추이>

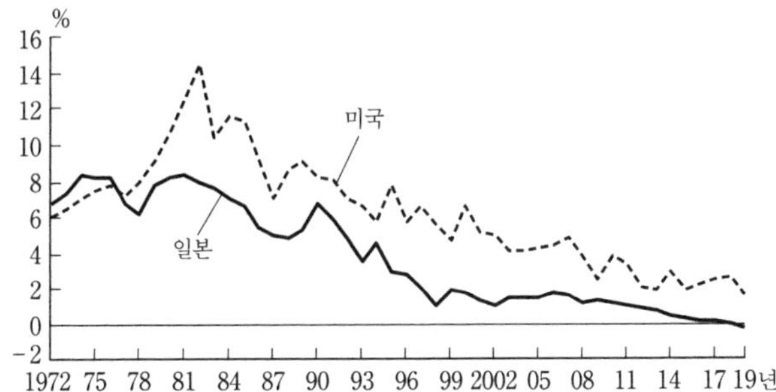

<미일 주가·GDP 및 주요 거래소의 주식시가총액>

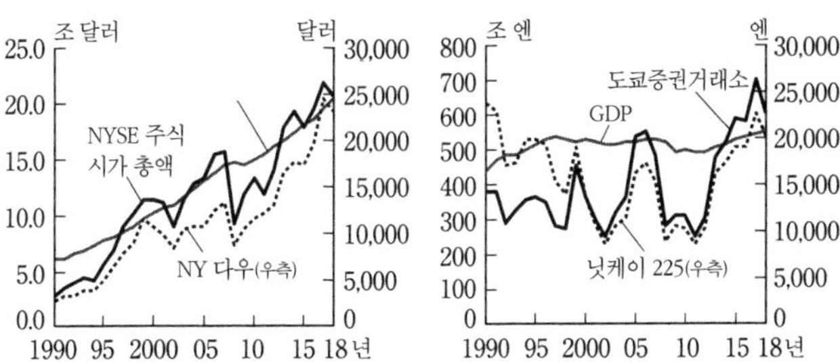

<금융파생상품 거래 잔액>
(상정 원본 기준, 2018년 말)

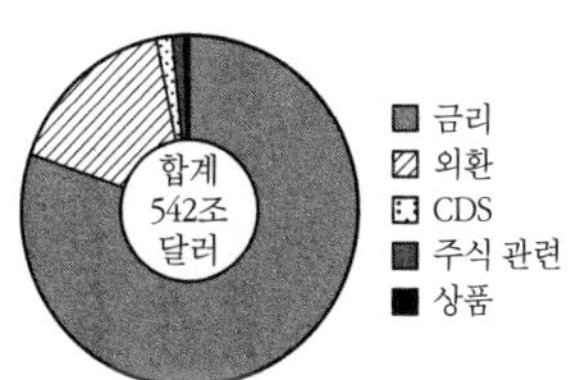

<금리파생거래 계약 내역>
(상정 원본 기준, 2018년 말)

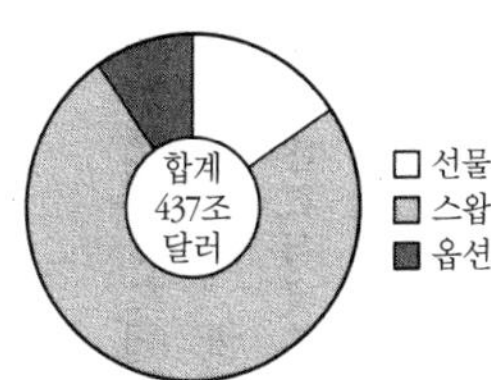

자료: *BIS Statistical Bulletin*, June 2019

후에 일정 가격으로 거래하는 것, 옵션거래란 일정 기일 내 일정 가격으로 매입하는 권리(콜)·매각하는 권리(풋)를 거래하는 것, 스왑 거래란 등가교환계약을 말하는데 외환거래에서 현물시장과 선물시장에서 동시에 같은 금액을 반대매매하는 것도 포함한다. 금액으로 보면 금리(고정금리와 변동금리) 스왑 거래가 가장 크다.

4) 핀테크(암호자산 등)

최근 핀테크라 불리는 새로운 통신·정보 기술을 이용한 금융 이노베이션이 활발해지고 있는데 국제금융 분야에서도 그 움직임이 뚜렷하다. 그러한 움직임은 특히 2010년 전후부터 현저해졌다. 그 무렵부터 인터넷과 모바일 브로드밴드 보급, 비트코인 등장과 그 기반인 블록체인 기술의 출현, 나아가 대량의 정보처리기술 발전이 합쳐져 이노베이션을 가능하게 했다.

비트코인 출현 이후에도 다양한 유사 암호자산이 출현해서 국제적인 투자·투기 대상으로 정착했다. 다만 그 대부분은 가치가 크게 요동치는 바람에 국제적인 지불수단으로서의 용도는 제한적이다. 또한 국경을 넘어선 모바일 결제도 가능하게 되었고, 국제 분산투자 분야에서도 '로보 어드바이징'이라는 AI에 의한 투자 어드바이스도 일정 정도의 존재감을 가지게 되었다. 향후에도 의심할 여지 없이 다양한 시도가 출현할 것이다.

그중 하나가 2019년에 페이스북을 중심으로 한 공동사업체가 발표한 암호통화 '리브라Libra' 구상이다. 이는 국제적으로 정부·중앙은행까지 포함하여 커다란 논쟁을 불러일으켰다. 세계 최대의 소셜 네트워크 서비스 기업

〈암호통화 리브라 구상〉(2019년 6월 공표, 당초 2020년 실시 예정)

-리브라협회(비영리 공동사업체)를 스위스에 설립(설립 주체는 페이스북을 중심으로 한 우버, 보다폰 등 21사)

-리브라협회가 암호통화 리브라를 발행하고, 블록체인기술*로 운영

-판매대금은 주요국의 은행예금·단기국채 등으로 운용하며 금리는 없음(운용이익은 주로 협회의 운영경비로 충당)

-리브라 가치는 주요 통화표시 자산가치에 연동하여 법정통화와 교환을 보증(교환비율은 리브라 거래소에서 결정)

-주된 목적은 스마트폰 등으로 글로벌하게 개방적으로 순식간에 저비용으로 (리브라를) 이동시키는 것(비트코인 등 다른 암호자산과의 차이는 우량 보증자산을 보유하고 있어 가치가 비교적 안정되고 교환수단으로 사용될 가능성이 크다는 점)

-우려: ①주요국에서 금리변동을 통한 금융정책의 유효성이 저해된다. ②인플레이션이 높은 나라 등의 법정통화가 구축된다. ③자금 세탁에 이용된다. ④다른 암호자산과 마찬가지로 유출 문제 ⑤개인정보의 유출 ⑥시스템 장애시 혼란 ⑦보증자산 가격의 폭락시 혼란(최후의 대부자가 없음)

*블록체인 기술이란 분산형 장부 기술
자료: Libra Association, 『Libra 백서』, 2019 등

〈비트코인 가격 추세〉

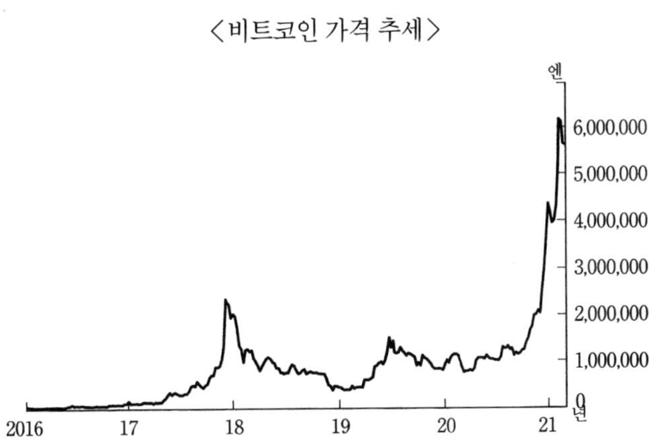

이 주도하는 구상으로 금융질서에 미치는 영향도 막대할 것이기 때문이다. 그 후 주요국 금융당국의 경계·비판에 직면하여 애초 구상이던 단일 가치안정 국제암호통화stable coin의 발행을 단념하고, 주요 통화마다 복수 가치안정 암호통화 '디엠Diem'을 발행한다는 구상으로 전환했다. 그와는 별도로 남겨진 문제가 주요국의 중앙은행 자체가 디지털 통화를 언제 발행하는가이다. 그 점에 대해서는 중국이 앞서가고 있다.

5) 국제금융 활동의 확대와 감독 강화

종래의 사업회사에 의한 직접투자, 은행에 의한 대외대부뿐만 아니라 다양한 금융기관을 통한 국제적인 자산 운용이 확대되었다. 선진 각국의 은행과 보험회사는 관련 자회사 등을 통해 자신의 국제투자 활동을 활발하게 전개하고 투자신탁, 연금, 헤지펀드(소수로 구성된 사모 투자신탁)도 투자대상국, 대상 자산을 확대시켜 활발한 투자 활동을 펼치고 있다. 리먼 쇼크 이후는 그러한 세계적인 투자활동에 약간 제동이 걸렸지만, 플레이어의 확대가 멈춘 것은 아니다. 일본의 연금적립금 관리 운용 독립행정법인도 2014년 이후 본격적인 국제 분산투자를 실시하고 있다.

국제금융 활동이 활발해지면서 금융기관에 대한 규제와 감독을 통일시킬 필요가 발생하여 국제결제은행BIS의 바젤 은행감독위원회에 의한 자기자본을 중심으로 한 규제가 성립했다. 즉 국제적으로 활동하는 은행은 리스크 자산(자사의 리스크 정도에 따라 가중치를 매긴 자산합계액)에 비해 일정 비율(8퍼센트) 이상의 자기자본을 보유하도록 1988년에 의무화했다. 각국에서 보험회사, 증권회사 등도 일정액의 손실을 흡수할 수 있을 만큼 튼튼한 재무 체질을

〈연금 적립금 관리 운영 독립행정법인의 기본 포트폴리오에 규정된 자산구성 비율〉

(2020년 4월부터 5년간)

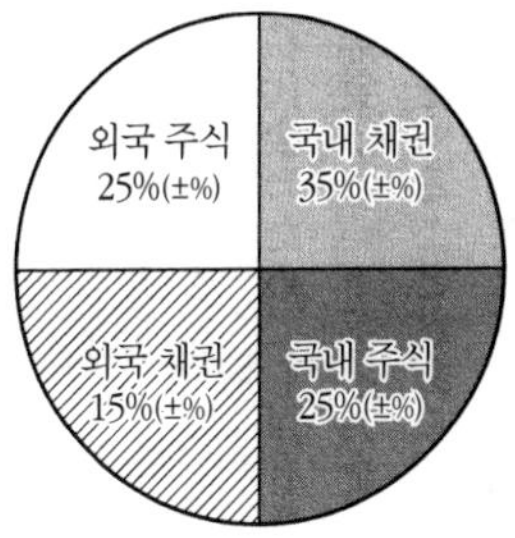

자료: GRIF,「기본 포트폴리오 基本ポートフォリオ」

〈리먼브라더스의 대차대조표〉(2007년 11월 말)

억 달러

자산		부채	
금융자산	3,110	담보차입	2,557
유담보대부	3,040	매도증권	1,520
수취계정	415	단기부채	553
현금	69	예치금	829
기타	276	장기부채	1,244
		자본금	207
합계	6,910		6,910

주: 금융자산은 주로 주택론 담보증권, 유담보 대부는 주로 헤지펀드용 단기대부, 담보 차입은 레포 계약에 의한 차입(증권의 환매조건부 매도), 매도증권은 주식과 채권의 숏포지션

자료: *Brookings Papers on Economic Activity*, Fall 2008

〈바젤 3〉(신국제통일기준, 2019년부터 전면 적용)

국제업무에 관여하는 은행의 자기자본비율(자기자본/리스크로 가중치를 부여한 자산총액)은 8퍼센트 이상(대형은행은 최대 2.5퍼센트 추가)

자기자본 중 보통주 등에 의한 비율을 확대

또한 자기자본을 리스크로 가중치를 부여하지 않는 기준으로 한 온 밸런스·오프 밸런스 자산(채무보증 등) 합계액으로 나누어 계산하는 레버리지 비율은 3퍼센트 이상(대형 금융기관은 추가 가능)

〈바젤 3에서 자기자본의 강화〉

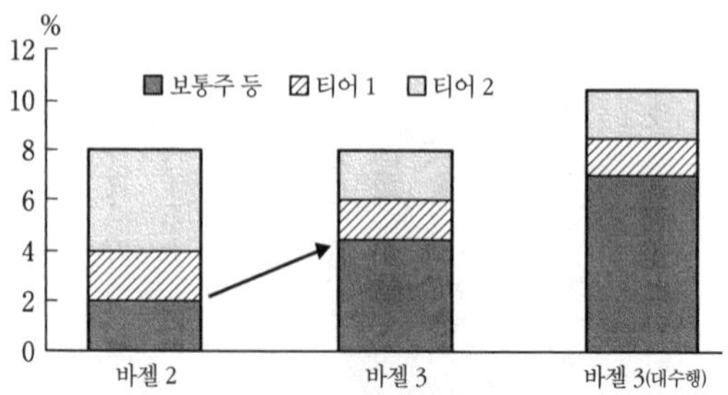

주: 티어Tier 1이란 우선주 등, 티어 2란 열후채, 열후론, 일반대손충당금 등
자료: 금융청金融庁, 「바젤 3(국제합의)의 개요バーゼル 3 (国際合意)の概要」

가지도록 의무화했다.

2004년에는 그러한 계산의 정치화(바젤 2)가 실시되었지만, 그 후에도 각국에서 금융기관 파산이 잇따랐다. 2008년에는 미국 대형 투자은행인 리먼브라더스가 파산했다. 이 은행의 계산상 자기자본은 10퍼센트를 넘고 있었으나, 보통주 등(에쿼티)의 부분이 적었고 리스크 자산의 계산이 부실했다. 2013년부터 시작된 룰(바젤 3)에서는 자기자본의 강화 필요성이 강조되어 파산에 따른 영향이 크게 나타나는 대형은행에 대한 규제가 더욱 강화되었다.

6) 환율과 외화준비

많은 주요국에서 변동환율제를 채택한 이후에도 세계 각국은 상당액의 외화준비를 보유하고 있다. 국제통화기금IMF 가맹국 전체로 볼 때, 재화·서비스의 연간 수입액에 대한 외화준비액 비율은 1970년대까지는 10퍼센트 전후였는데, 1990년대에는 20~30퍼센트로 상승하고 2000년대에 들어서도 증가를 계속해 2018년 시점에서는 50퍼센트에 육박하게 되었다. 외화준비는 긴급 시 수입 지불 대금을 위한 것이지만, 주로 외환시장의 안정을 유지하기 위해 보유한다. 자국 통화가 강한 하락 압력을 받은 때는 외환시장에서 자국 통화 매입·(외화준비를 이용하여) 외화 매각이라는 개입을 한다. 그 때문에 외화준비는 언제라도 사용할 수 있도록 통상 정부단기증권과 은행예금, 전형적으로는 미국 단기 재무성 증권과 달러 예금 등 유동성 자산으로 보유한다.

그렇다면 왜 외화준비는 증가했을까? 그것은 많은 나라에서 자국 통화가 지나치게 강해지는 것을 억제하기 위해 외환시장에 개입하여 자국 통화 매각·외화 매입의 개입을 지속해왔기 때문이다. 중국이 전형적인 예인데, 위안화의 상승을 완만하게 하려는 개입 과정에서 외화준

〈주요 외화준비 보유국〉(2019년 6월 말)

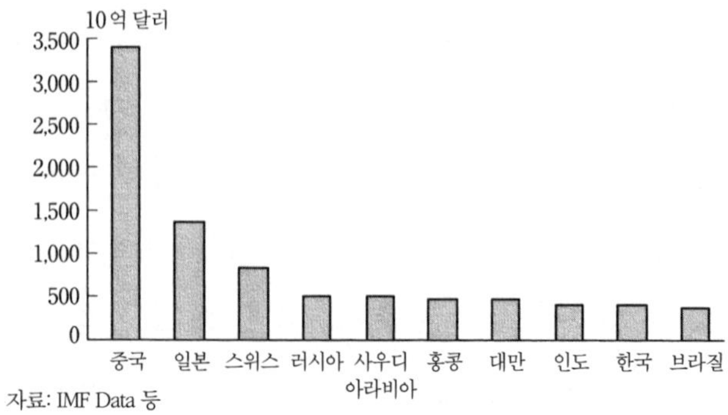

자료: IMF Data 등

비가 증가했다. 그 후 위안화 약세 국면에서는 반대 방향으로 개입하고 있다. 일본도 2001~2003년, 2010~2011년에 엔고 억제를 위해 외환시장에 개입했다.

환율은 시장경제에서 가장 중요한 가격이다. 무역·경상수지와 금리차 등 경제적 요인뿐만 아니라 정치적 요인에 의해서도 변동하기 때문에 고정시키는 것이 곤란하다. 그렇다고 모든 경우를 시장의 움직임에 맡겨둘 수도 없다. 따라서 통화당국은 환율의 과도한 변동에 대처하기 위해 때로는 시장에 개입하게 되고, 결과적으로 외화준비가 변동한다.

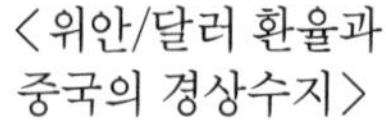

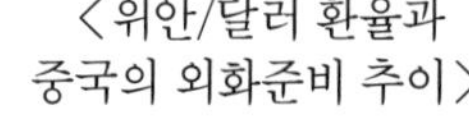

〈위안/달러 환율과
중국의 외화준비 추이〉

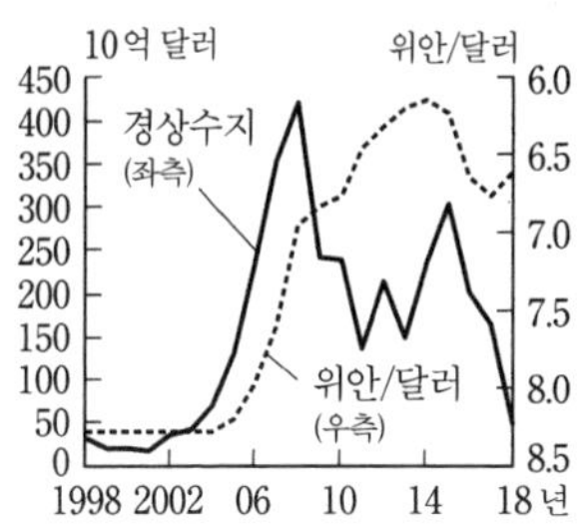

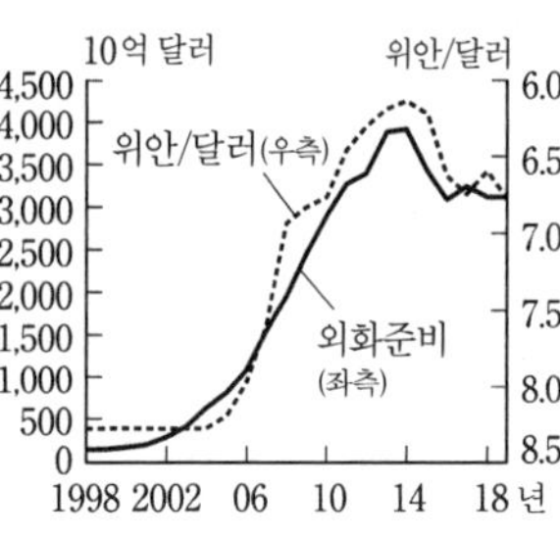

〈엔/달러 환율과
일본의 경상수지〉

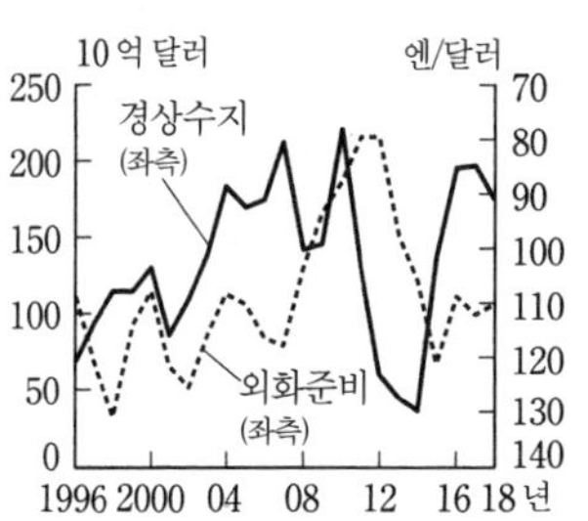

〈엔/달러 환율과
일본의 외화준비 추이〉

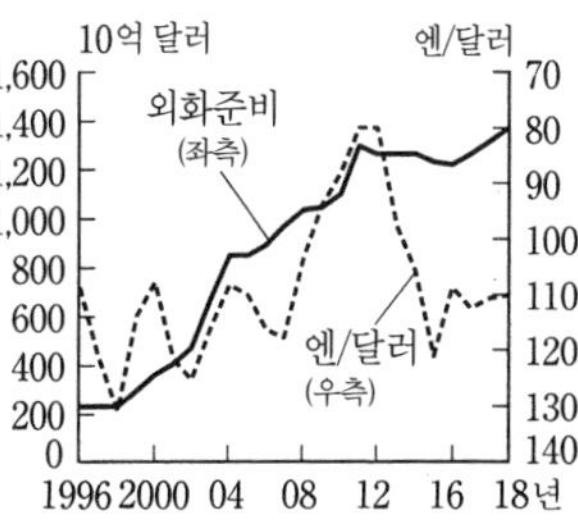

7) 유로의 확대

1999년 1월 유럽통일통화 '유로'가 탄생했다. 2차 세계대전 후에 시작된 경제통합 과정에서 하나의 획기적인 전진이었다. 유럽의 경제통합이 개시된 1990년 7월부터 따져도 10년 가까운 세월이 흘렀다. 우선 각국 시장이 통합되어 1993년에 단일시장이 실현된 후, 통화통합 준비단계에 접어들어 경제 상황과 재정 금융 조건의 수렴을 지향하여 단일통화를 도입하게 되었다. 그 배경에는 유럽의 항구적인 평화와 안정을 추구하는 강력한 정치 의지가 있었다.

그리하여 환율변동 리스크가 없는 거대한 시장과 미국 달러에도 대항할 수 있는 통화가 출현하게 되었다. 당초 유로 참가국은 독일·프랑스를 중심으로 한 11개국이었는데, 그 후 2001년의 그리스를 비롯하여 2015년의 리투아니아까지 8개국이 참가하여 2019년 현재 19개국이 되었다. 현재 가맹국의 확대는 일단락된 느낌이 있다. 당초 미국 GDP에 비해 유로권의 그것은 4분의 3 정도였다. 가맹국의 확대에도 불구하고 유로권 국가의 경제성장률이 정체되어 유로권과 미국의 GDP 차는 오히려 확대되어 2018년에는 3분의 2 정도가 되었다. 다만 인구 면에

<유럽중앙은행제도ESCB의 개요>

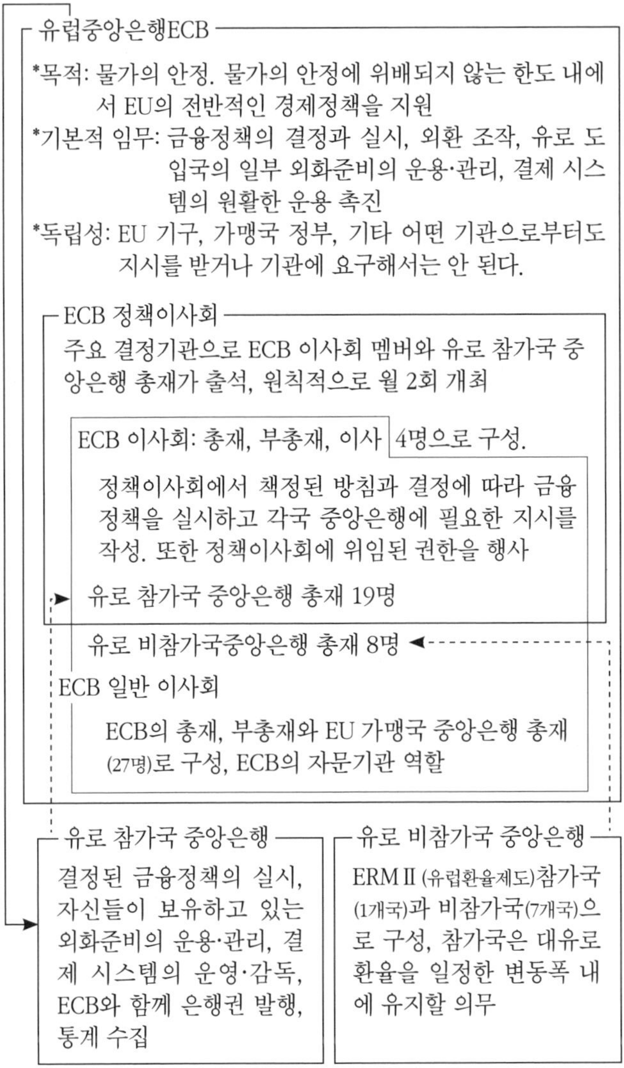

유럽중앙은행ECB

*목적: 물가의 안정. 물가의 안정에 위배되지 않는 한도 내에서 EU의 전반적인 경제정책을 지원
*기본적 임무: 금융정책의 결정과 실시, 외환 조작, 유로 도입국의 일부 외화준비의 운용·관리, 결제 시스템의 원활한 운용 촉진
*독립성: EU 기구, 가맹국 정부, 기타 어떤 기관으로부터도 지시를 받거나 기관에 요구해서는 안 된다.

ECB 정책이사회

주요 결정기관으로 ECB 이사회 멤버와 유로 참가국 중앙은행 총재가 출석, 원칙적으로 월 2회 개최

ECB 이사회: 총재, 부총재, 이사 4명으로 구성.

정책이사회에서 책정된 방침과 결정에 따라 금융정책을 실시하고 각국 중앙은행에 필요한 지시를 작성. 또한 정책이사회에 위임된 권한을 행사

유로 참가국 중앙은행 총재 19명

유로 비참가국중앙은행 총재 8명

ECB 일반 이사회

ECB의 총재, 부총재와 EU 가맹국 중앙은행 총재(27명)로 구성, ECB의 자문기관 역할

유로 참가국 중앙은행

결정된 금융정책의 실시, 자신들이 보유하고 있는 외화준비의 운용·관리, 결제 시스템의 운영·감독, ECB와 함께 은행권 발행, 통계 수집

유로 비참가국 중앙은행

ERM II (유럽환율제도)참가국(1개국)과 비참가국(7개국)으로 구성, 참가국은 대유로 환율을 일정한 변동폭 내에 유지할 의무

서는 여전히 미국을 넘어서고 있다.

유로 지역에서는 하나의 중앙은행(유럽중앙은행, ECB)에 의해 일원적인 금융정책이 결정되고 각국 중앙은행은 실시기관이 되었다. 물가의 안정을 지향하는 ECB는 그 독립성을 보장받고 있는데, 그것이 외환시장에서 유로의 영향력과 안정성의 기반이 된다. 그런데 그 독립성은 구성원 각국의 재정규율에 영향을 받는다. 2010년 이후 간헐적으로 발생하는 그리스와 이탈리아 등의 재정위기가 향후 유로의 앞길이 평탄하지만은 않을 것이라는 점을 보여주고 있다.

8) 달러·유로·엔·위안

국제통화 체제는 다극화되고 있다. 특히 1971년 미국에 의한 금 달러 교환정지 선언 이후, 미국 달러 기축통화 체제에서 다극통화 체제로 이행하고 있다고 할 수 있다. 또한 1999년의 유로 탄생으로 미국 달러에 필적할 만한 국제통화가 등장하여 다극통화 체제로의 이행은 좀 더 명확하게 되었다. 하지만 실제로는 과거 약 20년간 유로의 외환시장 거래량 혹은 공적 외화준비에 사용된 비율은 저하하는 경향에 있다. 나아가 일본 엔, 영국 파운드 혹은 스위스 프랑 등 예전에 국제금융에서 나름의 존재감을 가지고 있던 통화도 그 영향력이 약화되었다.

한편 미국 달러의 국제적인 이용은 저하하고 있지 않다. 외화 거래에서 점하는 비율, 공적 외화준비에 점하는 비율 모두 안정적이다. 경제·금융위기 때마다 달러 수급이 핍박하는 현상조차 보인다. 유럽대륙 여러 나라와 일본의 금융시장은 자금의 조달·운용 면에서 미국의 거대하고 자유로운 주식·채권·단기금융시장·파생상품시장에 비교하면 양적으로나 질적으로 크게 미치지 못한다.

그동안 많은 나라의 통화가 좀 더 활발하게 거래되게 되었다. 세계의 외환 거래량을 100으로 할 때(반올림하여)

〈공적 외화준비의 통화별 비율〉(2019년 3월 말, %)

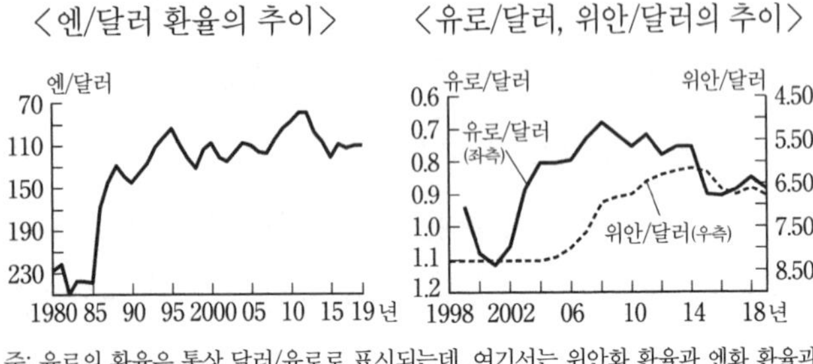

주: 유로의 환율은 통상 달러/유로로 표시되는데, 여기서는 위안화 환율과 엔화 환율과의 비교를 위해 유로/달러로 표시함

1 이상의 거래 비율을 가진 통화가 1989년에는 유로 구성국 통화와 미국 달러를 제외하면 7개 통화에 불과했으나 2019년에는 18개 통화로 증가했다. 현재의 다극통화 체제란 미국 달러와 두세 개의 대체 통화에 의한 체제라기보다는 매우 많은 나라의 통화가 좀 더 활발하게 거래되는 체제가 되었다는 의미일 것이다. 향후 중국의 위안화와 디지털 통화의 영향력이 어느 정도 높아질 것인가가 주목할 만한 요인이다.

〈세계 외환시장 거래의 통화 비율〉

(매년 4월의 평균 1일당 거래에서 계산)

통화명	1989	1995	2007	2013	2019
미국 달러	44.9	41.5	44.9	43.5	44.1
유로	15.9	25.1	19.0	16.7	16.2
일본 엔	14.0	12.3	11.8	11.5	8.4
영국 파운드	7.2	4.7	6.5	5.9	6.4
호주 달러	1.2	1.3	2.2	4.3	3.4
캐나다 달러	0.7	1.7	2.3	2.3	2.5
스위스 프랑	4.8	3.6	3.0	2.6	2.5
중국 위안	0.0	0.0	0.0	1.1	2.2
홍콩 달러	0.5	0.6	1.1	0.7	1.8
뉴질랜드 달러	0.0	0.1	0.3	1.0	1.0
스웨덴 크로나	0.6	0.3	1.3	0.9	1.0
한국 원	0.0	0.0	0.4	0.6	1.0
싱가포르 달러	0.2	0.2	0.5	0.7	0.9
노르웨이 크로네	0.1	0.1	0.7	0.7	0.9
멕시코 페소	0.0	0.0	0.4	1.3	0.9
인도 루피	0.0	0.0	0.1	0.5	0.9
러시아 루블	0.0	0.0	0.2	0.8	0.5
남아공 란드	0.0	0.2	0.5	0.6	0.5
터키 리라	0.0	0.0	0.0	0.7	0.5
브라질 레알	0.0	0.0	0.2	0.6	0.5
기타	9.8	8.3	4.7	3.1	3.9
합계	100.0	100.0	100.0	100.0	100.0

주: 1995년 이전의 유로 데이터는 1999년 시점의 유로 구성 통화의 합계

자료: BIS, *Triennial Central Bank Survey, Foreign exchange turnover in April 2019*, Sep. 2019

9) 환율제도

현재의 환율제도는 일반적으로 변동환율제라고 일컬어진다. 하지만 세계적으로 고정환율제도가 붕괴된 이후에도 많은 나라는 미국 달러와 그 외의 통화 혹은 자국의 수출입 구조에 맞춘 복수통화에 대한 고정환율제를 유지하고 있다. 나라 수에서는 고정환율제 혹은 그와 유사한 제도를 채택하고 있는 나라가 많지만, 미·일·유럽 등 주요국은 자유변동환율제를 실시하고 있다는 의미에서 현재의 제도는 변동환율제이다.

93쪽 표는 IMF가 환율제도를 금융정책 구조에 관련시킨 것이다. 이에 따르면 (1)~(2)를 '엄격한 고정환율제', (3)~(7)을 '완만한 고정환율제'로 분류하고 있다.

미국 달러에 링크시킨 커런시 보드 제도를 채택하고 있는 홍콩과 자유변동환율제의 일본 이외의 여러 아시아 국가(중국, 싱가포르, 베트남, 인도네시아 등)는 '완만한 고정환율제'로 분류된다. 변동환율제로 분류되고 있는 인도와 한국을 포함한 국가들에서는 환율의 안정을 유지할 목적으로 공적 기관에 의한 외환시장개입이 이루어지고 있다. 1990년대 말의 아시아 통화위기 무렵까지는 여러 아시아 국가의 경상수지가 적자였지만 그 후 흑자 기조를 유

〈환율제도와 금융정책의 구조〉

환율제도		금융정책의 구조						
		앵커 외화				통화량 목표	인플레 목표	기타
		미국 달러	유로	복수 통화	기타			
	국가수	38	25	9	9	24	41	46
1 독자의 법화가 없음	13	7	3		3			
2 커런시 보드[1]	11	8a	2		1			
3 통상의 고정환율제	43	14b	18c	4	5			2
4 환율 안정화 제도[2]	27	4	2	2d		11e	2f	6
5 크롤링 페그 제도[3]	3	2		1				
6 유사 크롤링 제도	15			1g		5h	3	6
7 수평밴드 내 고정환율제	1							1
8 기타 관리환율제	13	3i		1		5		4
9 변동환율제	35					3j	26k	6l
10 자유변동환율제	31						10m	21n

주: 1) 커런시 보드란 자국 통화와 특정의 외화를 고정비율로 교환할 것을 보증하는 것
2) 환율안정화제도란 통화 바스켓 방식 등에 의해 환율을 안정적으로 관리하는 제도
3) 크롤링 페그crawling peg제란 목표로 하는 환율 수준을 향해 미세하게 조정해가는 방식
4) a: 홍콩
b: 사우디아라비아, 아랍에미레이트
c: 덴마크
d: 싱가포르, 베트남
e: 미얀마
f: 인도네시아
g: 이란
h: 중국
i: 캄보디아
j: 아르헨티나
k: 브라질, 콜롬비아, 남아공, 태국, 터키
l: 말레이시아, 몽골, 스위스
m: 오스트레일리아, 캐나다, 칠레, 일본, 멕시코, 노르웨이, 폴란드, 러시아, 스웨덴, 영국
n: 미국, 유로 19개국

〈최근의 환율제도 비율의 변화〉

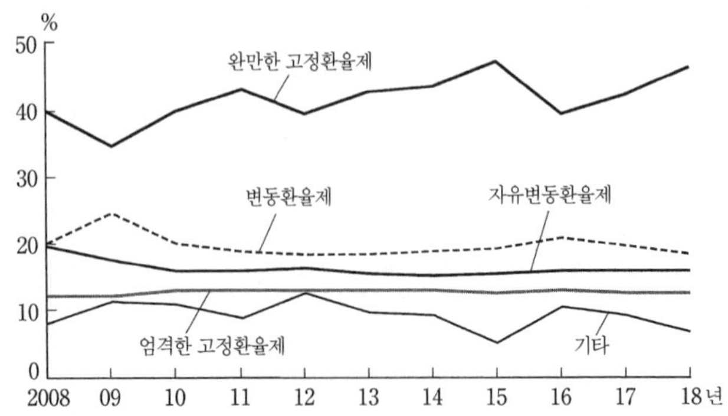

주: '엄격한 고정환율제'는 93쪽 표의 1-2, '완만한 고정환율제'는 3-7
'변동환율제'는 9, '자유변동환율제'는 10에 대응
자료: IMF, *Annual Report on Exchange Arrangements and Exchange Restrictions*, 2018

지하고 있는 나라가 많다. 환율의 관리에 성공한 것이 그 하나의 요인일 것이다.

하지만 그것은 자유변동환율제를 채택하고 있는 나라 특히 미국 등에서 보면 자국 통화가치가 상대적으로 높게 평가되어있다는 불만으로 연결되는 것이어서 어려운 문제이다.

10) IMF 체제

IMF는 2차 세계대전 이전의 환율 절하 경쟁 등 국제통화를 둘러싼 혼란에 대한 반성에서 2차 세계대전 이후에 탄생했다. 가맹국(1946년 3월, 40개 국으로 발족)은 금 1온스당 35달러로 금과 링크한 미국 달러에 대한 자국 통화의 평가에 대해, 정책 개입을 통해 상하 1퍼센트 이내로 그 평가를 유지할 의무가 부과되었다. 또한 가맹국이 국제수지 불균형에 빠질 때 안이하게 평가절하한다든지 수입제한 조치를 하지 않도록 IMF가 국제결제자금을 융자했다. 평가의 변경은 국제수지의 기초적 불균형이 발생한 경우만으로 한정되었다.

하지만 이 고정평가제도는 몇 차례의 통화 위기를 거쳐 1971년 8월에 붕괴되고 1973년 3월 이후 변동환율제로 이행되어 현재에 이르고 있다.

애초 예상과 달리 변동환율제에서도 국제수지 불균형 문제는 해소되지 않고 IMF 역할도 없어지지 않았다. 1970년대 오일쇼크에서 시작되어 1980년대의 중남미 누적채무 문제가 발생하고, 1990년대 들어서도 통화위기(파운드 위기, 멕시코 위기, 아시아 통화위기, 러시아 위기, 브라질·아르헨티나 통화위기)가 끊이지 않았다. 2000년대 후반에는 미국발 글로벌 금융위기에 의해 많은 나라가 영향을 받았다.

국제적인 경제정책 협조가 필요하지만, IMF의 개입은 국제수지 적자국에 대한 융자를 통한 경우에 거의 한정되어, 그러한 융자 요청을 하지 않는 주요국에 대한 정책 제언에는 한계가 있다. 중요한 점은 IMF의 판단·의사결정이 매 순간 세계경제의 실세를 적절하게 반영하고 있는가 여부이다. 현재 IMF는 구미 특히 미국 주도의 조직으로 상당한 개혁이 필요할 것으로 보인다.

4. 다각화, 지역통합, 무역마찰

"국경이 없어진 경제와
국경이 존재하는 정치 사이에서 생기는
다양한 마찰에 대해,
항상 그 조정이 요구될 것이다."

-경제심의회 2010년 위원회 보고,「2010년의 선택」, 1991

1) 세계경제의 재편성

2차 세계대전이 끝난 후, 패전국인 일본, 독일, 이탈리아는 물론 전승국인 유럽 여러 나라에서도 정도의 차는 있지만, 경제력이 약화되었다. 단지 미국만이 직접 국토가 전장이 되지 않았고 무기 등의 공급국, 전비 조달국으로 경제적 지위를 강화했다. 전후 얼마간은 그러한 '유산' 위에서 번영을 지속하고 압도적인 경제력을 배경으로 세계에 군림하는 데 어울리는 정치력, 군사력도 유지하여 문자 그대로 '팍스 아메리카나' 시대가 계속되었다.

하지만 유럽, 일본이 경제부흥과 그 후의 지속적 발전을 이룩함에 따라 미국의 상대적 경제력이 저하되었다. 그 후 중국 등 신흥국이 수출주도의 지속적 경제성장에 의해 그 존재감을 증대시켰다. 1980년경부터 세계경제는 실제로 다각화의 시대로 접어들었다.

다만 1990년대부터 세계경제의 시장화 흐름과 정보통신 혁명에 대한 대응의 차이에 의해 나라마다 경제성과에 차이가 드러났다. 비교적 효율적으로 대응한 국가는 앵글로색슨 여러 나라로 개혁을 앞세워 지속적인 경제성장을 실현시켰다. 한편 많은 아시아, 중남미 국가들은 금융·통화위기에 빠져 경제성장이 일시적이기는 하지만

〈세계 GDP에 점하는 미국의 점유율 추이〉

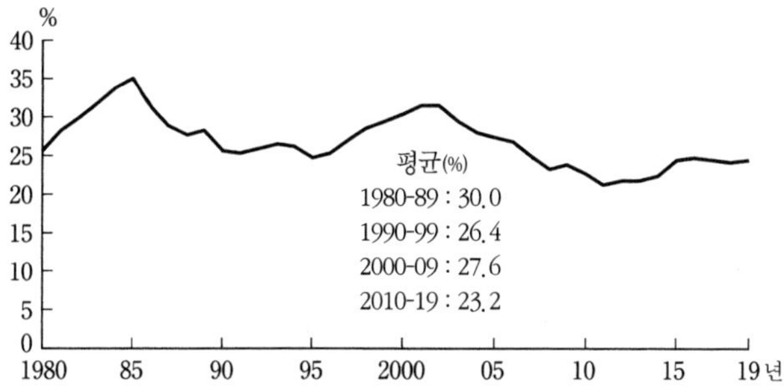

〈세계 GDP에 점하는 중·독·일의 점유율 추이〉

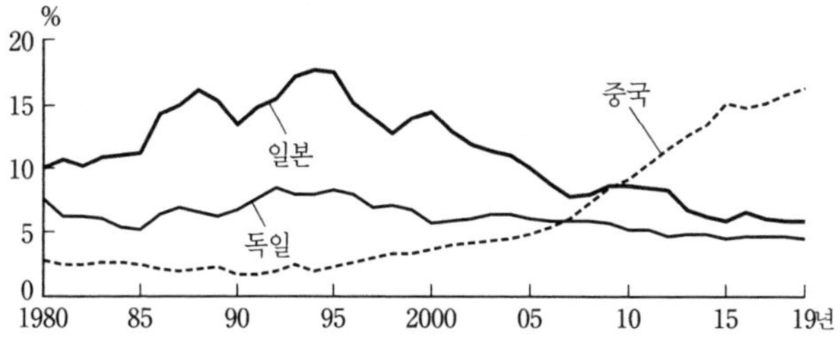

저하되었다. 일본도 그 그룹에 포함된다. 이들의 중간에 위치하는 나라가 유럽 국가들로 낮기는 하지만 비교적 안정된 성장이 이어졌다. 21세기에 접어들면서 비교적 높은 성장을 이룩한 BRICs(브라질, 러시아, 인도, 중국) 중에서 특히 중국은 고성장이 이어져 2010년에는 일본은 제치고 세계 제2위의 GDP 국가가 되었다. 중국은 앵글로색

〈EU 여러 나라의 상대적 경제격차〉(2019년, 명목 GDP, %)

〈아시아 여러 나라의 상대적 경제 규모〉(2019년 명목 GDP, %)

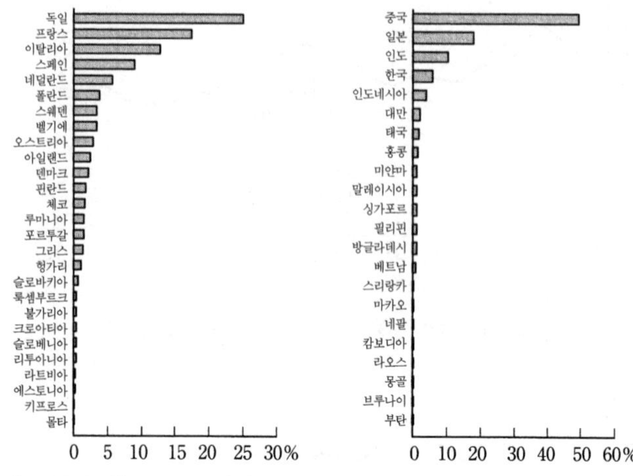

자료: IMF, *World Economic Outlook*, Apr., 2019

은 여러 나라를 맹추격하고 정보통신 혁명에 대한 대응에서도 성공을 거두고 있다.

2) 미국 경제, 상대적 경쟁력의 유지

2차 세계대전 후 얼마간 미국은 압도적인 경제력, 정치력, 군사력으로 세계에 군림했다. 달러는 파운드를 대신하여 거의 유일한 기축통화가 되었다. UN, IMF, 세계은행, GATT 등 국제기관에서도 미국의 영향력은 압도적이었다. 하지만 일본 및 유럽이 경제력을 높이는 한편 미국 경제는 '황금의 1960년대' 이후 약간 그 기세를 잃고, 베트남전쟁에서 곤경에 처해 일·미·유럽의 역학관계에 상대적인 변화가 발생했다. 소련의 붕괴와 함께 '미국의 냉전 피로'도 현재화하여 세계경제는 다극화 시대가 되었다. 1970년대 이후 1990년대 초반까지 달러는 일본 및 유럽 통화에 대해 하락하였고, 미국 경제의 상대적 저하는 그 후에도 계속될 것으로 전망되었다.

그러나 1990년대 이후 미국 경제는 화려하게 부활했다. 정보통신 분야 등에서의 규제 완화, 금융제도 개혁, 국방비 삭감 등의 요인이 작용했다. 활발한 정보통신 관련 투자가 설비투자를 주도하고 안정된 물가 속에서 성장에 기여했다.

2000년 봄에 주가의 대폭 하락을 경험했지만, 그 후 다시금 장기간에 걸친 안정성장을 이룩했다. 하지만 2007

〈미국의 실질경제성장률과 소비자물가변화율의 추이〉

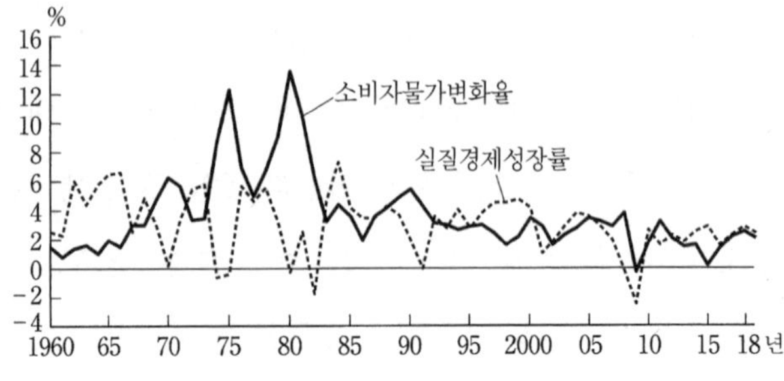

기간	평균성장률	평균소비자물가변화율
1960-1969	4.4	2.0
1970-1979	3.3	6.7
1980-1989	3.0	5.6
1990-1999	3.0	3.0
2000-2009	1.9	2.6
2010-2019	2.3	1.8

자료: US Bureau of Economic Statistics, US Bureau of Statistics,
IMF, *World Economic Outlook*, Apr. 2019

년 가을 서브프라임 문제로 금융 불안이 발생하고, 2008년 9월 리먼브라더스 파탄을 계기로 금융위기가 일어나 세계 각지에 혼란을 가져왔다. 그 후 경기는 회복되고 디지털 경제화에 따른 활성화 요인도 있어 경제성장이 지속되었다. 코로나바이러스에 직면해서도 금융완화에 힘입어 주가는 오히려 상승했다. 이렇게 보면 미국 경제는 여러 선진국 중에서는 정세변화에 대한 유연성과 높은 대응력으로 비교적 높은 성장을 이루어왔다고 할 수 있다.

〈미국 주가S&P500의 추이〉

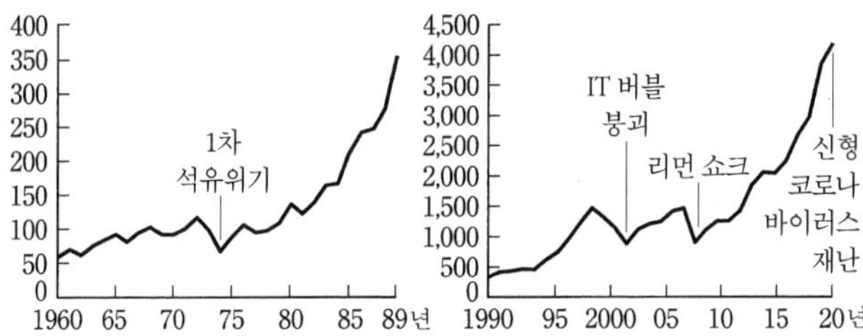

주: S&P 500이란, S&P사가 계산·공표하는 NYSE와 NASDAQ에 상장된 대표적인 미국기업 500사의 시가총액 가중평균의 주가지수(1941-43=10)

〈미국 무역수지·경상수지의 추이〉

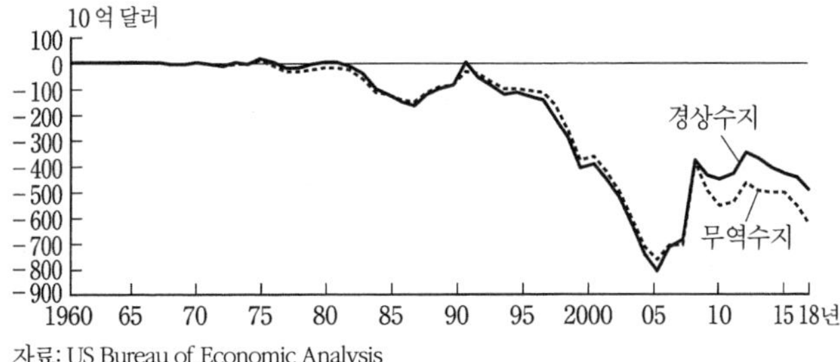

자료: US Bureau of Economic Analysis

3) EU, 동부 유럽으로의 확대와 브렉시트

EC(유럽공동체)는 1967년에 ECSC(유럽석탄철강공동체), EEC(유럽경제공동체), EURATOM(유럽원자력공동체)의 공동체 세 개가 결정·집행기관을 통일함으로써 발족되었다. 그 배경에는 독일과 프랑스 간의 '영원한 화해'를 기초로 유럽 전체에 항구평화를 정착시킨다는 강력한 단결 의지가 있었다.

EC는 유럽의 복권과 번영을 목표로 내세웠다. 경제 분야에서는 역내 통일 관세 등을 추진하고 비관세장벽을 철폐함으로써 1993년 EC 내 사람·물자·자금·서비스가 국경을 넘어 자유롭게 이동할 수 있는 통일시장이 성립했다.

또한 마스트리히트에서 개최된 유럽 정상회담에서 유럽통합에 관한 조약이 1993년에 발효되어 EU가 탄생했다. EU는 그 전신인 EC를 더욱 발전시켜 역내 통화통일과 유럽중앙은행ECB에 의한 금융정책의 일원화, 그리고 공통의 외교·안전보장 정책, 사법·내무에 관한 협조까지 나아갔다. 금융정책 이외의 경제정책 전반의 협조도 필요해져, 2010년에는 재정정책의 일원화를 추구하게 되었다. 하지만 사회정책, 외교·안전보장 정책에 대한 협조는 아직 중간 단계에 있다.

〈유럽통합의 역사〉

연도	주요 사항
1950	슈만 플랜 발표(양차 세계대전 사이에도 범유럽 운동)
1952	유럽석탄철강공동체ECSC 발족
1958	유럽경제공동체EEC 유럽원자력공동체EURATOM 발족
1967	유럽공동체EC 발족: ECSC, EEC, EURATOM의 주요 기관 통합
1979	유럽통화제도EMS 발족: 외환시장 메커니즘+유럽통화단위ECU
1987	단일 유럽의정서 발효(1992년까지 공동시장 창설)
1989	유럽경제통화동맹EMU에 관한 EC위원장 드롤의 3단계안
1990	EMU 제1단계 개시: 역내 자본이동의 완전 자유화와 가맹국의 EMS 참가
1991	마스트리히트 정상회담에서 유럽연합EU 합의: EMU의 창설과 공통의 외교·안전보장 정책 및 사법·내무 협력
1993	단일시장 개시, 마스트리히트 조약 발효
1994	EMU 제2단계 개시: 경제·금융정책의 협조 추진, ECB의 전신인 유럽통화기구EMI를 창설
1998	유럽중앙은행ECB 설립
1999	EMU 제3단계 개시: 단일통화 유로의 도입(당초 참가 11개국 통화의 대 유로 환율을 비가역적으로 고정)
2002	유로 지폐·주화 유통 개시
2004	중유럽·동유럽 등 10개국이 가맹
2007	동유럽 2개국이 가맹
2013	동유럽 1개국이 가맹
2020	영국 이탈

〈유럽연합의 기관〉

유럽이사회: EU 각국 정상과 유럽위원회 위원장에 의한 정치 레벨의 최고 협의기관
EU이사회: EU 각국의 각료급 대표에 의한 결정기관
유럽위원회: 가맹국별 한 명의 위원에 의한 집행기관
유럽의회: 자문기관으로 출범했으나 권한이 강화되어 이사회와 함께 공동결정기관으로
유럽재판소: EU의 최고재판소
기타: 유럽중앙은행, 유럽회계검사원, 유럽투자은행 등

〈EU의 확대〉

1958년 EC 원가맹국: 독일, 프랑스, 이탈리아, 벨기에, 네덜란드, 룩셈부르크
1973년 EC 제1차 확대: 영국, 아일랜드, 덴마크
1981년 EC 제2차 확대: 그리스
1986년 EC 제3차 확대: 스페인, 포르투갈
1995년 EU 제4차 확대: 오스트리아, 스웨덴, 핀란드
2004년 EU 제5차 확대(Ⅰ): 폴란드, 체코, 헝가리, 에스토니아, 라트비아, 리투아니아, 몰타, 키프로스, 슬로바키아, 슬로베니아
2007년 EU 제5차 확대(Ⅱ): 불가리아, 루마니아
2013년 EU 제6차 확대: 크로아티아

자료: 외무성

EU의 동부 유럽 국가로의 확대도 최종 단계에 접어들었다. 반면 영국이 이탈하게 되었다. 영국의 이탈은 대륙 국가 주도의 정책에 대한 불만과 이민·난민의 증가에 대한 거부반응이 주요 원인이었다. 최근의 난민 증가는 다른 가맹국에서도 EU에 회의적인 사람들을 늘어나게 하고 있다. 그러나 이제까지 그래왔던 것처럼 일 보 후퇴 이 보 전진으로 EU 통합은 계속될 것으로 보인다.

4) NAFTA의 개정, USMCA

미국, 캐나다, 멕시코는 1992년 시장통합을 목표로 NAFTA(북미자유무역협정)를 체결했다(발효는 1994년 1월). 내용은 관세를 단계적으로 철폐하고 비관세장벽도 폐지하며 투자규제를 제거한다는 것이었다. 실제로 세 나라 사이의 경제적 결합은 강화되어 1994년의 멕시코 경제위기가 단기간에 수습된 것도 관계 강화를 배경으로 한 미국의 지원이 있었기 때문이었다.

협정의 목적은 EC에 대항한다기보다는 이 지역의 통합을 토대로 우선은 미국과 캐나다 간에 협정을 체결하고, 다음에 멕시코를 가입시키고, 나아가 그 외의 중남미 여러 나라에도 넓혀나간다는 의도가 있었다고 한다. 하지만 그렇게는 되지 않았다.

더구나 그 후 미국은, 협정이 자국의 무역적자를 확대시키고 노동자의 일자리를 빼앗았다며 개정을 요구했다. 그리하여 재교섭이 이루어져 2018년 9월에 USMCA에 합의했다. 여러모로 미국의 의도에 따른 것으로, 멕시코와 캐나다로부터의 연간 자동차 수입에 수량을 제한한다든지 원산지 규제를 강화하여 당시까지의 협정이 주창해온 '자유무역' 원리에 위배되었다. 캐나다나 멕시코는

〈3개국의 GDP와 인구〉(2019년)

	GDP(조 달러)	인구(100만 명)	1인당 GDP(달러)
미국	21.3	329.6	64,767
캐나다	1.7	37.5	46,420
멕시코	1.2	125.9	9,858

자료: IMF, *World Economic Outlook*, Apr. 2019

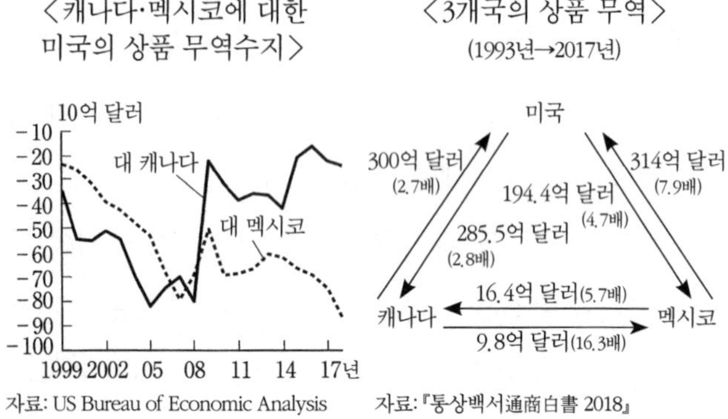

자료: US Bureau of Economic Analysis

자료:『통상백서通商白書 2018』

나라 전체의 경상수지가 적자 기조인데, 두 나라 간의 무역수지만을 문제로 하는 것에 대해 납득할 수 없었을 것이다.

예전에 부시 전 미국 대통령은 "NAFTA는 시장을 개방하고 고용을 창출한다. 우리는 가장 경쟁력 있는 기업이 된다"라고 했는데, 그것은 동시에 캐나다·멕시코의 기업에도 마찬가지가 되어야 한다. 호혜 공존은 간단히 말로만 되는 게 아니다.

〈USMCA Agreement〉(2018년 9월 합의, 2020년 초 발효 예정)

자동차 관련

- 자동차의 역내 원산지 비율을 62.5퍼센트에서 75퍼센트로 3년 이내에 인상
- 중요한 자동차부품에 대해서도 동일 목표
- 부품의 40퍼센트 이상은 시급 16달러 이상의 노동자가 생산하는 비율이 40~45퍼센트 이상으로
- 멕시코에 대해서는, 승용차의 대미수출이 연간 260만 대를 넘지 않고 자동차부품의 대미수출이 1080억 달러 이하의 경우는 추가 관세 면제
- 캐나다에 대해서도 승용차의 대미수출이 260만 대를 넘지 않고 자동차부품의 대미수출이 324억 달러 이하의 경우에는 추가 관세 면제
- 양국 모두 경트럭에 대한 추가 관세는 적용하지 않음

유제품

- 캐나다는 유제품 등에 대한 무관세 수입할당량을 증가시킨다.

환율 조항

- 자국의 수출에 유리하게 하려고 환율 개입을 포함 경쟁적인 통화 평가절하 정책을 실시하지 않는다. 상호 집행 상황을 감시할 수 있는 협의기구를 설치한다.

비시장경제권과의 무역협정

- 중국을 염두에 둠. 비시장경제국과 자유무역협정을 체결하는 경우, 다른 멤버는 USMCA로부터 이탈할 수 있다.

기타

- 정부조달, 국경을 넘어선 전자상거래의 관세 및 소비세, 분쟁해결절차 등

5) TPP 11과 아시아의 경제통합

1980년대 후반부터 2010년경까지 아시아의 GDP가 세계 전체에서 차지하는 비율은 20~25퍼센트 정도였다. 그 후 일본의 GDP 점유율이 대폭 저하하고 중국의 점유율이 상승하여 그 비율은 30퍼센트를 크게 상회하게 되었다. 한편 아시아 인구가 세계에서 점하는 비율은 최근 40여 년 간 크게 변하지 않았다. 인구가 크게 는 곳은 미국이지 아시아가 아니다. 따라서 아시아에서는 1인당 GDP도 매우 증가했다.

아시아 지역의 무역은 전통적으로는 수직분업이었다. 즉 이 지역(일본을 제외)은 식료품, 원재료 등 1차 산품을 선진공업국에 수출하고 선진공업국으로부터 공업제품을 수입하는 패턴으로 식민지형에 가까웠다. 그것이 경제성장과 함께 변화했다. 이 지역에서는 높은 저축률, 활발한 기술도입, 근면성을 배경으로 고성장을 이룩하는 과정에서 공업화가 진전되어 소비가 확대되고 3차 산업도 증대되었다. 그 때문에 아시아 역내에서 소비재적 공업제품의 수출입이 활발해졌다. 수평분업적 무역구조로 변화한 것이다.

역내무역의 확대와 고도화에 따라 역내에서의 경제권

〈아시아 GDP가 세계 GDP에 점하는 비율〉

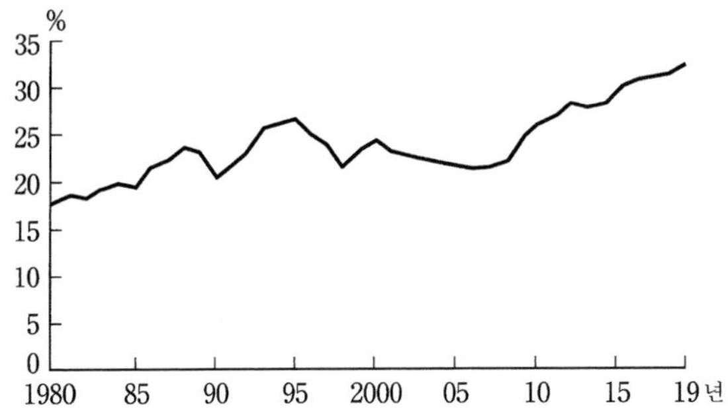

〈아시아 경제연계협정의 추진상황〉(2020년)

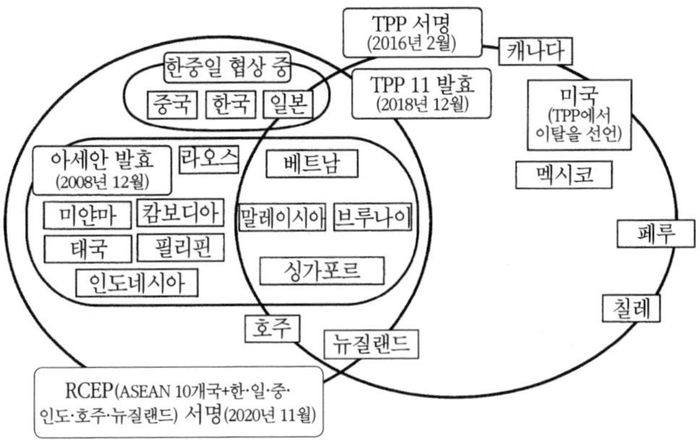

주: TPP는 환태평양 파트너십 협정, RCEP는 동아시아지역 포괄적 경제연계
자료:『통상백서 2019』

〈TPP 11의 개요〉(2018년 말 발효)

경제적 의의: 재화의 관세뿐만 아니라 서비스와 투자의 자유를 추진하고, 나아가 지적 재산, 전자상거래, 국유기업의 규율, 환경 등 광범한 분야에서 신시대에 맞는 규범을 아시아태평양지역에 구축하여 자유롭고 공정한 거대시장(세계 GDP의 약 13퍼센트, 무역총액의 15퍼센트, 인구 약 5억 명)을 창출

전략적 의의: 자유, 민주주의, 기본적 인권, 법에 따른 지배 등 보편적인 가치를 공유하는 국가들과 함께 금후의 세계무역·투자 규범의 새로운 표준을 제공한다(교섭 과정에 참가하고 있던 미국이 최종적으로 참가하지 않았기 때문에 각국도 애초 합의하지 않았던 몇 항목에 대해-미국이 참가할 때까지-동결한다는 데 동의)

자료: 경제산업성經済産業省, 「TPP 11에 대해서」, 2018. 12

형성도 활발해졌다. 하지만 현재까지 EU와 같은 강고한 형태는 아니다. 역내 각국의 경제발전단계나 경제제도도 상이하고 역외 EU와 미국에 대한 의존도도 높기 때문이다. 그러나 일본이 주도권을 쥐는 형태로 TPP 11이 발효된 것은 큰 전진이다. 앞으로 ASEAN 및 그 외 역내 국가와의 연계가 주목된다.

6) 기타 지역통합 현상과 지역 간 무역

1990년대 이후 유럽, 아메리카, 동아시아 이외의 지역에서도 통합의 움직임이 계속되었지만, 실효성이 있는 지역통합은 적다.

동유럽의 많은 나라가 EU에 가입했다. 하지만 구소련권의 독립국가연합CIS은 경제공동체로서의 통일성이 없다. 중동 지역에도 사우디아라비아를 중심으로 한 걸프협력이사회GCC가 있지만, 이 지역의 특성 때문에 집단안전보장의 측면이 강하고 경제 면에서의 연계는 진전되지 않고 있다. 아프리카에서도 이제까지 다양한 경제통합이 시도되었으나 각각 지역공동체에서 역내무역이 활발해지지 않고 비관세장벽도 철폐되지 않았다. 남서아시아에는 인도를 중심으로 한 남아시아지역협력연합SAARC이 있지만, 이것도 유효한 지역경제 협력으로는 진전되지 않고 있다. 멕시코 이외의 중남미 여러 나라도 여러 지역협정을 체결했으나 MERCOSUR 이외는 그다지 활발한 교류가 없는 편이다.

유효한 지역경제 협정은 MERCOSUR 이외는 유럽·북중미·동아시아의 세 지역에 거의 한정되어있다. 세계무역도 이 세 지역을 중심으로 이루어지고 있다. 이 지역

〈세계 무역액의 0.1퍼센트 이상을 점하는
두 나라 간 무역〉(2017년)

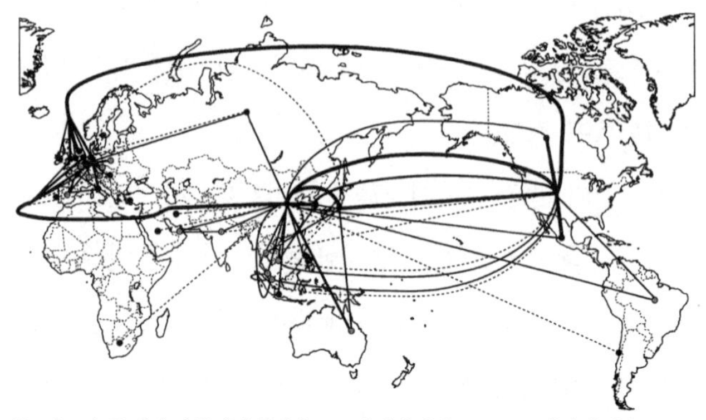

주: 1) ●은 두 나라 간 무역의 합계가 5000억 달러 이상. ●은 1000억 달러 이상.
또한 두 나라 간의 선은 굵은 순으로 무역총액이 2000억 달러 이상>1000억 달러 이상>500억 달러 이상. 500억 달러 미만은 점선
2) 홍콩과 각국의 무역은 제외

들이 세계 전체 무역에서 차지하는 비중은 80퍼센트 이상이다. 이 세 지역의 역내무역에는 각각의 특징이 있는데, 각 지역의 자원, 공업력, 생산성 상황은 물론 이 지역과 주변 여러 나라와의 융합 관계에 의해서도 지역의 발전 속도와 내용이 좌우된다. 세 지역 모두 가공품의 무역이 최대 거래 품목인데, 동아시아의 경우, 북미와 유럽으로 가공품을 수출하기 위한 국제분업 체제가 구축되어있기에 특히 부품 거래가 많다.

〈주요 지역의 역내무역〉

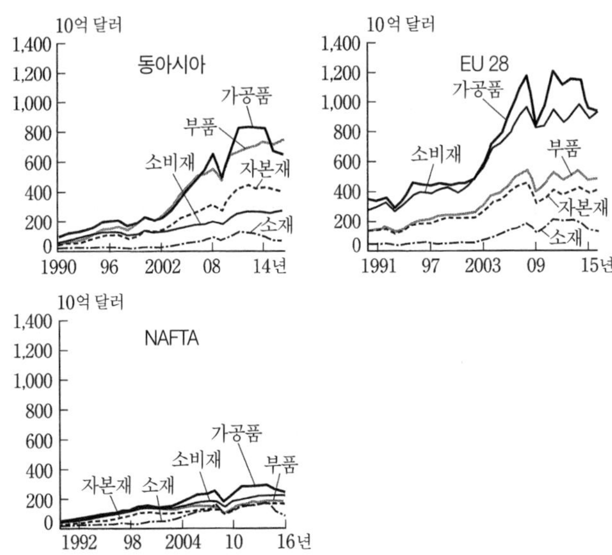

MERCOSUR(남미남부공동시장)

-1995년 발족한 관세동맹

역내 관세의 원칙적 철폐, 무역 품목의 약 85퍼센트(1995년 시점)에 대한 대외 공통 관세 적용

-가맹국: 아르헨티나, 브라질, 볼리비아, 파라과이, 우루과이

7) 무역·경제 마찰

2차 세계대전 후 70년 이상이 지나 전쟁으로 귀결되었던 경제 블록화에 대한 기억도 흐려졌다. GATT·WTO 체제에서 물품에 관한 관세 인하가 상당히 실현되었지만, 2000년대 이후 좀 더 자유로운 무역을 위한 움직임은 정지된 상태이다.

2001년에 시작된 도버 라운드는 2019년이 되어서도 아직 결론에 다다를 기미가 없다. 협상 대상이 물품 관세만이 아니라 서비스, 지적 재산권, 환경, 투자 규범 등으로 확대되고, 최근에는 국제간 데이터 유통 규범 작성에도 관여하고 있다. 또한 유력한 신흥국을 중심으로 WTO 가맹국이 증가했다. 그 결과, 세계경제에서 선진국이 점하는 비중이 줄고 선진국 주장도 통하지 않게 되었다. 즉 국제 거래가 복잡화되고 플레이어도 증가하여 만장일치를 원칙으로 한 WTO 결정 방식이 작동하기 어렵게 되었다. 한편 WTO에 대한 제소는 늘어나고 있다.

경제가 글로벌화하고 디지털화하면서 그에 적응할 수 있는 사람과 그렇지 못한 사람들 간의 양극 분해가 발생한다. 소득격차가 확대되는 사회에서는 그 비난의 화살을 수입품에서 찾는 경향이 있어 정치적으로 보호주의적

〈WTO의 연간 평균 소송 건수〉(1995~2018년)

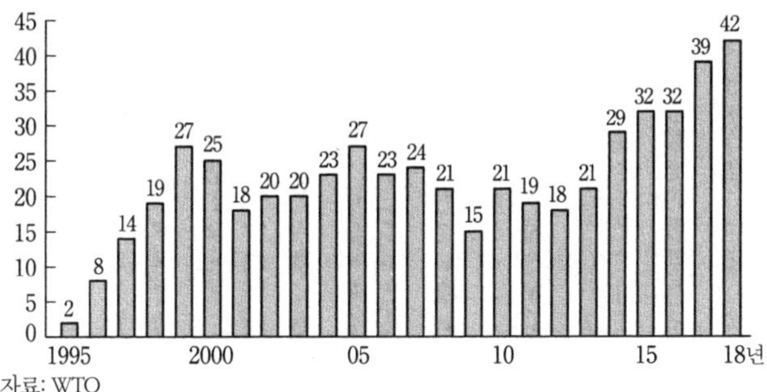

자료: WTO

〈주요 미일 경제협상〉

1970년 미일 섬유협상 개시(1972년 협정 조인)
1972년 제2차 대미 철강 수출자율규제(1974년 말까지)
1981년 대미 자동차 수출규제(1984년 3월까지)
1985년 MOSS(시장지향형 분야별) 협의(1986년 타결), 플라자 합의
1989년 미일 구조협의 개시(1990년 최종보고)
1991년 미일 신반도체 약정(1996년 7월까지)
1993년 미일 포괄적 경제협의
1997년 미일 규제 완화 대화
2001년 성장을 위한 미일 경제 파트너십 대화
2013년 TPP협정에 관한 미일 협의(2015년 대략 합의)
2018년 미일 물품무역협정 협상 개시에 합의(2019년 개시)

자료: 외무성, 「미일경제관계연표」(1970년대 이후)

〈주요 지역의 역내무역〉

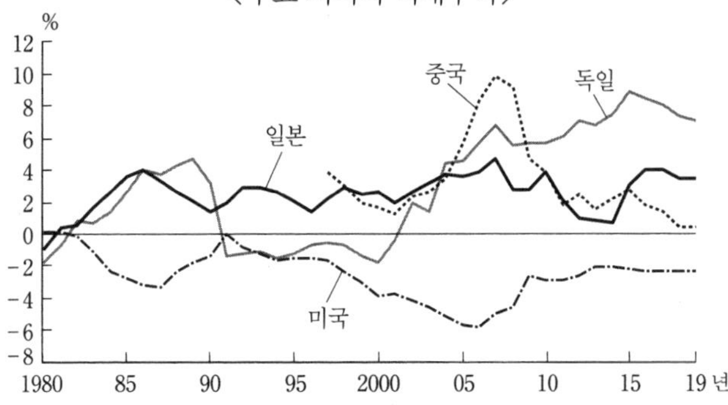

으로 된다. 각국의 산업구조가 중복되는 분야에서는 필연적으로 갈등이 발생한다. 일시적으로 직업을 잃는다든지 소득이 줄어드는 사람들의 이해가 정치에 반영되기 쉽게 된다. 미국과 일본 사이에 발생한 마찰과 협상의 역사가 전형적인 무역마찰 기록이다. 미국과 중국의 대결에도 참고가 될 수 있는데, 협상이 장기화될 것으로 예상된다. 최근에는 중국의 경상수지 흑자가 줄어들고, 근년의 독일이나 예전의 일본과 달리 거시경제 면에서 내수 부족 상태가 아니기 때문에 해결책을 찾기가 어렵다.

8) 미중 무역마찰

2018년경부터 미중 무역마찰이 극심해졌다. 몇몇 배경이 있다. 우선 중국의 경제력이 미국에서 볼 때도 거대해져서 이제까지처럼 점잖은 대응이 어렵게 되었다. 예를 들어 미일 무역마찰이 격심해진 것은 1980년대에서 1990년대까지였는데, 그 당시 일본의 GDP는 미국 GDP의 약 70퍼센트에 달했다. 2018년의 중국 GDP도 미국 GDP의 약 70퍼센트가 되었다. 미국에서 본다면 자신의 지위를 위협할 만한 국가가 출현한 셈이 된다. 더구나 무역적자의 절반 정도가 중국에서 발생하고 있다. 일본의 대미 무역흑자도 1990년대에는 미국 전체 무역적자의 60퍼센트나 되었다.

거기에다 중국의 경우 미국에서 보면 여러 가지 점에서 위화감이 들 수 있다. 우선 경제발전의 결과로 기대한 민주화가 실현되지 않고 있다. 경제의 시장화와 함께 기대한 공산당과 정부의 분리가 이루어지지 않고 있다. 오히려 공산당의 일당독재 체제가 강화되고 있다.

2018년 펜스 미국 부통령 연설은 미국이 중국에 대해 품고 있는 위화감을 잘 나타내고 있다. 2001년에 미국이 중국의 WTO 가입을 지원한 것도 중국의 민주화를 기대

〈일본, 중국 GDP의 미국 GDP에 대한 비율 추이〉

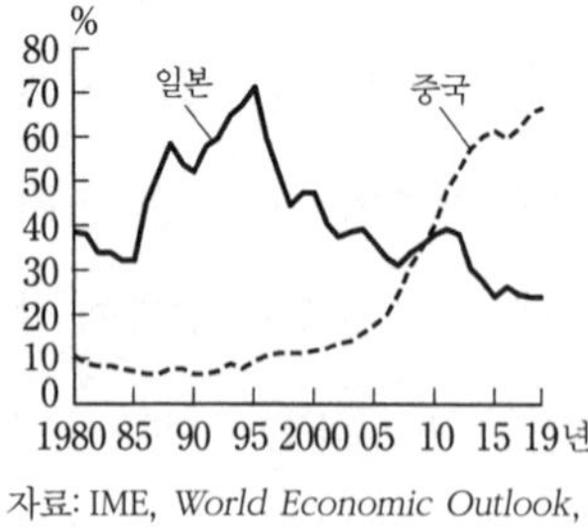

자료: IME, *World Economic Outlook*, Apr. 2019

〈미국의 상품 무역적자에 점하는 주요 상대국의 비율 추이〉

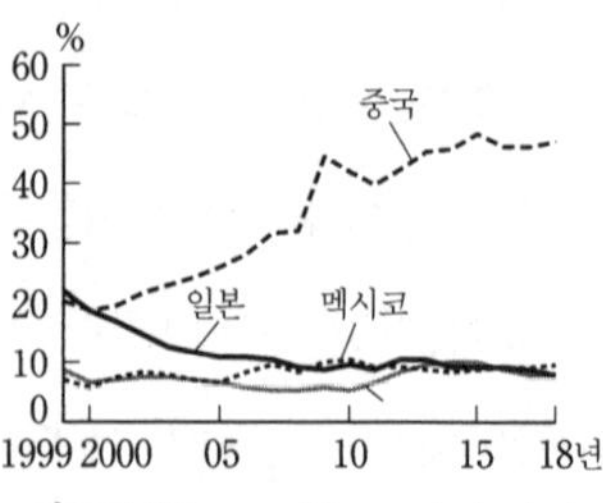

자료: US Bureau of Economic Analysis

했기 때문인데, 최근의 언론통제와 2018년 시진핑 국가주석의 임기 철폐는 기대에 반한 결과였다. 중국 입장에서 보면 국가의 통일을 유지하기 위해 불가피한 대응이다.

미일 간의 무역·경제 마찰과 미중 간 마찰의 근본적인 차이는, 일본의 경우 편무片務적인 미일안전보장조약의 존재 때문에 미국과의 경제협상에서 많은 경우 미국에 양보할 수밖에 없었으나, 중국은 그러한 점이 없다는 것이다. 미중 무역·경제 마찰은 좀 더 해결하기 곤란한 문제일지도 모른다.

〈펜스 미국 부통령의 중국 비판 연설〉(2018년 10월 4일)

-경제적 자유화가 정치면에서도 진전될 것으로 기대했으나 실망
  : 국내에서 자유로운 정보에 대한 접근이 제한적
-국가자본주의라는 이질적인 규범에 기초한 국가가 경제 안전보장을 위협하는 존재로
  : GDP의 비약적 확대와 대미 무역흑자의 확대
   무역 면에서는 관세, 환율 조작, 기술이전 강제, 지적 재산권 절취
   첨단기술의 지배를 위한 산업보조금 등
-미국에 대한 군사적 도전: 남중국해에서의 군사적 공세 등
-'일대일로'와 연계된 자금지원 외교

〈미중 간 관세인상 경쟁〉

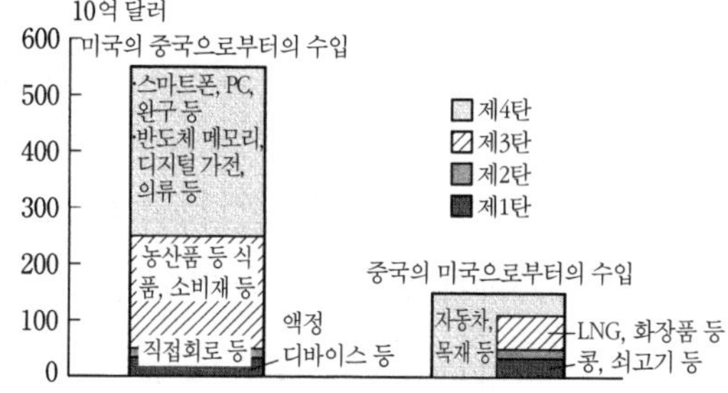

2018년 7월(제1탄) 미국의 대중국 관세인상
~
2019년 12월(제4탄) 중국도 그에 맞서 대항조치
~
2020년 1월 '제1단계 합의':
미국은 관세인상을 일부 유보,
중국은 미국으로부터의 수입을 2년 내 1.5배로,
대미 관세 일부 인하

주: 2020년 1월 말까지의 조치

〈상대국 기업에 대한 미중의 제재 조치〉

-중국기업에 대한 미국의 제재: 화웨이에 수출규제 발동(2019년 5월), 중국의 대형 슈퍼컴퓨터 기업인 '중국서광中国曙光' 등 5단체에 수출규제를 확대(2019년 6월)
-미국기업에 대한 중국의 제재 등: 중국항공회사 13사가 미국 보잉사에게 손해배상 청구(2019년 5월), 신뢰할 수 없는 조직 명부 작성을 표명(2019년 5월)

9) G7·G20 정상회담

국가 간 경제교류가 확대·심화되면 '분업의 이익'과 '규모의 이익'이 발휘되어 상호 경제발전이 촉진된다. 하지만 그 과정에서는 각국 간 대립과 마찰도 격화되기 쉽다. 따라서 각국 간 대화가 예전보다 더욱 필요한데, 경제적으로 영향력이 강한 나라들은 세계경제에 대한 책임도 있다.

그러한 배경에서 탄생한 것이 G7, G20 등 각종 정상회담이다. G7 참가국은 일본, 미국, 독일, 영국, 프랑스, 이탈리아, 캐나다로 회의에는 EU 대표도 참가한다. 1997년부터 2013년까지는 러시아가 정식으로 참가하여, 그 당시는 '선진국'이 아니라 '주요국' 정상회담이었다. 1999년부터는 11개 신흥국·발전도상국이 더해져 20개국 재무장관·중앙은행총재 회의가 개최되었는데, 2008년부터는 20개국 정상회담도 시작되었다.

G20에 들어가 있는 국가는 다양한 지표로 볼 때 톱 20개국에 들어있는 경우가 많다. 경제력으로서의 GDP, 정치력으로서의 인구, 금융력의 외화준비와 주식시가총액, 군사력 면에서 병력 수, 환경 면에서 마이너스 중요도를 표시하는 이산화탄소 배출량 등이다. 당초 G7은 G20으

〈G7, G7이외의 G20, 기타 세계 각국의 GDP 점유율 추이〉

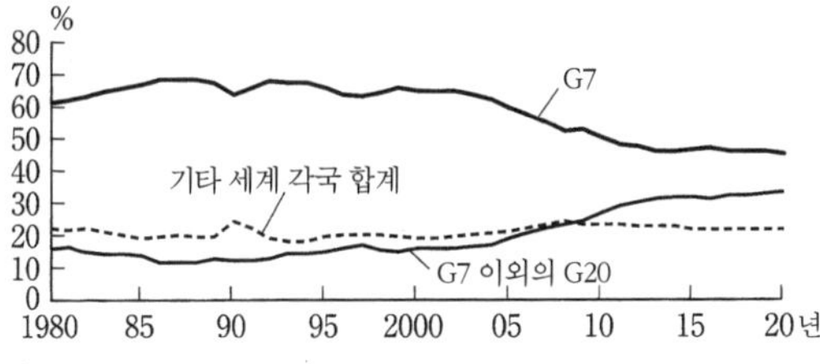

자료: IME, *World Economic Outlook*, Apr., 2019

로 대체될 것으로 예상되었으나, 확대 G20은 각국 간 입장 차이 때문에 통일적인 의견을 내지 못해서 G7에도 나름의 역할이 남게 되었다.

정상회담에서는 경제정세, 통상문제, 발전도상국 문제가 자주 다루어지는데, 최근에는 핵 확산 문제, 국제금융 시스템의 안정화, 디지털 경제화를 위한 협력 등이 논의된다. 정상회담의 전시화·형식화라는 문제는 있으나 정기적인 대화의 장이라는 점에서 의의는 크다.

〈G20 멤버와 그에 근접한 국가〉

	①GDP 2017	②인구 2019	③국토 2017	④외환 보유 2018 말	⑤주식 시가총액 2018 말	⑥CO_2 배출량 2016	⑦병력 수 2018	합계 점수
1 미국	○	○	○	○	○	○	○*	7
2 중국	○	○	○	○	○	○	○*	7
3 일본	○	○		○	○	○	○	6
4 독일	○	○			○	○		4
5 영국	○			○	○	○	*	4
6 프랑스	○				○	○	*	3
7 인도	○	○	○	○	○	○	○*	7
8 브라질	○	○	○		○	○	○	6
9 이탈리아	○					○		2
10 캐나다	○		○		○	○		4
11 러시아	○	○	○	○	○	○	○*	7
12 한국	○			○	○	○	○	5
13 호주	○		○			○		3
14 멕시코	○	○	○	○		○	○	6
15 인도네시아	○	○	○	○	○	○	○	7
16 터키	○	○					○	3
17 사우디	○		○	○	○	○	○	6
18 아르헨티나			○					1
19 남아공								0
네덜란드	○				○	○		3
스위스	○			○	○		○	4
스페인	○					○		2
이집트		○					○	2
태국		○		○			○	3
파키스탄		○					○*	2
이란		○	○				○	3
베트남		○					○	2
콩고		○	○					2
대만				○	○			2
홍콩				○	○			2
벨기에					○	○		2

주: 각 항목의 상위 20위 이내에 ○를 표기. *은 핵병기 보유국. G20에는 19개국에다 EU가 포함. 각각의 항목은 세계 전체에서 점하는 각국의 중요도를 나타내고 있다. ①~③은 정치력, ③은 자원매장 정도, ④와 ⑤는 금융력, ⑥은 환경 관련 지표, ⑦은 군사력을 나타내는 대리변수로 사용하고, 마지막의 합계점수에는 각국의 중요도를 표시.
자료: 『세계국세도감 2019/20』 등

10) 경제협조와 국민국가

세계경제에서의 시장경제화가 진전되면 재화, 자금, 기술, 정보가 점점 더 자유롭게 국경을 넘어 경제적으로 시장의 '일체화'가 진전되게 된다. 그렇지만 그것만으로 즉시 세계가 단일국가로 되는 것은 아니다. 언젠가 현재와 같은 형태의 조직으로서의 국민국가-일정의 영토와 그 주민을 통치하는 자주적인 권력 조직과 통치권을 가진 정치사회-가 소멸한다고 해도 국민감정과 고유의 전통·문화를 생각하면 그러한 사태는 당장은 불가능할 것으로 보인다.

하지만 약간 극단적인 표현이기는 하지만, '시장의 힘'은 '인위적인 권력의 힘'보다 강해서 경제적으로 보면 국경의 의미는 점차 희박해질 것이다. 그런데도 인간의 경제활동은 '분업'이라는 행위에서 보이는 것처럼 항상 공동체로서 활동하는 성격을 지니고 있다.

현재 세계경제에서는 다극화가 진전되는 동시에 그 속에서 그룹화, 지역통합도 이루어지고 있다. 그것은 개별 국가의 주권, 자주성을 기본으로 하면서도 그룹으로서의 협조를 불가결한 전제조건으로 하고 있다. 그 때문에 특정 국가의 '국익'과 전체 공동체의 '국제이익'(혹은 '지역이익')의 충돌과 조정이 앞으로는 항상 문제가 될 것이다. 무엇이 이해의 조정에 필요할까? 첫 번째로 지역 구성국 각자의 자주성과 자치권을 존중하는 것이다. 두 번째로 경제적인 이해의 조정을 위해 무력은 물론 그와 유사한 내정간섭을 행사해서는 안 된다. 세 번째로 하나의 지역 또는 그룹의 우위성을 유지하기 위해 다른 지역에 대해 배타적, 폐쇄적이어서는 안 된다. 그 위에서 네 번째의 국제협조가 가능할 것이다.

5. 지령경제와 발전도상국의 시장경제화

"냉전 구조의 종결로

새로운 질서의 구축이 필요해졌다.

구소련·동유럽 등의

민주화, 시장경제로의 원활한 이행은

세계경제의 큰 이익이기도 하다."

-경제신의회經済新議会,
「생활대국5개년계획生活大国五ヶ年計画」, 자료, 1992년

1) 사회주의 대 자본주의는 아니다

냉전의 종언과 함께 동서체제도 해체되었다. 그중에서도 가장 극적인 사건은 1992년에 발생한 소비에트연방의 몰락이자 지령경제의 붕괴였다.

경제적 관점에서 보면 이 역사적 사건은 공산주의경제의 붕괴 혹은 사회주의경제의 종언이라고 자주 일컬어졌으나, 그것은 반드시 정확한 표현은 아니다. 우선 공산주의경제는 구소련에서도 실현되지 않았었고, 그 이전의 발전단계인 사회주의경제였다. 그 경제가 실패했다는 점은 사실이지만, 엄밀하게 말하면 소비에트형 지령경제의 붕괴였다. 실제로 세계인구의 약 5분의 1을 점하는 중국에서는 사회주의 시장경제가 운영되고 있고, 그 외에도 베트남처럼 독자적인 시장경제를 채택한 사회주의 국가도 있다.

붕괴한 것은 지령경제인데, 그것이 실패한 원인은 ①경직적·관료적·비효율적인 경제 운영 ②인위적인 자원배분은 효율적인 배분을 보장하지 못하고 ③정치·군사가 경제문제에 우선했으며 ④대외적으로 폐쇄적 혹은 제한적인 조치가 취해졌고 ⑤군사 부문의 비율이 높고 더구나 '성역화'되어 한 나라 안에 군민이라는 두 개의 경제

〈자본주의와 사회주의〉

	자본주의: 미국	지령경제에서 시장경제로 이행: 러시아	사회주의 시장경제: 중국
〈기초 통계〉			
면적(만㎢)	963	1,707	960
인구(2018년, 100만 명)	329	147	1,417
언어	주로 영어	러시아어	한어(중국어)
종교	주로 기독교	러시아정교, 이슬람교, 유대교 등	불교, 이슬람교, 기독교 등
〈정치〉			
정체	대통령제(임기 4년, 3선 금지), 연방제(50개 주)	대통령제(임기 6년, 3선 금지), 연방제(공화국/주 등 83개)	인민민주공화제, 공산당 지도, 당 총서기(임기 5년, 임기 제한 없음)
의회	양원제: 상원(100석, 2년마다 1/3개선), 하원(435석, 2년마다 전원개선)	양원제: 연방원(83×2명, 임기 4~5년), 국가원(450석, 임기 5년)	전국인민대표대회(2,980명, 2018년)
정부	대통령(원수)	수상	수상(국무원 총리)
〈군사력〉			
병력(만 명)	135.9, 지원제 추정 예비역 84.6	90, 추정 예비역 200, 준군대 66	203.5, 추정 예비역 51, 준군대 66
〈경제〉			
GDP(2019년, 10억 달러)	21,440	1,638	14,140
1인당 GDP(2019년, 달러)	65,112	11,163	10,099
실질경제성장률			
(2000~2019, 연평균 %)	2.1	3.7	9.0
(1980~2019, 연평균 %)	2.6	(1993~2019)1.8	9.5
실업률(2000~2019, 연평균 %)	5.9	6.7	4.0
소비자물가상승률			
(2000~2019, 연평균 %)	2.2	10.4	2.2
기업	사기업	국유기업 부활	국유/국영, 사기업
경제활동	원칙 자유	자유화 진전	외 자유출입·인프라 투자 제한
경제활동 규제	독점금지법, 반덤핑	국가관리 일부 부활	경제·사회 안정을 위한 규제

주: 푸틴 대통령의 임기-2000.5~2008.5의 2기 8년, 2008.5~2012.5 메드베데프 대통령 밑에서 수상, 그동안 대통령 임기가 4년에서 6년으로 연장, 2012. 5 이후 다시 대통령으로(2018. 5 재선)

자료: IMF, *World Economic Outlook*; IISS, *The Military Balance*, 2019; 외무성 홈페이지 등

권이 형성되어있었다는 점 등이다.

전체적으로 자유화와 개방화가 진전된 세계경제 속에서 지령경제의 붕괴는 필연적이었다. 하지만 같은 사회주의권인 중국의 경우, 정치체제는 공산당에 의한 지도를 유지하면서도 과감한 시장경제화를 진전시켜 괄목할 만한 경제발전을 이룩했다. 따라서 자본주의가 승리한 것도 아니다. 현재는 자유민주주의에 기반한 이제까지의 선진국 경제가 높은 경제 성과를 올리고 있는 일부 신흥국들의 도전을 받고 있다.

2) 소련의 해체·혼란과 부흥·발전

구소련의 경제는 지령적 성격 특히 경직적인 중앙집권체제와 군사 부문으로의 편중에 의해 생산구조가 왜곡되어 국민의 근로의욕을 상실시키고 결국 붕괴했다.

그러나 곧바로 부흥과 발전이 개시되지는 않았다. 애초에는 혼란이 계속되었다. 어떠한 경제체제라도 어느 정도의 규범이 필요한데, 구제도의 철폐만이 선행되어 혼란이 발생했다. 구체적으로는 ①정치개혁이 선행되었는데 그것조차 잘 이루어지지 못했다 ②군수에서 민수로의 전환 곤란, 중앙 집권에서 각 공화국의 독립 ③시장기구의 미성립 ④시장경제에 대한 경험과 지식의 결여, 특히 경제지도층 및 중간관리층에서의 경험 결여가 경제 혼란을 가져왔다.

푸틴이 대통령이 된 2000년 이후 경제개혁도 단행되어 시장경제로 이행하게 되었다. 그 후에도 천연가스, 석유의 생산·수출이 늘어나고, 이들 가격이 상승하면서 경제성장률이 높아지고 실업률이 낮아지며 인플레이션율도 약간 높지만 안정되었고 재정수지도 개선되고 경상수지 흑자도 정착되었다. 하지만 2014년 러시아의 우크라이나 침공과 크림반도의 실효 지배에 대한 미국을 중

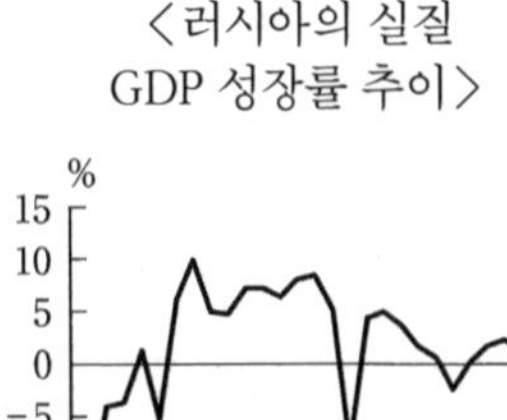

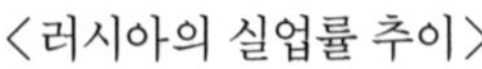

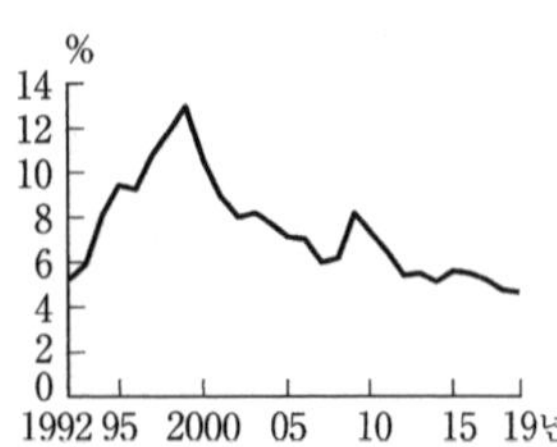

〈러시아의 인플레이션율 추이〉

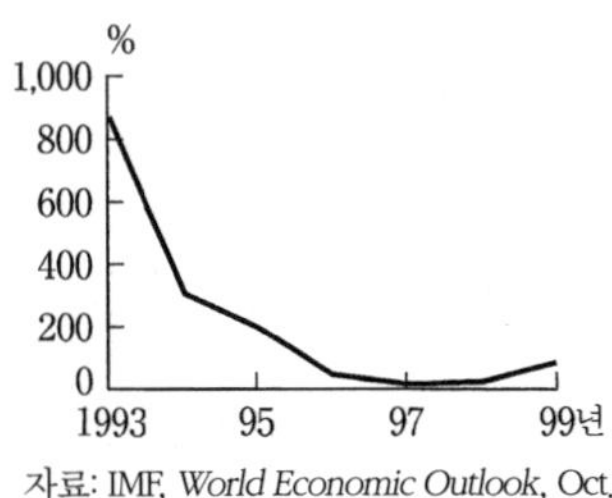

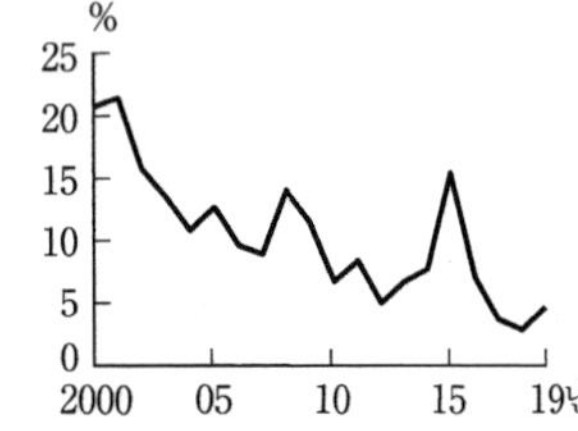

자료: IMF, *World Economic Outlook*, Oct., 2019

심으로 한 대 러시아 경제제재 이후 곤란에 직면하고 있다. 또한 최근의 경제난은 러시아의 경제구조가 과도하게 천연가스, 석유에 의존하고 있기 때문이기도 하다. 경제·산업구조의 전환이 잘 이루어지지 않고 점점 더 경제활동에서 차지하는 국영기업의 비중이 높아지고 있다. 러시아의 연방 독점당국에 의하면 "1998년에 GDP에 점하는 국영기업의 비율은 25퍼센트였는데, 2008년에는

〈러시아의 일반정부 재정수지와 경상수지 추이〉

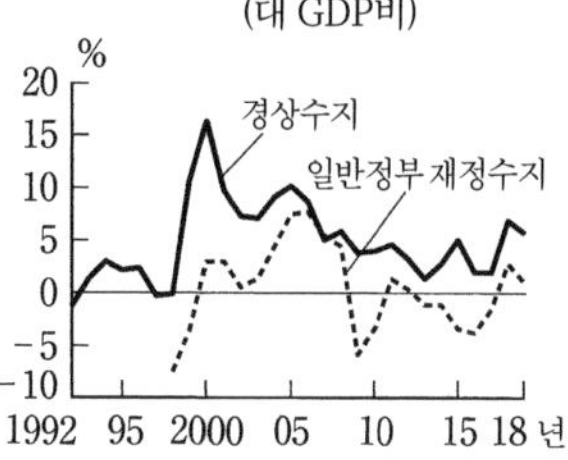

〈러시아의 명목 GDP와 원유가격의 추이〉

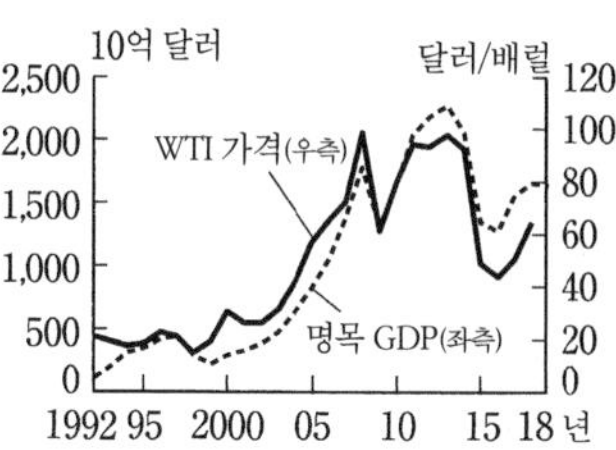

〈러시아의 산업구조(부가가치 기준) 변화〉

(%)

	1992	2000	2010	2017
농업·임업·어업	7.1	6.3	3.8	4.4
산업	42.0	40.0	34.8	33.3
광공업, 공익	35.5	33.5	28.4	25.8
제조업	23.5	22.6	15.0	13.2
건설	6.5	6.5	6.5	7.4
서비스	51.0	53.9	61.4	62.2
도소매, 음식·숙박	30.8	23.9	20.8	17.3
운수·통신·창고	7.3	8.7	8.9	7.7
기타 서비스	12.9	21.3	31.7	37.3
합계	100.0	100.0	100.0	100.0

자료: UNCTAD Statistics, 2019

40~45퍼센트로 확대되었고, ……2017년에는 60~70퍼센트에 달했는데 2018년에도 상황의 변화는 없다"라고 한다(JETRO, 「비즈니스 단신」, 2019년 5월 17일).

3) 중국의 시장경제화와 발전

중국에서는 1993년의 전국인민대표회의(전인대, 국회에 해당하는 기관으로 연 1회 개최)에서 헌법 개정이 이루어져, 종래 "사회주의 공유제를 기초로 하는 계획경제"라는 경제체제 규정을 "국가는 사회주의 시장경제를 실현시킨다"라고 변경했다. 이는 현실 경제가 특히 화남지방을 중심으로 급속하게 발전한 것을 배경으로 "국력의 발전과 인민의 생활 향상에 유효하다고 입증되면 무엇이라도 시험하라"는 덩샤오핑의 지시를 받아, 경직적인 이데올로기로부터의 탈각과 시장경제의 중요성을 인식하면서 나타난 결과였다. 그리하여 기업의 사유제도 늘어나고 기업활동의 자유화가 급속하게 진전되었으며 대외개방도 이루어졌다.

사회주의 시장경제는 체제개혁 과정에서 나타난 새로운 시스템으로 '분권화'와 '시장화'를 양대 축으로 하고 있다. 전자는 중앙에 집중되어있던 결정권의 상당수를 지방정부, 기업, 농가 등의 경제주체로 이양하는 것이고, 후자는 정부가 실시하던 생산계획, 가격결정, 유통·분배, 노동력 배분 등을 시장 메커니즘에 맡긴다는 것이다.

그 후 정부는 이른바 '혼합체제' 하에서 국유기업 개혁,

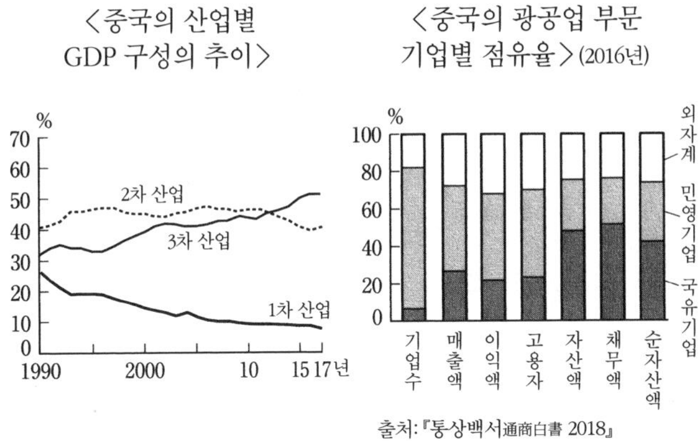

출처: 『통상백서通商白書 2018』

금융 개혁, 행정조직 개혁을 비롯한 '개혁·개방'을 강력하게 추진했다. 그 결과 물가 동향도 안정화되고 높은 경제성장률이 계속되어 세계 제2의 GDP 대국으로 올라섰다. 그동안 경제구조의 탈 1차 산업화, 서비스화가 진전되고 민영기업의 비중도 높아졌다. 2012년에 비해 2020년의 실질 GDP를 두 배로 한다는 당면 목표도 거의 달성되었다. 그러나 최근 미국과의 무역마찰과 민영기업 활동에 대한 당의 지도 강화 등이 향후 어떤 영향을 미칠지가 주목된다.

〈국영기업과 민영기업〉

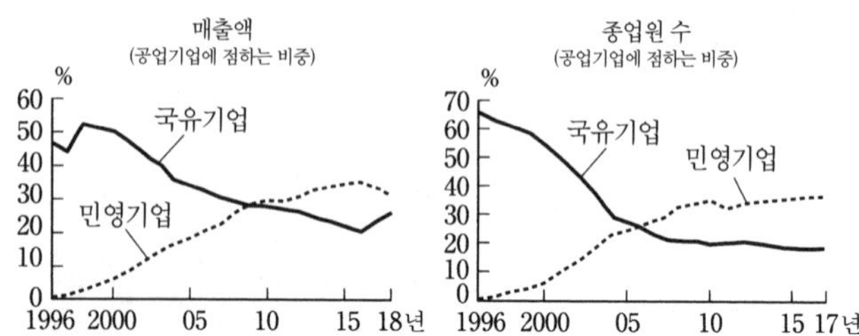

주: 1) 국유기업은 통계의 분류로는 (국유자본이 비국유자본보다 많은) 국유지배기업
2) 종업원은 연평균. 2018년의 매출액은 1~10월

출처: 콴치훙関志雄, 「난국에 직면한 중국에서 민영기업의 발전難局に差し掛かる中国における民営企業の発展」, 경제산업연구소RIETI

〈중국의 실질 GDP 성장률과 소비자물가상승률의 추이〉

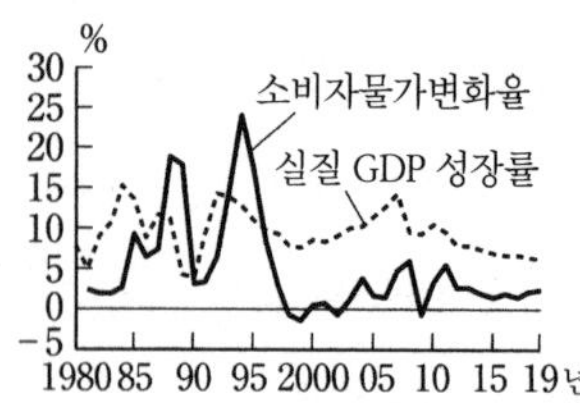

연평균 변화율

(%)

	1980 ~1989	1990 ~1999	2000 ~2009	2010 ~2019
성장률	9.8	10.0	10.4	7.6
물가변화율	7.7	7.8	1.9	2.5

〈상하이 종합주가지수의 추이〉(1990.12=100)

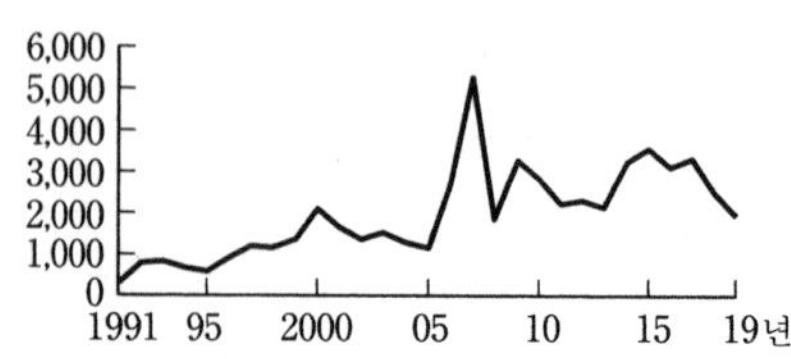

4) 인도의 경제발전

1947년 영국에서 독립한 후 인도는 사회주의적 경제 운영을 지향하고 무역 면에서는 구소련과 밀접한 관계를 유지했다. 그러나 극단적인 중앙집권적 지령경제 체제는 채택하지 않고 정치적으로 민주주의를 유지하면서 행정적으로는 경제활동에 대해 강력하게 개입했다. 시장경제와 사회주의적 경제의 혼합 체제였다.

1980년 후반부터 다른 많은 국가와 마찬가지로 경제개혁(개혁, 개방)을 개시했는데, 본격적인 개혁은 1990년대에 들어서부터였다. 그 후 외국자본의 유입도 있어 괄목할 만한 경제발전을 이룩하고 있다. 중국 정도는 아니지만 높은 경제성장이 계속되어, 향후 중국 다음가는 경제 대국으로 되돌아간다(한 연구에 따르면 19세기까지의 2000년 가까이 양국의 GDP 합계는 세계의 절반 정도를 점했다)는 견해도 있다. 인플레이션율이 높고 재정·경상수지 적자가 계속되며 달러에 대한 루피 통화의 가치가 하락하는 경향에 있는 등 때때로 곤란한 경우도 있을 것이나, 달러 기준으로 본 GDP는 2007년 이후 이미 일본을 제치고 중국 다음가는 규모가 되었다.

산업별로는 농업생산이 경제활동에서 차지하는 비율

〈인도의 실질 GDP 성장률과 소비자물가상승률의 추이〉

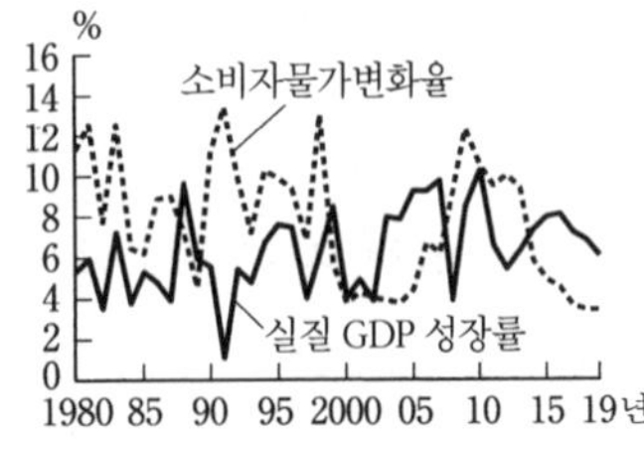

연평균 변화율

	1980-1989	1990-1999	2000-2009	2010-2019
실질성장률	5.5	5.7	6.9	7.2
소비자물가상승률	8.7	9.7	5.9	6.5

자료: IMF, *World Economic Outlook*, Oct. 2019

〈인도 경상수지의 대 GDP 비율 추이〉

자료: UNCTAD Statistics

〈인도의 산업별 명목 GDP 구성비의 추이〉

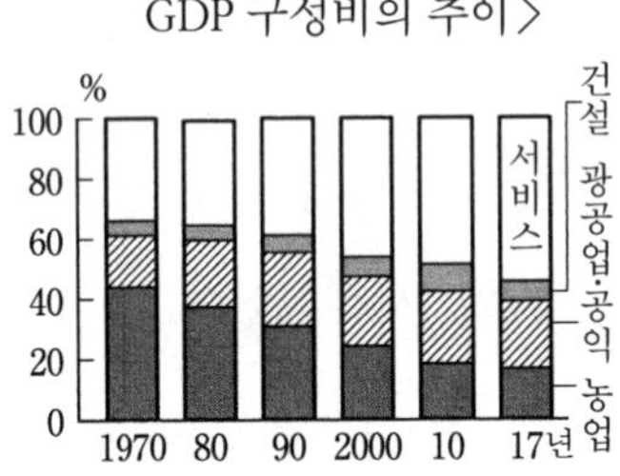

이 급속히 하락했지만, 주요국 중에서는 아직 큰 편이다. 제조업의 비중은 중국에 비해 낮지만, 2000년대 들어 벌써 하락하는 경향을 보였다. 그에 비해 서비스 부문의 성장이 현저한데, 그중에서도 IT 관련 산업의 발전이 주목된다. 인도 국민의 영어 능력과 높은 교육 수준이 관련있는 것으로 보인다.

생산연령인구(15~64세) 비율이 높아 성장에 유리한(인구

〈인도와 중국의 생산연령 인구 추이〉

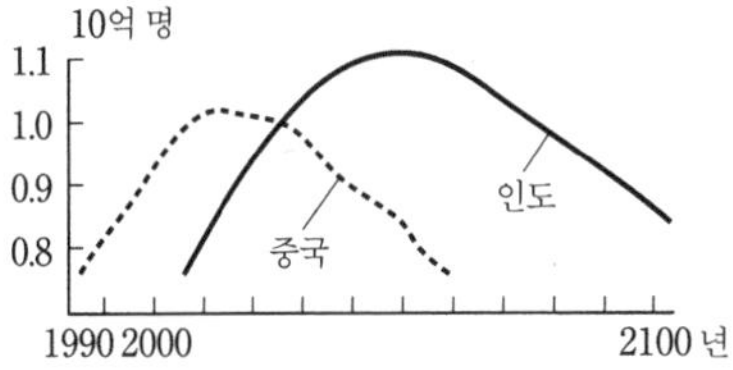

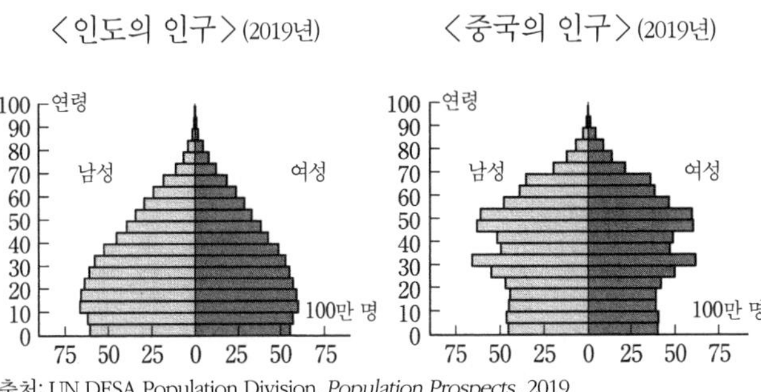

출처: UN DESA Population Division, *Population Prospects*, 2019

보너스) 상황이 향후 20~30년은 지속될 것이라는 점도 중국 등에 비해 유리한 요인이다.

5) 동아시아 여러 나라(일본, 중국 제외)의 경제발전

아시아의 경제사회는 인구, 종교, 언어 면에서 다양하다. 일반적으로 이 지역은 높은 저축률, 근면, 교육열 등의 면에서 경제성장의 기초조건이 구비되어있다. 나아가 개발형의 정치제도 하에서 개혁을 진전시킨 결과 1970년대 후반부터 수출 중심의 고성장을 거두었다. 그러나 1990년대 후반에 구조개혁이 지체되어 금융·통화위기를 겪었다. 1999년경부터 회복하기 시작했는데, 성장의 기본조건이 없어진 것은 아니어서 경제개혁으로 21세기에는 다시금 발전궤도에 오르게 되었다.

한때 아시아는 일본을 선두로 하여 '네 마리의 용-한국, 홍콩, 대만, 싱가포르', ASEAN 중심국(말레이시아, 태국, 필리핀, 인도네시아), ASEAN 후발국(베트남), 기타(캄보디아, 라오스, 미얀마) 순으로 '안행 형태'적으로 발전해왔다고 일컬어졌다. 하지만 최근 개방정책에서 상호협력이 진전되어 종래의 '수직분업'적 무역에서 '수평분업' 무역으로 변화하여 안행 형태도 적용되지 않게 되었다. 싱가포르, 홍콩, 대만은 일찍부터 시장경제화가 진전되었고, 한국도 1998년의 금융위기 후 여러 개혁을 통해 시장경제로의 이행 속도를 가속화시켰다. 그 외 ASEAN 여러 나라도

〈아시아 NIEs의 연평균 경제성장률〉

단위: %

	홍콩	한국	싱가포르	대만
1980~1989	7.4	8.8	7.8	8.5
1990~1999	3.6	7.1	7.2	6.6
2000~2009	4.2	4.9	5.4	3.8
2010~2019	3.1	3.3	4.7	3.3
1980~2019	4.6	6.0	6.3	5.6

〈ASEAN 5의 연평균 경제성장률〉

단위: %

	인도네시아	말레이시아	필리핀	태국	베트남
1980~1989	6.5	5.9	2.0	7.2	5.0
1990~1999	4.8	7.3	2.8	5.4	7.4
2000~2009	5.3	4.7	4.5	4.3	6.9
2010~2019	5.4	5.3	6.3	3.7	6.3
1980~2019	5.5	5.8	3.9	5.2	6.4

최근의 미얀마를 제외하면, 각국의 사정에 맞춰 개혁이 진전되었다. 베트남은 1986년 말부터 '도이모이(쇄신)' 정책으로 경제발전이 궤도에 올랐다. 동아시아 전체로 볼 때 재정적자는 전반적으로 작고, 물가도, 약간 높은 미얀마를 제외하면, 안정되어있다. 또한 역내무역 비율이 높고, 경상수지도 일부 국가를 제외하면 흑자 기조의 국가가 많아 높은 안정성장이 계속되고 있다.

〈아시아 NIEs, ASEAN 5 경상수지의 대 GDP 비율의 추이〉

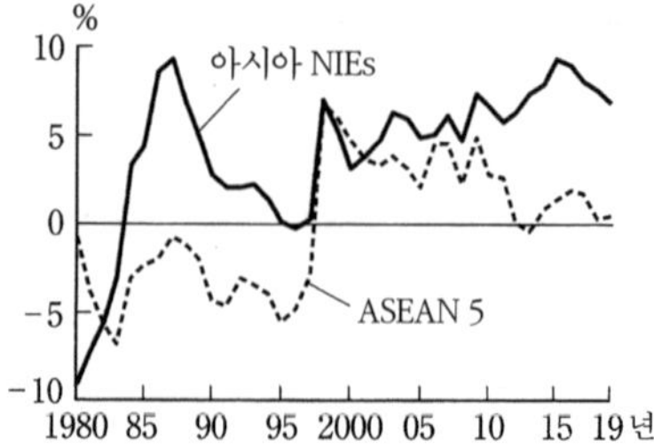

〈기타 동남아시아 여러 나라의 실질경제성장률〉

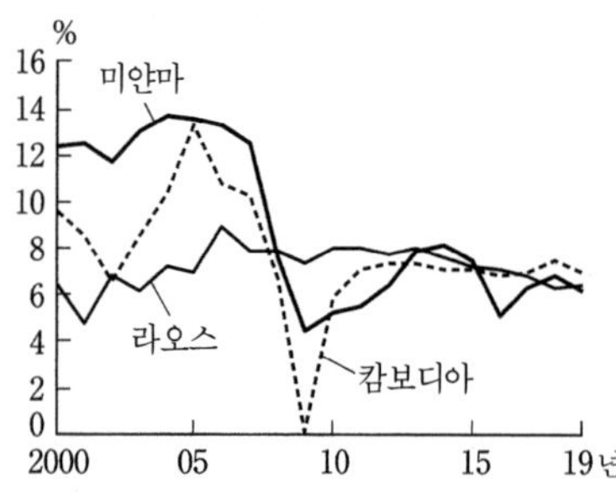

연평균 성장률

	2000~2009	2010~2019
캄보디아	8.5	7.0
라오스	7.0	7.3
미얀마	11.5	6.5

〈아시아 여러 나라의 수출/GDP 비율〉(2018년)

%

방글라데시	14.6	말레이시아	69.8
캄보디아	57.2	몽골	55.5
중국	18.3	미얀마	23.8
홍콩	156.6	네팔	2.9
대만	57.2	필리핀	20.4
인도	11.8	싱가포르	118.9
인도네시아	17.3	스리랑카	13.4
일본	14.8	태국	50.1
한국	37.3	베트남	99.3
라오스	29.1		

자료: IMF, *World Economic Outlook*, Oct. 2019

6) 중·동유럽, CIS 여러 나라 경제개혁과 발전

소련의 해체와 함께 그 위성국가와 CIS 여러 나라도 구체제와 결별했다. 경제적으로는 자유·시장경제 체제로 이행했는데, 얼마간은 전환기의 혼란을 경험했다. 특히 CIS 여러 나라와 일부 동유럽 국가들에서 인플레이션율은 세 자리 수나 되었다.

중·동유럽 국가들의 경우, 시장경제로의 이행은 나라마다 제각각이었는데, 전반적으로 아시아와 달리 정치개혁이 선행하고, 또한 구체코슬로바키아와 구유고슬라비아에서 보이는 것처럼 많은 나라에서 민족문제가 얽혀 있었다. 그중에서 충격요법을 실시한 폴란드·동독(후에 서독과 재통일), 점진주의적 개혁에 가까운 헝가리·체코 등에 비교하면 다른 동유럽 국가들의 개혁은 지지부진했다. 그 후 1990년대의 경제구조 조정기를 거쳐 2000년대 들어 비교적 안정적인 성장 궤도에 접어들었다.

그동안 대부분의 나라에서 경상수지 적자가 확대되고 외국자본이 그 지역에 유입되었다. 하지만 2007년 이후 자금이 유출되고 2010년 이후에는 서유럽 여러 나라의 경기둔화 영향을 받았다. 많은 나라에서 IMF 융자 그리고 2004년 이후에 가맹국이 된 EU의 지원을 받기도 했으

〈중·동유럽 여러 나라의 실질경제성장률의 추이〉

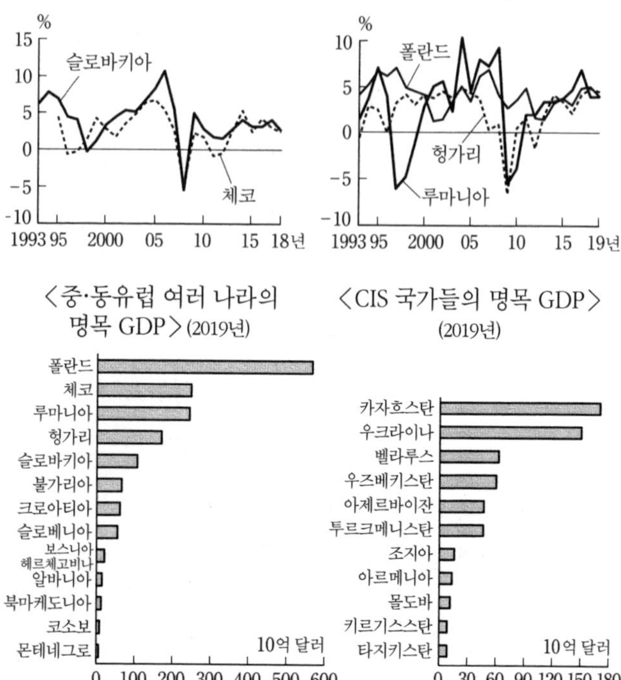

〈CIS 여러 나라의 실질경제성장률의 추이〉

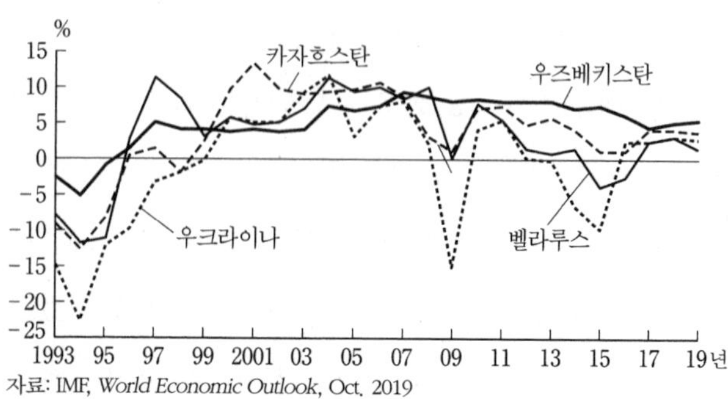

자료: IMF, *World Economic Outlook*, Oct. 2019

나 그 후로는 안정되었다.

CIS 여러 나라의 경제는 많은 경우 한정된 자원에 의존하는 모노컬처 측면을 가지고 있던 만큼 체제 전환에 어려움을 겪었다. 그러한 중에서도 카자흐스탄, 우즈베키스탄은 비교적 순탄하게 전환했다. 반면 우크라이나, 벨라루스는 2008년 이후에도 IMF 융자를 받는 등 곤란에 직면하고 있다.

7) 중남미 여러 나라의 발전과 정체

1980년대 말에서 1990년대에 걸쳐 중남미 경제는 인플레이션, 재정적자, 대외 누적채무 등의 곤란한 경제 상황이 계속되었다. 나라별로 경제 악화의 원인과 성격은 달랐지만, 그 후 경제성과가 개선된 나라(칠레, 페루, 콜롬비아, 멕시코), 개선되는 듯하다가 다시 악화된 나라(아르헨티나), 개선되지 않았던 나라(베네수엘라)로 나눌 수 있다. 브라질은 아르헨티나만큼 악화되지는 않았지만 2010년대 들어 저성장이 계속되고 있다.

전반적으로 볼 때 1990년대 이후 아시아 여러 나라와 비교해 중남미 국가들의 경제 성과는 상대적으로 뒤떨어졌다. 그 원인 중 하나는 정치적인 불안정성과 관련이 있다. 아시아에서도 때때로 정정 불안이 발생하는 나라가 있다. 하지만 중남미처럼 그것이 항상 문제가 되는 경우는 없다. 중남미의 정치적 불안정성의 배경에는, 아프리카 일부를 제외하면, 중남미가 세계에서도 가장 소득격차가 큰 지역이라는 사실이 있다. 그것이 경제 격차를 확대시키는 측면을 지니는 개혁개방 정책의 실시를 정치적으로 곤란하게 한다.

아시아 여러 나라와 다른 또 하나의 점은 경제구조의

〈중남미 국가들의 명목 GDP〉(2019년)

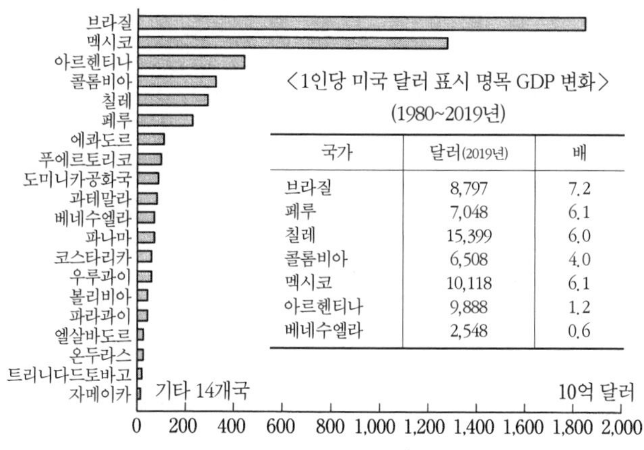

〈1인당 미국 달러 표시 명목 GDP 변화〉
(1980~2019년)

국가	달러(2019년)	배
브라질	8,797	7.2
페루	7,048	6.1
칠레	15,399	6.0
콜롬비아	6,508	4.0
멕시코	10,118	6.1
아르헨티나	9,888	1.2
베네수엘라	2,548	0.6

〈중남미 여러 나라의 연평균 실질경제성장률 추이〉

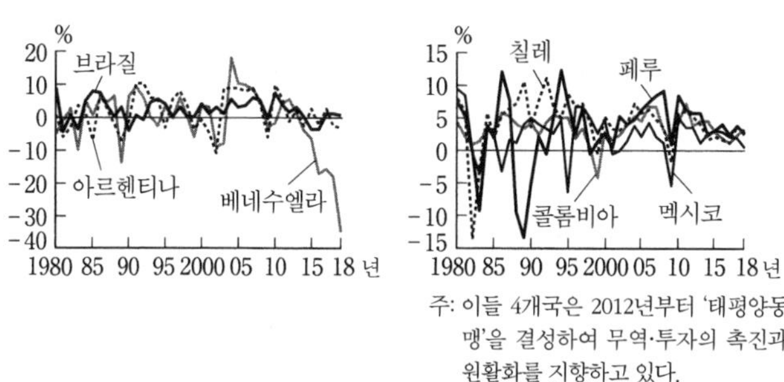

주: 이들 4개국은 2012년부터 '태평양동맹'을 결성하여 무역·투자의 촉진과 원활화를 지향하고 있다.

〈중남미 여러 나라의 실질경제성장률의 추이〉

%

	아르헨티나	브라질	칠레	콜롬비아	멕시코	페루	베네수엘라
1980~1989	-0.9	3.0	3.6	3.4	2.4	0.6	-0.4
1990~1999	4.3	1.6	6.1	2.9	3.6	3.2	2.5
2000~2009	2.6	3.4	4.2	3.9	1.5	5.0	4.0
2010~2019	1.3	1.3	3.5	3.7	2.7	4.6	-8.6

자료: IMF, *World Economic Outlook*, Oct. 2019

차이이다. 아시아 여러 나라 대부분은 예전의 1차 산품 수출 일변도를 바꾸어 제조업, 서비스업, 금융업 등 산업 구조를 다각화시켰다. 반면 대부분 중남미 국가의 경우 멕시코를 제외하면 여전히 주로 광물, 농수산물을 역외로 수출하고 있다. 그러한 1차 산품의 소득탄력성이 낮아서 무역수지, 경상수지의 개선이 의도와 달리 실현되지 않았다. 앞으로도 이 지역에 대한 전망은 그다지 낙관적이지 않다.

8) 기타 지역의 경제 정세

중동·북아프리카 국가들의 경제는 2000년대 이후 원유가격이 상승한 후의 수준을 유지하면서 비교적 호성적이 지속되고 있다. 2000년대와 2010년대를 비교하면, 전반기가 후반기보다 높은 원유가격 덕분에 수출입 및 정부 세입 면에서 플러스 효과가 더 컸다. 이집트, 이란을 제외한 이들 지역의 대부분 국가에서 산업구조의 다각화, 민영화 등이 추진되었지만 결실을 보지 못하고 있다. 또한 이 지역은 이스라엘과의 분쟁 해결이 오랫동안 과제이고, 이란의 핵 개발에 대한 서방 선진국의 제재가 계속되고 있다는 문제도 있다. 이들 문제도 중동 지역의 경제발전을 저해하고 있다. 또한 중동 일부와 북아프리카의 많은 나라에서 2010년 전후에 권위주의 체제가 타도되었지만, 그 후 정정 불안이 계속되는 나라가 많아 경제발전이 지연되고 있다.

사하라 이남 아프리카는 인구가 적고 자원(석유, 광물, 관광)이 풍부한 일부 국가를 제외하면, 순조롭게 경제발전을 이루고 있는 나라가 적다. 그 이유 중 하나는, 이 대륙이 항상 많은 분쟁을 안고 있다는 점이다. 지역 간 경제협력도 곤란한데 민족, 역사와 무관하게 국경선이 그어

〈세계 각 그룹·지역의 명목 GDP 점유율〉(2019년)

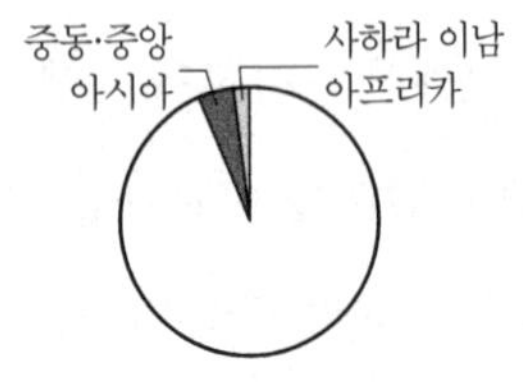

주: 그룹 구분은 IMF에 의한 것으로, 본서 다른 곳의 분류와 반드시 일치하지는 않는다.

〈몽골의 실질경제성장률 추이〉

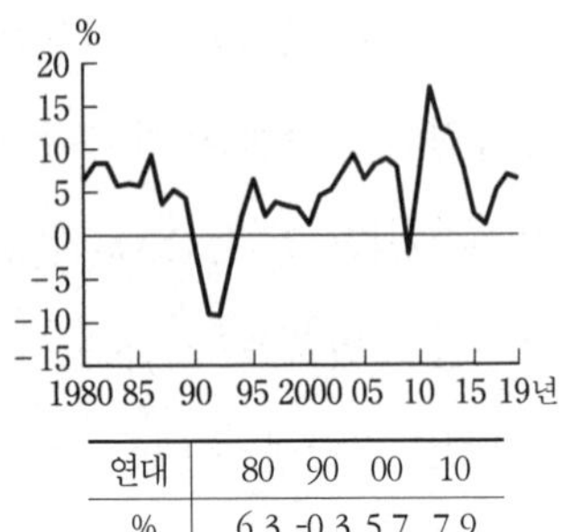

연대	80	90	00	10
%	6.3	-0.3	5.7	7.9

진 식민지 지배에 따른 부의 유산이기도 한다. 따라서 통치가 곤란한 지역으로 안정된 경제발전 기반이 정비되어 있다고 할 수 없다. 또한 석유, 광물 등 자원을 가진 소수의 국가들(나이지리아, 앙골라, 남아프리카공화국)과 그렇지 못한 국가 간 격차도 크다.

동아시아의 몽골은 1990년에 사회주의경제에서 민주화와 시장경제로의 전환을 개시했다. 광물자원의 존재와 인접하는 중국 경제 영향도 있어서 최근에는 비교적 높은 경제성장을 이룩하고 있다.

〈중동·북아프리카 여러 나라의 명목 GDP〉(2019년)

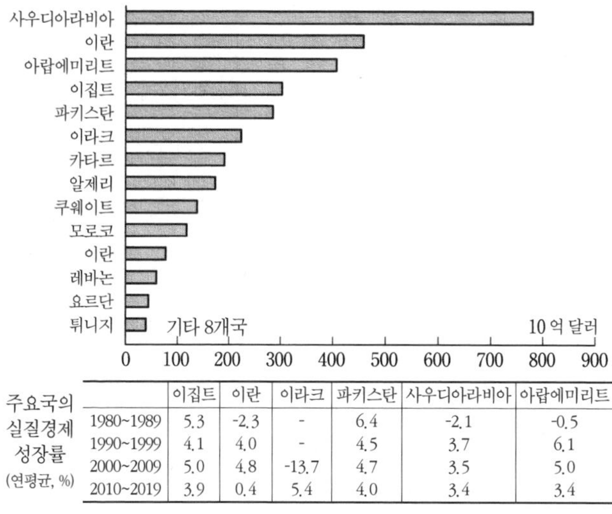

주요국의 실질경제 성장률 (연평균, %)

	이집트	이란	이라크	파키스탄	사우디아라비아	아랍에미리트
1980~1989	5.3	-2.3	-	6.4	-2.1	-0.5
1990~1999	4.1	4.0	-	4.5	3.7	6.1
2000~2009	5.0	4.8	-13.7	4.7	3.5	5.0
2010~2019	3.9	0.4	5.4	4.0	3.4	3.4

〈사하라 이남 아프리카 여러 나라의 명목 GDP〉(2019년)

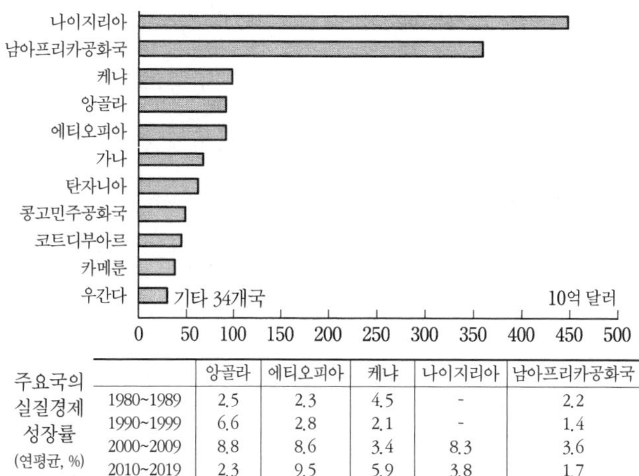

주요국의 실질경제 성장률 (연평균, %)

	앙골라	에티오피아	케냐	나이지리아	남아프리카공화국
1980~1989	2.5	2.3	4.5	-	2.2
1990~1999	6.6	2.8	2.1	-	1.4
2000~2009	8.8	8.6	3.4	8.3	3.6
2010~2019	2.3	9.5	5.9	3.8	1.7

자료: IMF, *World Economic Outlook*, Oct. 2019

9) 남북문제와 경제 격차

2차 세계대전 후 식민지 혹은 종속국의 거의 대부분이 종주국에서 독립했다. 그러나 정치적으로 독립했지만, 경제적으로는 구미 여러 나라에 뒤처졌다. 1950년대 말 영국 은행가로 당시 주미대사였던 올리버 프랭크스O. Franks 경이 부자 국가들이 주로 지구의 북반구에 그리고 가난한 국가들이 남반구에 위치하고 있다는 사실에서 이 관계를 '남북문제'로 명명했는데, 그 후 남북 간의 소득격차를 축소시키는 이 남북문제 해결이 세계경제의 큰 과제가 되었다.

전반적으로 보면 1990년대 말경까지는 격차가 거의 축소되지 않고 많은 지역에서 확대되기까지 했다. 동서 양진영이 각각 내부 단결을 위해 실시한 경우가 많았던 선진국의 경제지원도 사실상, 남측의 인구증가와 1차 산품 수출국이라는 무역상 불리한 입장 때문에 격차 축소 효과가 없었다. 여러 선진국에 의한 자금원조도 효율적으로 활용되지 못하고, 오히려 1980년대에는 중남미를 중심으로 대외채무 문제가 발생하기도 했다.

1990년대 말 혹은 2000년대에 접어들면서 발전도상국은 두 개의 지역으로 나뉘게 되었다. 하나는 아시아와 유럽의 구소련 위성국가들로 1인당 소득이 선진국을 따라

〈DAC 여러 나라의 정부개발원조ODA 실적〉(잠정치, 2017년)

	순위	국명	금액	순위	국명	금액	순위	국명	금액
ODA 실적 지출총액 (억 달러)	1	미국	358.5	11	스위스	31.0	21	뉴질랜드	4.4
	2	독일	274.2	12	오스트레일리아	29.6	22	포르투갈	4.3
	3	일본	184.7	13	스페인	27.3	23	룩셈부르크	4.3
	4	영국	180.0	14	덴마크	24.8	24	벨기에	3.2
	5	프랑스	136.9	15	한국	22.9	25	체코	2.7
	6	이탈리아	58.2	16	벨기에	22.4	26	헝가리	1.5
	7	스웨덴	55.5	17	오스트리아	12.3	27	슬로바키아	1.1
	8	네덜란드	50.6	18	핀란드	10.6	28	슬로베니아	0.8
	9	캐나다	43.3	19	아일랜드	8.1	29	아이슬란드	0.7
	10	노르웨이	41.5	20	폴란드	7.0			
	DAC 합계				1,602.0				

	순위	국명	비율	순위	국명	비율	순위	국명	비율
순지출액 대비 GNI 비율(%)	1	스웨덴	1.01	11	핀란드	0.41	21	미국	0.18
	2	룩셈부르크	1.00	12	오스트리아	0.30	22	포르투갈	0.18
	3	노르웨이	0.99	13	아일랜드	0.30	23	슬로베니아	0.16
	4	덴마크	0.72	14	이탈리아	0.29	24	그리스	0.16
	5	영국	0.70	15	아이슬란드	0.29	25	한국	0.14
	6	독일	0.66	16	캐나다	0.26	26	체코	0.13
	7	네덜란드	0.60	17	뉴질랜드	0.23	27	폴란드	0.13
	8	스위스	0.46	18	일본	0.23	28	슬로바키아	0.12
	9	벨기에	0.45	19	오스트레일리아	0.23	29	헝가리	0.11
	10	프랑스	0.43	20	스페인	0.19			
	DAC 평균				0.31				

주: DAC 여러 나라란 OECD 가맹국(36개국) 중 개발원조위원회에 가입하고 있는 29개국

잡고 있다. 다른 하나는 중남미와 사하라 이남의 아프리카 여러 나라였는데 이 지역은 그러한 움직임이 보이지 않는다.

그러한 가운데 중국(일본을 포함하여 많은 여러 선진국은 중국에 대한 원조 종료를 결정하고 있다)과 그 외 신흥 여러 국가의

〈OECD 개발원조위원회에 의한 ODA 수취국 리스트〉

후발 발전도상국	저소득국 (~1,005$)	저위 중소득국 (1,006~3,955$)	고위 중소득국 (3,956~12,235$)
아프가니스탄, 라오스, 방글라데시, 네팔, 캄보디아, 에티오피아, 미얀마 등 40개국	북한, 짐바브웨	이집트, 인도, 인도네시아, 몽골, 나이지리아, 필리핀, 베트남 등 30개국·영역	아르헨티나, 브라질, 중국, 콜롬비아, 이란, 이라크, 말레이시아, 멕시코, 페루, 남아공, 태국, 터키 등 44개국·영역

주: ( )은 2016년 1인당 GNI(국민총소득). 분류는 세계은행에 의함. 후발 발전도상국은 UN 정의에 따름.

〈주요국의 ODA 금액 추이〉

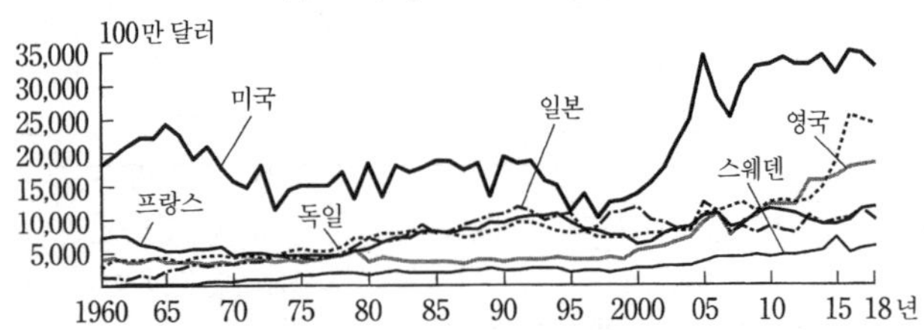

〈세계 각 지역 1인당 GDP의
경제선진국 1인당 GDP에 대한 비율 추이〉

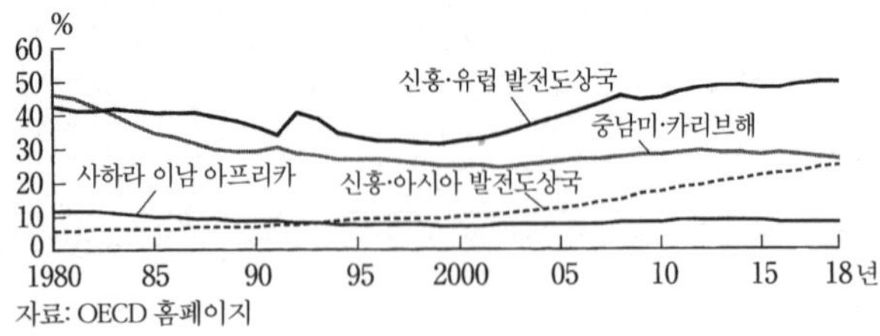

자료: OECD 홈페이지

최근 성장에 따라 원조 필요성에 대해 회의적인 견해를 밝히는 나라들도 일부 있다. 하지만 남북문제를 '평화와 공생'의 관점에서 지역, 국가를 한정해서 다시 한번 검토할 필요가 있다.

10) 시장경제화와 선진국의 지원

시장경제로 이행하려는 일차적 책임은 어디까지나 당사국 정부와 국민의 자조 노력이다. 하지만 그것을 촉진하기 위해 외부의 경제협력과 지원도 불가결하다. 선진국에 의한 지원은 '자조 노력'을 위한 지원이 기본으로, 피지원국에서의 자국의 영향력을 강화하기 위해서라든지 냉전시대처럼 특정 그룹의 이익을 지기키 위한 것이어서는 안 된다.

지원 형태는 첫째, 피지원국의 국제기관에 대한 참가이다. 전 지구적 규모의 자유시장 기구인 WTO(현재 충분히 기능하고 있다고는 할 수 없으나)에 가맹하는 것이 필요하고, 금융 면에서는 IMF·세계은행에 가입할 필요가 있다. 또한 지역개발 금융기관에 참가하는 것도 유익하다. 유럽 여러 나라의 경우, EU에 가맹하는 것도 큰 힘이 된다.

두 번째로는 금융지원으로, 종래 이들 나라가 가지고 있던 채무 변제의 유예, 공적 채무의 일부 면제, 민간 채무의 리스케줄링(변제 연기) 등의 방법이 있다. 그다음 공적 자금에 의한 신규융자, 민간자금의 신규 유입이 권장된다.

세 번째로는 무역 분야의 지원이다. 그를 위해서는 선

진국이 솔선해서 자국 시장에 대한 접근 장벽을 제거할 필요가 있다. OECD 여러 나라는 대부분 발전도상국에 대해 규제의 완화·철폐를 실시하여 최혜국대우를 부여하고 있다. 최근 아시아 여러 나라 발전에서 보이는 것처럼 발전도상국에서 탈피하는 데는 수출 확대가 매우 중요하다.

네 번째로는 시장경제의 노하우, 정보를 제공하고 시장화를 위한 자조 노력을 지원하는 지적 지원이다.

6. 디지털 이코노미의 확대·심화

"지금 (인터넷에 의해 미국에서) 진행되고 있는 구조적 변화는 1세기에 한 번이나 두 번 있을 법한 근본적인 변화일지도 모른다."

-그린스펀 미국 연방준비제도이사회 의장, 1999년

1) 정보통신혁명과 물가

최근 정보통신기술의 발전으로 대용량의 정보를 고속이면서도 저렴하게 주고받을 수 있게 되었다. 대형 컴퓨터는 소형화되어 퍼스널컴퓨터PC로 대체되었는데, PC는 1990년대 말부터는 인터넷에 접속되었으며 나아가 2000년대 말부터는 모바일형 PC라고도 할 만한 스마트폰이 보급되었다. 통신도 아날로그 통신에서 디지털 통신으로 변화하여 대용량·고속·저렴화가 실현되었다. 정보기기, 통신기술의 발전에다가 전파관리 등 통신·방송의 규제 완화, 정보의 처리·축적·분석 면에서의 발달이 가속화되어 혁명이라고 부를 만한 충격을 정치, 경제, 사회에 미치고 있다. 이제는 정보와 정보산업의 발달이 경제구조를 소프트화·지식화시켜 경제사회를 근본적으로 변화시켰다. 정보화 사회에서 나아가 고도지식 사회로 이행되고 있다고도 할 수 있다.

정보통신기술의 발전과 업자 간 경쟁의 격화는 정보통신기기와 관련한 서비스 가격의 대폭적인 하락을 가져왔다. 예를 들어 일본에서 PC의 평균 가격은 1990년대 초반에는 30만 엔 정도였으나 2010년에는 10만 엔을 밑돌게 되었는데, 그동안 성능 향상을 고려하면 얼마나 가격

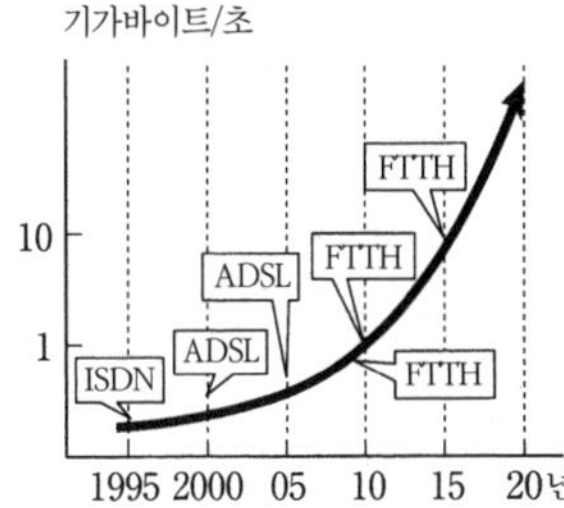

주: 세로축은 1초간 송수신할 수 있는 데이터양. ISDN은 디지털 통신망. ADSL은 고속디지털 통신망. FTTH는 광섬유통신망

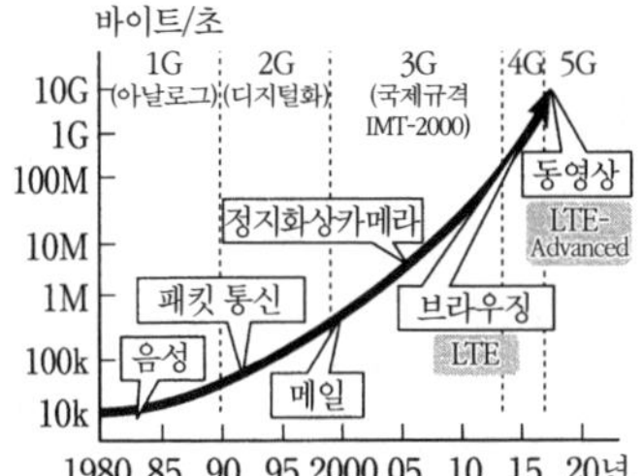

주: 패킷 통신이란, 큰 데이터를 작은 패킷(덩어리)으로 분할하여 송신하는 것. 브라우징이란 웹 사이트의 열람. LTE는 고속 휴대전화 통신규격. LTE-Advanced는 LTE의 후속 무선 통신규격

출처: 「Society 5.0과 제4차 산업혁명에 대해Society 5.0と第4次産業革命について」(일본정부홍보물, 2018년)

이 급속하게 하락했는지를 알 수 있다. 그러한 품질 향상을 동반한 정보 관련 기기 가격의 하락은 물가 저하 압력이 되었다. 나아가 e커머스(EC, 인터넷상에서의 전자적 상거래)의 확대는 가격에 대한 하락 압력인 '아마존 효과'를 초래하고 있다. 소비자의 선택폭은 국내에 머물지 않고 국제적으로 확대되어 글로벌 차원에서 물가가 상승하기 어려운 현상을 발생시키는 요인이 되고 있다.

〈CPU 처리 속도의 추이〉

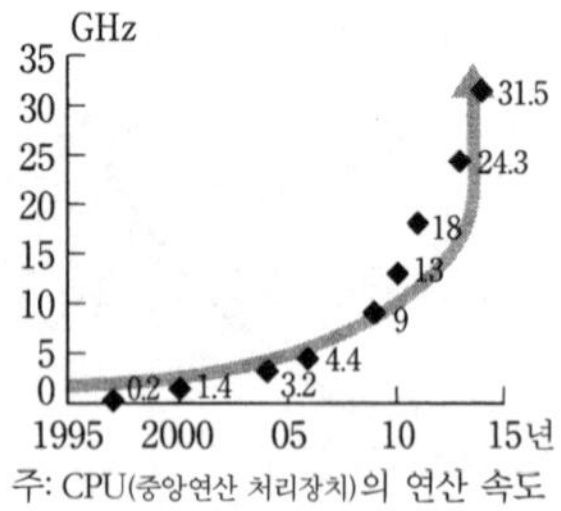

주: CPU(중앙연산 처리장치)의 연산 속도는 클럭 주파수 Hz로 표시되는데, 1GHz(기가헤르츠)는 1초 동안에 10억 회의 이진법 계산이 가능하다는 것을 의미

〈세계 정보통신의 발전〉

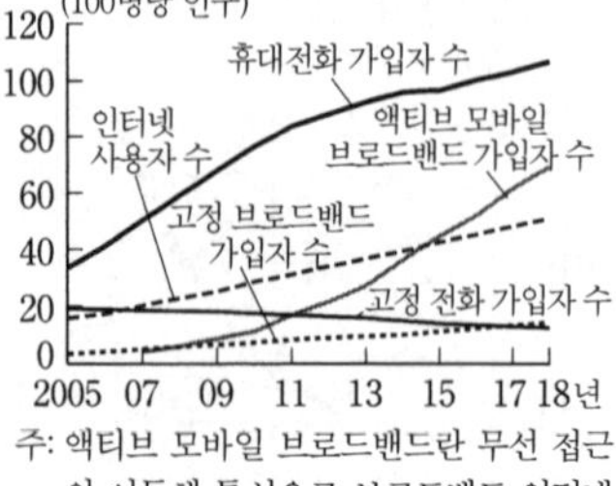

주: 액티브 모바일 브로드밴드란 무선 접근의 이동체 통신으로 브로드밴드 인터넷에 접속하는 것

자료: ITU Statistics, 2019

출처: 『2015년 정보통신백서平成27年度情報通信白書』

〈정보통신기기에 관련된 물가지수의 추이〉

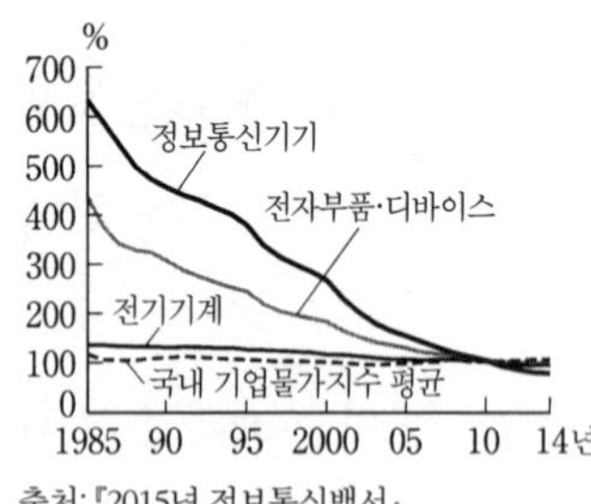

출처: 『2015년 정보통신백서』

〈세계 BtoC 전자상거래 시장 규모〉

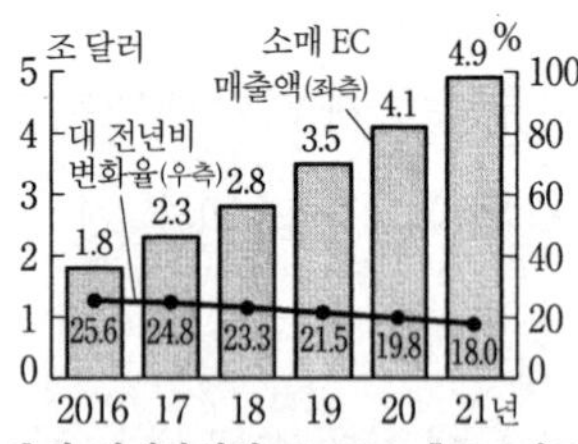

출처: 경제산업성經濟産業省, 『2017년도 우리나라 데이터 구동형 사회에 관련되는 기반 정비(전자상거래에 관한 시장조사) 보고서平成29年度 我が国におけるデータ駆動型社会に係る基盤整備(電子商取引に関する市場調査)報告書』

2) 산업의 정보화와 생산성, 기업경영

1980년대 말 미국의 저명한 경제학자인 R. 솔로가 미국에서 컴퓨터에 대한 투자가 늘어났는데도 생산성 상승이 나타나지 않은 점을 지적하여 나중에 '솔로 패러독스'로 불리게 되었다. 그러나 1990년대 이후 2000년대 중반까지 미국경제는 세계 선진국 중에서도 가장 안정적이고 지속적인 경제성장을 기록했다. 주요 요인 중 하나가 정보화였다는 점은 논란의 여지가 없다. 투자를 견인하고 고용 확대에 기여한 것도 정보 관련 부문이었다. 일본의 경우 정보 관련 투자가 저조한 상태가 유지되었기 때문에 생산성 증가도 저하 경향을 띠었고, 산업의 정보화가 생산성에 플러스 효과를 가졌다고 하더라도 그러한 저하 경향을 역전시킬 수는 없었다.

정보화 투자가 해당 기업의 생산성을 높이는 것은 틀림없지만, 그 투자의 결과 종래의 정보통신 전달 수단을 진부화시킨다든지 불필요하게 만들어서 사회 전체의 생산을 축소시킬 수도 있다. 장기적으로 사회 전체의 생산성을 향상시키는 것으로 생각해야 할 것이다.

정보화를 진전시키는 과정에서는 당연히 기업의 경영관리도 여러 측면에서 영향을 받는다. 예전에 제조업이

〈실질 ICT(정보통신기술) 투자〉

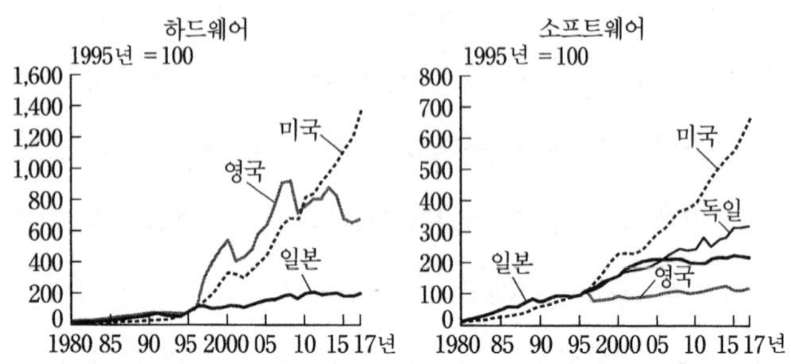

출처: 총무성総務省, 「헤이세이의 정보화에 관한 조사연구平成の情報化に関する調査研究」, 2019년 3월

농업을 대신하여 등장했을 때는 흐름작업과 대량생산 등 공학적 기술혁신이 그 추진력이었다. 기업경영은 재화(원재료)와 사람(노동력)과 돈(자금)을 가장 합리적, 효율적으로 결합하는 데 목표가 두어졌다. 현재 정보화가 진전되는 경제사회에서 기업전략은 최신의 정보를 신속하게 입수하여 분석함으로써 형성되고 정보를 구사함으로써 최대의 이윤을 획득하는 것이 목표이다.

〈ICT에 의한 생산성 향상 효과〉

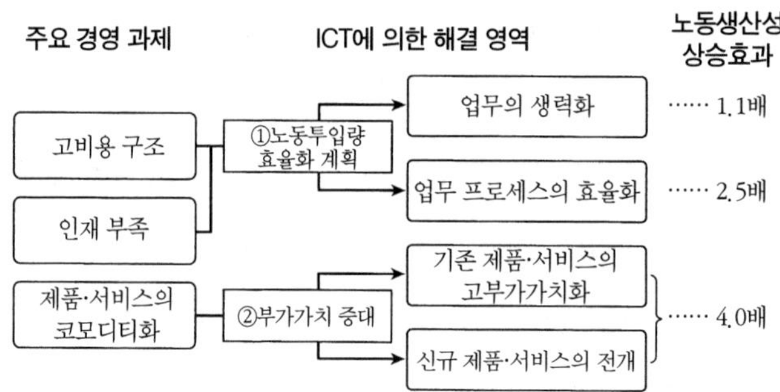

출처:『2018년판 정보통신백서平成30年版 情報通信白書』

〈IT화 기간 중 노동생산성 증가율〉(1971~2017년)

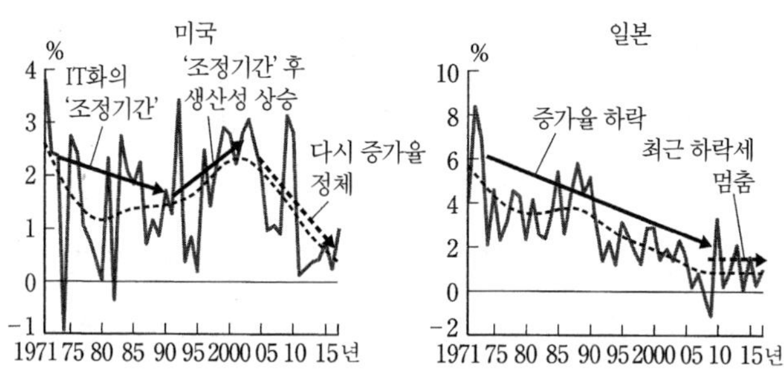

주: 미국 달러, PPP(구매력평가) 기준의 취업자·시간당 노동생산성. 점선은 HP 필터에 의한 추세선

출처: 경제산업성,「제4차 산업혁명을 향한 산업구조의 변화와 방향에 관한 기초자료第4次産業革命に向けた産業構造の変化と方向性に関する基礎資料」, 2019년 5월

3) 정보화와 고용, 소득

정보화는 한편에서 새로운 직업을 창출하지만 다른 한편에서 정보화로 없어진다든지 줄어드는 직업도 많다. 정보화의 확대로 감소하는 분야는 특히 정형적인 업무를 수행하는 직업에 많다. 비교적 낮은 숙련·낮은 임금의 업무가 정보통신 관련 기기로 대체되는 경향이 있다. 그렇지만 정보통신 관련 기기의 도입으로 부가가치가 더해지거나 신규사업이 창출될 수도 있다. 즉 신규고용이 창출되게 된다. 정보 관련 분야 그 자체의 임금은 어느 나라든지 상대적으로 높고 고용도 증가하고 있다. 그러한 전개는 선진국과 중국 등 신흥국뿐만 아니라 인도 등 발전도상국에서도 일어나고 있다.

예를 들어 미국에서는 전문·기술직 등 높은 숙련직과 의료·개인 서비스 등 낮은 숙련직에서 취업자가 늘어나는 한편, 제조업과 사무직 등 중간숙련직의 취업자가 지속적으로 감소하고 있다. 이것은 노동시장의 양극분화 polarization로 불린다. 정도의 차는 있지만, 일본에서도 그러한 현상이 관찰되고 있다.

여러 선진국에서 제조업 노동자의 감소 등은 경제의 글로벌화에 의한 영향도 있을 것이다. 하지만 제조업 노

〈숙련별 취업자의 비중 변화〉

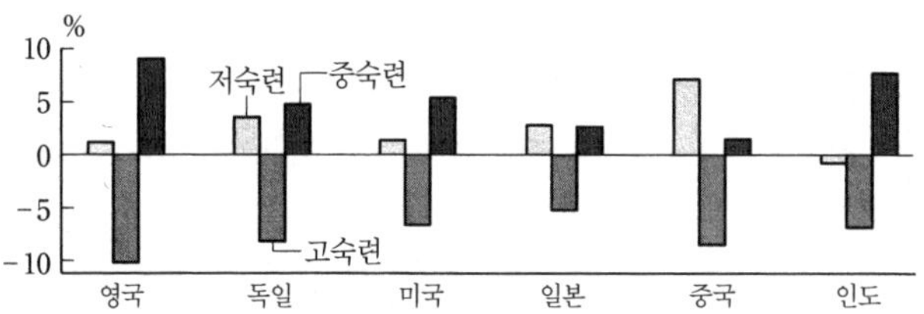

주: 일본, 미국, 영국, 독일은 1995~2005년, 중국은 2000~2010년, 인도는 1994~2012년
출처: 〈니혼게이자이신문日本経済新聞〉, 2019.11.18. 데이터는 OECD

〈미국의 직업별 취업자 비중의 변화〉(16~64세)

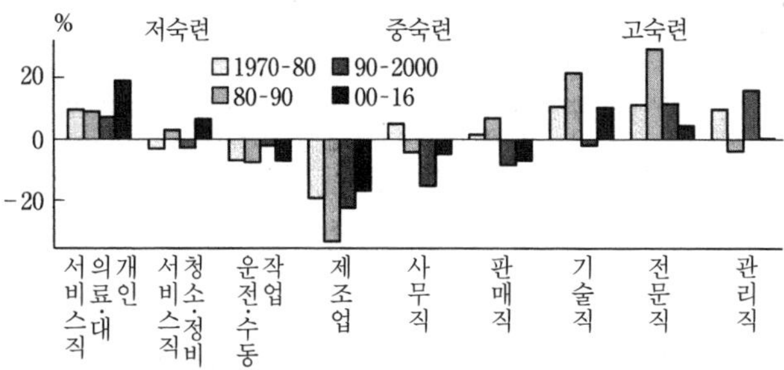

주: 각 직업에 관련된 총 노동시간(취업자 수에 노동시간을 곱한 것)의 비중 상승률이라는 점에 유의할 것

출처: D. Autor, *Work of the Past, Work of the Future*; 경제산업성, 「제4차 산업혁명을 향한 산업구조의 변화와 방향에 관한 기초자료第4次産業革命に向けた産業構造の変化と方向性に関する基礎資料」, 2019년 5월

〈세계의 실질소득 수준별 소득 변화율〉(1988~2008년)

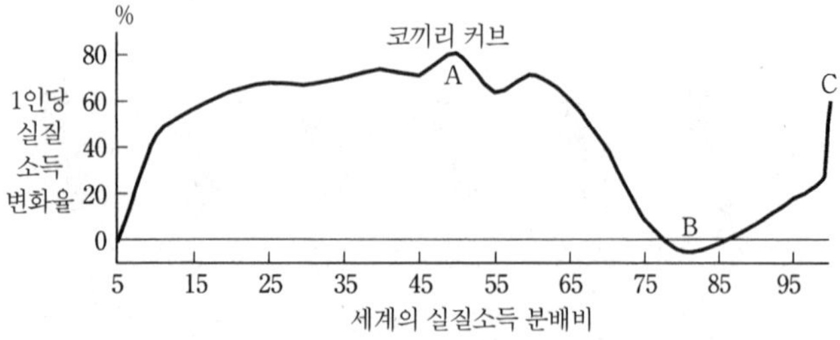

주: 실질소득은 2005년 국제 달러로 환산. 가로축은 소득이 낮은 그룹에서 높은 그룹으로 5퍼센트씩 나뉘어있는데, 95~100퍼센트는 95~99퍼센트와 마지막 1퍼센트로 구분되어있다.

A: 여기에 포함되는 사람들의 90퍼센트는 중국을 중심으로 한 아시아 신흥국의 중소득층

B: 여기에 포함되는 사람들의 2/3는 선진 고소득국의 중저위 소득층

C: 톱 1퍼센트의 절반은 미국인이고, 그 외 다수는 일본과 유럽의 고소득자층

출처: Branko Milanovic, *Global Income Inequality by the Numbers: in History and Now*, World Bank, 2012; Branko Milanovic, *Global Inequality; A New Approach for the Age of Globalization*, Harvard University Press, April 2016

동자뿐만 아니라 일반 사무직원과 판매직원이 감소하는 것은 정보통신 분야의 확대가 틀림없이 주요한 원인일 것이다.

그러한 노동시장 변화는 소득 변화에도 나타나고 있다. 위의 그래프에서 보는 것처럼, 1980년대 말부터 2008년까지의 약 20년간 여러 선진국의 저·중간 소득층의 소득은 거의 증가하지 않은 반면 고소득층 소득은 늘어나 소득격차가 확대되었다.

4) 정보화와 산업구조

정보화의 진전은 수요와 공급의 양 측면에서 산업구조를 변화시킨다. 정보 이용자는 가능한 빨리, 좋게, 많은 정보를 얻으려고 정보원(공급자)에게 기대하고, 공급자는 그에 대응하려고 기술 향상에 노력하면서 생산을 늘리고 비용을 줄인다. 그리하여 정보통신산업이 발달하고 산업구조가 변화한다.

최근 정보통신업의 변화 속도는 빨라 1990년대부터 보더라도 아래 그림에 있는 것처럼 다른 산업에서는 생각할 수 없는 속도로 그 구조가 변화했다. 우선 1990년대 중반까지는 대규모 통신사업자와 대규모 제조·판매업자를 중심으로 상당히 안정적인 산업이었지만, 정보기기가 인터넷에 접속됨으로써 산업구조가 크게 변화하기 시작했다. 변화의 특징은 다양한 정보, 통신 전문업자가 등장한 데 있다. 2000년대 중반경부터는 산업 내 통폐합이 활발해졌다. 그러한 가운데 필요한 정보는 정보기기·소프트 등을 스스로 보유하여 입수하게 되고, 필요한 때에 필요한 만큼 서비스를 입수하고, 클라우드(컴퓨팅)가 시장 규모를 급속히 확대시키게 되었다. 압도적으로 효율적이기 때문이다.

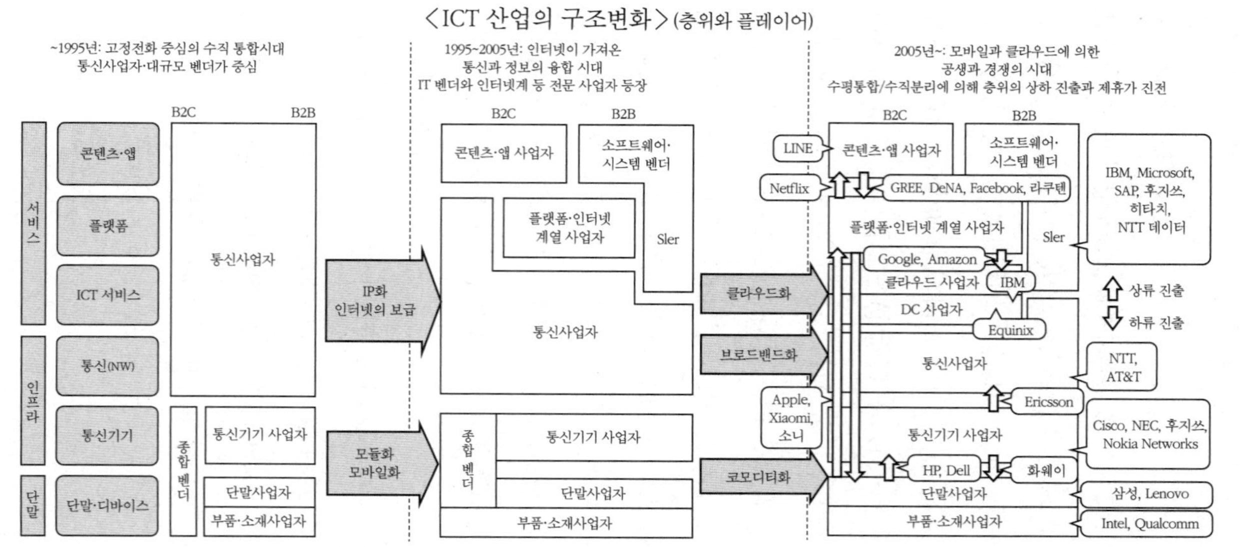

출처:『2015년도판 정보통신백서平成27年版 情報通信白書』

주: ICT는 정보통신기술, NW는 네트워크, 벤더는 판매업자, Sler은 시스템 인티그레이터, 콘텐츠·앱은 OS에 인스톨해서 이용하는 소프트웨어, OS(오페레이팅 시스템)는 PC와 스마트폰을 구동하기 위한 기본 소프트, 모듈화란 하드/소프트의 생산 표준화

정보통신기술의 진전은 여타 산업의 정보화도 촉진시키면서 정보통신업자 스스로 다양한 산업 분야에 진출하여 각각의 분야에서 기존 업자와 경쟁하게 되었다. 그들은 크로스테크X-Tech라 불린다. 그것이 의료 분야라면 메디텍, 농업이라면 아그리텍이다. 각각의 산업 정보화만으로는 파악할 수 없는 현상이다. 그것은 정보통신산업의 확대이기도 하고 각 산업의 정보화이기도 하며 산업 전체의 정보화이기도 하다.

5) 디지털 이코노미의 확대

정보통신기술이 더욱 발전하여 2010년대 중반부터 새로운 국면에 접어들었다. 그 무렵부터 IoT(Internet of Things, 사물인터넷)라는 용어가 사용되게 되었다. 그것은 모든 사물·일들이 인터넷으로 연결되는 현상을 의미한다.

통신속도가 비약적으로 상승하고 통신용량이 확대되면서 컴퓨터의 정보처리 능력도 급속히 향상된 결과 실제 사회의 모든 정보가 디지털화되고 그것이 인터넷을 통해 처리되게 되었다. 예를 들어 가장 단순한 경우를 들자면, 사람들의 구매 행동이 데이터로 축적되어 그것이 광고 등에 이용되게 되었다. 또한 데이터화한 범위가 다양하게 확대되고 축적되는 데이터 양도 팽대해져서(총칭하여 빅데이터로 부른다) 데이터 총량은 2년마다 두 배로 되거나 5년마다 열 배로 된다는 주장도 나오고 있다. AI(인공지능)의 진화와 함께 빅데이터 분석도 쉬어졌다. 더구나 2020년경부터 일본을 포함해서 많은 나라에서 5G(제5세대 이동통신시스템, 특징은 고속 대용량, 동시 다접속, 지체가 적음)가 실용화되기 시작하여 스마트폰 경유로 정보의 처리가 비약적으로 진전되게 된다. 4G에 비해 통신속도가 약 백배가 될 것이라고 한다.

〈기술의 돌파〉

- 실제 사회의 모든 사업·정보가 데이터화·네트워크를 통해 자유롭게 처리 가능(IoT)
- 모아진 대량의 데이터를 분석하여 새로운 가치를 지닌 형태로 이용 가능(빅데이터)
- 기계가 스스로 학습하여 인간을 넘어서는 고도의 판단이 가능(인공지능 AI)
- 다양하고 복잡한 작업에 대해서도 자동화가 가능(로봇)→이제까지 실현 불가능하게 보였던 사회의 실현이 가능. 그에 따라 산업구조와 취업구조가 극적으로 변화될 가능성

데이터량 증가	처리능력 향상	AI의 비연속 진화
세계 데이터의 양은 2년마다 두 배	하드웨어의 성능은 지수함수적으로 진화	딥 러닝 등에 의해 AI 기술이 비연속적으로 발전

출처: 경제산업성, 「제4차 산업혁명에 대한 산업구조부회 및 신산업구조부회의 검토 내용第4次産業革命について『産業構造部会 新産業構造部会』における検討内容」, 2017년 4월

〈세계 IoT 디바이스 수의 추이 및 전망〉

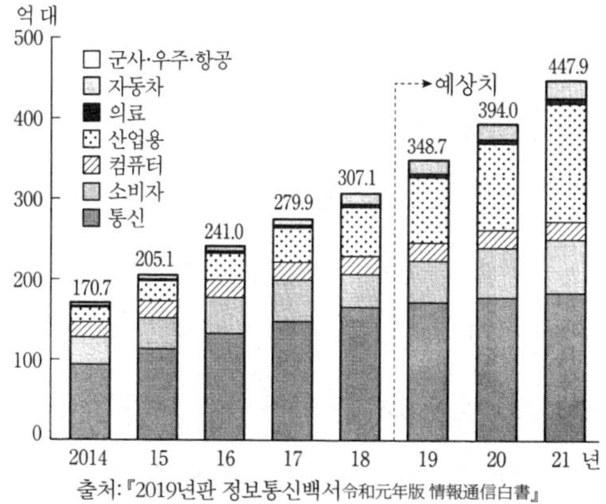

출처:『2019년판 정보통신백서令和元年版 情報通信白書』

빅데이터가 AI의 진화와 함께 5G의 환경에서 이용된다. 자동운전, 차량공유, 숙박공유, 의료(고밀도화상의 전송과 그것을 사용한 원격지 진료) 등 다양한 분야에서 혁명적인 변화가 일어나고 있다. 이를 제4차 산업혁명이라고 부르기도 한다.

6) 디지털 이코노미의 심화

도래하고 있는 고도 정보화 경제를 어떻게 부를지는 아직 확정되어있지 않다. 데이터 이코노미, 데이터 드리븐 이코노미(데이터 구동 경제), 혹은 데이터 주도 경제 등이라고 부르기도 하지만, 여기서는 디지털 이코노미라고 한다.

데이터의 수집·보존·송수신 비용이 하락하고 데이터의 가공·분석 비용도 작아져서 모든 실제 세계의 현상이 디지털화(0과 1의 나열로 표현되는 데이터화)되고 있다. 그 축적된 데이터가 향후 역으로 현실 사회를 변화시키려 하고 있다. 현실 세계의 모든 현상이 디지털화될 수 있는 것은 아니지만 점점 더 그 영역이 확대되고 있다.

2020년에 신형 코로나바이러스의 세계적 유행에 직면해서 사람들의 이동, 접촉이 극도로 제한됨으로써 사람들은 커뮤니케이션을 인터넷상에서 할 수밖에 없게 되었다. 지금까지도 온라인의 커뮤니케이션은 늘어나고는 있었지만, 2020년 전반에 일어난 줌Zoom의 폭발적인 이용은 가히 혁명적이었다. 이것은 일부 불가역적인 움직임으로 정보교환의 방식을 변화시킬 것으로 생각된다.

각국에서는 이러한 상황에 적극적으로 대처하기 위한

〈IoT, 빅데이터, AI 등의 진전에 대한 각국의 동향〉

계획 명	국명	개시년	주요 특징
Industry 4.0	독일	2013	IoT, AI, 빅데이터에 의한 제4차 산업혁명에서 스마트 인더스트리(공장내·공장간 연결, 스스로 생각)를 지향
Industrial Internet Consortium	미국	2014	AT&T와 IBM 등 미국 기업에 의해 설립된 국제적인 오픈 컨소시엄(공동사업체)으로 산업용 IoT 실용화를 추진
중국제조 2025	중국	2015	기본방침 5개와 기본원리 4개를 통해 2045년에 최정상 제조국을 지향
Society 5.0	일본	2016	사이버공간과 실제 공간을 융합시켜 쾌적하고 질 높은 생활을 실현한 초스마트사회(수렵·농경·공업·정보사회에 이어지는) 지향

〈진화하는 디지털 경제와 그 앞에 있는 Society 5.0〉

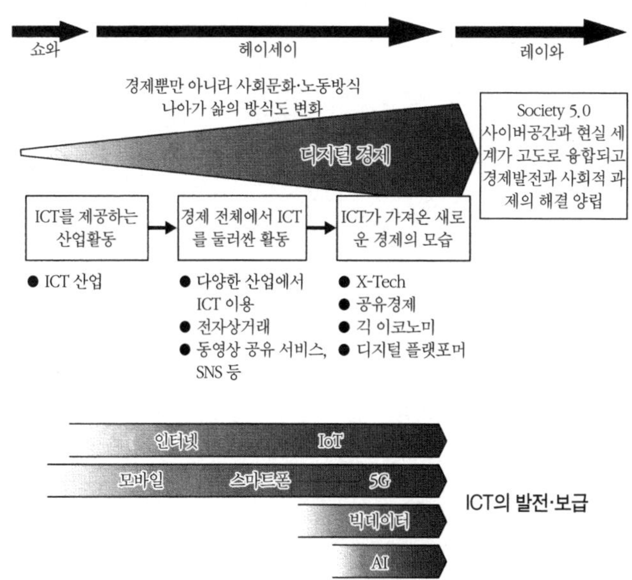

주: 긱 이코노미란 인터넷을 통해 필요할 때마다 단발적인 일을 하는 작업방식과 그러한 일로 돌아가는 경제

출처: 『2019년판 정보통신백서』

방책을 실시하기 시작했다. 가장 유명한 예는 독일 정부에 의한 대응으로 인더스트리 4.0으로 불리는 새로운 기술·데이터를 이용한 제조업 활성화 대책이다. 미국에서는 민간기업 주도로 국제적으로도 자유롭게 참가하는 민간사업체가 산업용 IoT의 실용화를 추진하고 있다. 중국에서는 매우 의욕적이면서 구체적인, 제조업 분야에서 최정상 국가로 도약하기 위한 전략을 명확히 했다. 일본에서도 위 그림과 같이 디지털 이코노미 시대에 맞는 작업에 착수하고 있다.

7) 거대 플랫포머의 출현

2010년대 전후부터 소수의 거대 디지털 플랫포머로 불리는 기업이 등장하여 인터넷상에서 여러 활동의 장을 제공하게 되었다. GAFA 즉 검색서비스의 구글, EC(전자상거래)의 아마존, SNS(소셜 네트워크 서비스)의 페이스북, 스마트폰 등 네트워크 디지털 가전의 공급자인 애플이 바로 그들이다. 이들 기업의 주식시가총액은 최근 10년간에 급속히 확대되어 세계 톱 10에 들어가는 기업이 되었다. 중국에서도 BAT(바이두, 알리바바, 텐센트)라는 기업이 성장했다.

많은 사람이 특정 네트워크를 사용하면 사용할수록 그 네트워크의 편리함이 증대되는 '네트워크 효과'가 있어서 이들 거대 디지털 플랫포머는 점점 더 거대화되었다. 최근에는 이들 기업활동도 거대화했기 때문에 발생하는 문제가 지적되고 있지만, 이들 기업이 디지털 이코노미의 급속한 확대를 지탱했다는 점도 사실이다.

향후 이들 기업이 어떻게 될 것인가를 예상하기는 어렵다. 우선, 이들 메가텍(거대 테크놀로지) 기업들이 상대 영역으로 진출하는 경우이다. 나아가 소수 기업으로 집약될지도 모른다. 혹은 장래의 기술혁신으로 완전히 다른

〈세계 주식 시가총액 톱 10 공개기업〉(2020년 말)

기업명	국적	주요 사업	시가총액 (10억 달러)	톱 10 진입 년
1. 애플	미국	네트워크·디지털 가전의 제조판매	2,254	2011
2. 마이크로소프트	미국	Windows, Office 등 소프트 제공	1,682	1996
3. 아마존	미국	전자상거래, 광범한 사업	1,634	2015
4. 알파벳	미국	검색엔진(구글) 제공	1,185	2009
5. 페이스북*	미국	SNS 프로바이더	777	2015
6. 텐센트	중국	SNS 프로바이더	683	2016
7. 테슬라	미국	전기자동차 제조판매	668	2020
8. 알리바바	중국	기업간 전자상거래 마켓 운영	629	2017
9. TSMC	대만	반도체 파운드리(수탁 제조)	565	2020
10. 버크셔 해서웨이	미국	투자회사	545	2012

참고: 도요타자동차의 시가총액은 2516억 달러
주: 2021년에 메타버스 사업의 확대를 목적으로 기업명을 메타로 변경(-역주)

기업이 성장할지도 모른다. 또한 이들 기업을 평가할 때, 2019년 말 시점에서 미국 주식시장이 상당히 높은 수준이었다는 점도 잊어서는 안 된다. 일본도 주식 버블의 절정기였던 1989년 말에는 세계 주식 시가총액 톱 10 중 1위의 NTT를 비롯해 일곱 개 회사가 일본기업이었다.

GAFA·BAT의 사업영역 비교

	매출액 (2018년, 10억 달러)	Google 137	Amazon 233	Face book 56	Apple 266	Baidu 15	Alibaba 52	Tencent 47
주요 사업영역	광고	Various ☆	Amazon Ads	Face book	Various	Various ☆	Various	WeChat ☆
	서비스 (콘텐츠 포함)	You Tube	Prime Video	Insta -gram	iTunes	iQiyi	Youku	Penguin e-Sports, Now Live
	전자 상거래	Android Pay	Amazon. com		Apple Pay	Baidu Wallet	Tmall, Alipay ★	WeChat Pay, QQ Wallet
	클라우드	Drive	AWS ★	Work place	iCloud	Baidu Cloud	Alibaba Cloud	Tencent Cloud
	하드웨어 (OS 포함)	Chrome	Kindle		iPhone, iPod			
	AI/ 어시 스턴트	Google Assistant	Alexa		Siri			
	타업종 제휴 (헬스케어 등)	Google Home, Fit	Echo		Apple Health, Homekit		Air Heath	

■ 매출액의 점유율이 50퍼센트 이상
▒ 매출액의 점유율이 10퍼센트 이상 50퍼센트 미만
□ 매출액의 점유율이 10퍼센트 미만 혹은 분류 불가능한 경우
★ 영업이익이 가장 큰 사업영역
☆ 영업이익이 가장 큰 것으로 추정되는 사업영역(사업영역별 이익이 비공개이기 때문)

〈GATT·BAT의 매출액 내역〉(2018년)

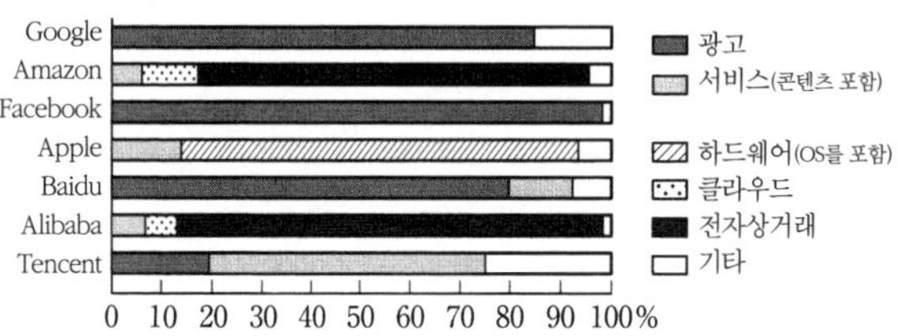

출처: 『2019년판 정보통신백서』

8) 미중의 기술 패권 마찰

2018년경부터 미중 간에 첨단기술을 둘러싼 갈등이 구체적인 움직임을 동반하면서 격화되었다. 첨단기술 분야에서 중국의 공세는 뚜렷해서 '중국 제조 2025년'의 중점 분야에도 확실하게 나타나고 있다. 실제로 최근 특허 출원 건수를 보면 중국의 공세는 어마어마하다. 정보통신 분야에서 특허출원 건수도 예외는 아니어서 분야에 따라서는 중국이 미국을 비롯한 다른 선진국들을 능가하고 있다. 특히 5G(제5세대 이동통신시스템)에 관한 특허 건수는 중국(그중에서도 화웨이)이 리드하고 있다. 하지만 중국이 가진 5G 관련 특허의 질은 미국 기업(퀄컴, 인텔) 등에 비해 아직 낮은 것이 많고, 특허 건수와 특허출원 건수만으로 경쟁력을 논의할 수는 없다는 견해도 있다.

2019년에 미국에 의한 화웨이(비상장기업이지만 세계 시가총액 톱 10에 필적하는, 중국을 대표하는 이동체 통신기기 대기업)에 대한 금수조치가 발표되었다. 앞으로도 우여곡절은 있어도 미국에 의한 중국 첨단기업에 대한 압력은 계속될 것이다. 그 배경에는 공정한 경쟁이란 무엇인가에 대한 양국의 씻을 수 없는 견해차가 있다. 중국에서 외자기업에 대한 강제적인 기술이전 요구, 국책에 맞는 국내기업에 대한 보

<table>
<tr><td>〈'중국제조 2025'의 중점분야〉

출처:
〈니혼게이자이신문〉, 2018년 12월 7일자</td><td>-차세대 정보기술(반도체, 차세대통신규격 5G)
-고도 디지털제어 공작기계·로봇
-항공·우주설비(대형 항공기, 유인우주비행)
-해양 엔지니어링·하이테크 선박</td><td>-첨단 철도 설비
-생에너지·신에너지 자동차
-전력 설비(대형 수력발전, 원자력 발전)
-농업용 기계(대형 트랙터)
-신소재(초전도소재, 나노소재)
-바이오의약·고성능 의료기계</td></tr>
<tr><td>〈미중 하이테크 마찰〉

자료:
〈니혼게이자이신문〉, 2019년 11월 7일자</td><td>-2015년 5월 '중국제조 2025' 발표. 반도체 자급률 20년까지 40퍼센트, 25년까지 70퍼센트
-2018년 4월 미국 상무성이 중국 ZTE에 거래규제(미국 기업으로부터의 반도체 공급 일시 정지). 이란에 대한 불법 수출 의심
-2018년 10월 미국 상무성이 중국 DRAM 대기업 JHICC에</td><td>거래규제. 산업스파이 용의
-2018년 12월 캐나다, 미국으로부터의 요청으로 화웨이 부회장을 체포
-2019년 5월 미국 상무성이 화웨이에 사실상 금수조치. 이란과 금융거래에 관여했다는 의심</td></tr>
</table>

〈4G·5G의 국별 필수 특허출원 점유율〉

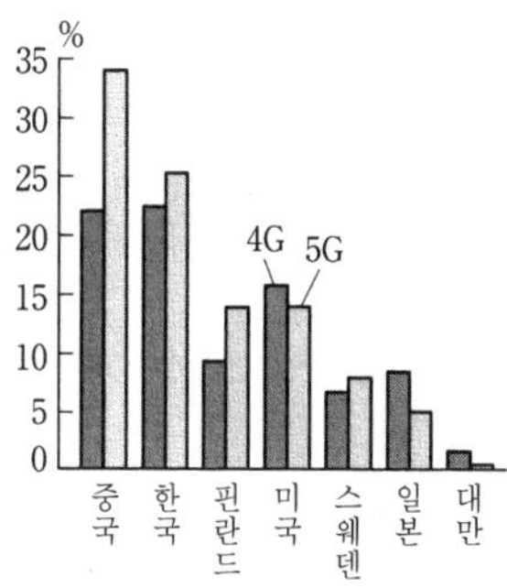

〈5G의 기업별 필수 특허출원 점유율〉

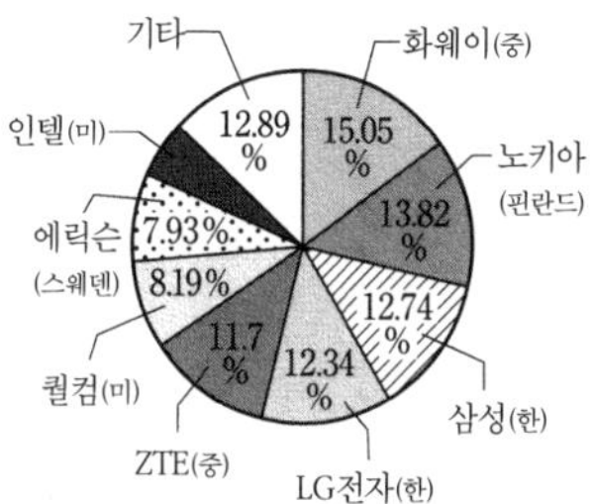

자료: 〈니혼게이자이신문〉, 2019년 11월 7일자

〈주요국의 특허출원 건수 추이〉

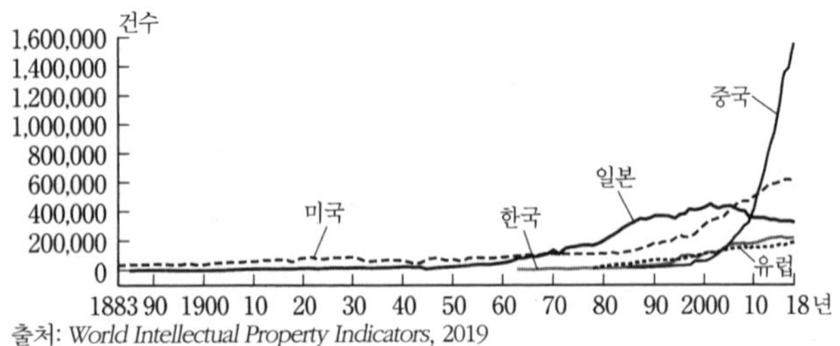

출처: *World Intellectual Property Indicators*, 2019

조금 등 중국 정부의 우대조치 등을 둘러싼 대립이다.

앞으로도 미중의 첨단기술을 둘러싼 미국과 중국의 갈등은 계속될 것으로 보이는데, 벌써부터 중국을 포함한 서플라이 체인에 큰 영향을 주고 있다. 향후 각국 기업은 중국을 서플라이 체인에 포함시킨다 해도 과도한 의존은 피할 것으로 보인다.

9) 디지털 이코노미의 과제

경제의 좀 더 광범한 측면이 디지털화되고 정보가 좀 더 풍부해지며, 그것이 순식간에 이용할 수 있게 되는 것은 경제적으로 효율의 향상으로 연결되고 소비생활 면에서도 편리성이 높아져 경제사회 발전에 바람직스럽다. 하지만 과제도 존재한다.

우선 메가텍 기업이 정보를 독점하고 그것을 자신의 비즈니스로 이용하고 있다. 거기에는 시장독점 우려와 개인정보보호 문제가 있다. 예를 들어 메가텍 기업이 제공하는 서비스를 이용하여 좀 더 저렴한 물건을 사거나 검색하거나 의견을 교환하는 것은 무료라고 해도 그에 의해 기업이 얻는 여러 정보는 귀중한 비즈니스 정보이다. 하지만 그러한 정보를 사용하는 것은 개인정보보호라는 관점에서 볼 때 문제가 없는가? 각각의 분야에서 시장지배력이 너무 높지 않은가? 더구나 그러한 인터넷 기업은 법인세를 세율이 가장 낮은 나라에서 지불하는 경향이 있다. 각국의 과세당국으로서는 소득을 포착하는 것이 어렵고 종종 법인세의 과세 근거인 물리적 거점이 없다는 점 때문에 과세하기가 쉽지 않다. 기본적으로는 매출액에 대응한 과세를 중심으로 논의가 이루어지고 있다.

정보통신기술이 향상되면 향상될수록 기술적으로 고도화한 정보기기를 조작하는 능력의 차이 혹은 소프트웨어를 사용하는 능력의 차이가 소득격차를 가져올 우려가 있다.

나아가 정보통신의 기술혁신이 웹상에서뿐만 아니라 IoT에 의해 실제 세계의 데이터가 좀 더 중요해지는데, 그것은 동시에 컴퓨터 바이러스, 해킹, 사이버 테러 등 인터넷상의 문제가 좀 더 광범위한 분야(인터넷에 연결되는 모든 기기류·기업·개인)로 확산되었다는 것을 의미한다. 대응이 더욱 어려워지고 있다.

<GAFA의 시장 영향력과 미국 의회·반독점(연방·주) 당국의 문제의식>

기업명 (창업 연도)	주요 사업과 시장점유율	당국의 문제의식	각사의 반론
구글 (1998년)	온라인 검색(세계의 약 92퍼센트)과 검색광고 시장을 독점. 스마트폰 OS의 약 74퍼센트(안드로이드). 구글맵이 내비게이션 지도 시장의 80퍼센트 이상	단말기 기업이 자사의 검색서비스를 표준으로 설정하도록 하여, 타사 서비스를 배제	소비자의 검색 수단은 다종다양
애플 (1976년)	스마트폰 OS의 약 25퍼센트(iOS). 미국에서 1억 대 이상의 iPhone과 iPad에 대한 접근을 제어	앱스토어에서 타사에 고액의 수수료를 의무화하면서 자사 제품을 우대	앱의 84퍼센트는 무료배포. 수수료 대상은 16퍼센트
페이스북 (2004년)	세계 소셜 미디어의 약 76퍼센트(인스타그램 포함). 경쟁이 없으므로 이용자의 프라이버시보호가 약화	인스타그램 등 경쟁기업을 인수하여 타사의 등장을 저지	인스타그램은 경쟁상대이면서 동시에 우리의 서비스를 보완할 수 있다.
아마존 (1994년)	미국의 전자상거래시장의 약 38퍼센트. 세계에서 230만의 시장참가자 보유, 그중 약 37퍼센트가 아마존이 유일한 수입원	출점기업의 판매이력을 사용하여 자사의 프라이빗 브랜드 개발	외부기업의 사업 확대에 기여

자료: 〈니혼게이자이신문〉, 2020년 7월 30일, 12월 28일; 〈아사히신문朝日新聞〉, 2020년 7월 31일; 미국 하원보고서

<유럽·미국의 개인정보 보호법 개요>

시행	2020년 1월	2018년 5월
대상 사업자	EU 역내의 개인 데이터를 취득하는 기업단체	주내에서 사업을 시행하고 연간 수입 2500만 달러 초과
규제 포인트	데이터 취득에는 소비자 동의가 필요. 소비자가 개인정보의 삭제 청구 가능	데이터의 개시와 삭제, 매각 정지 등을 기업에 청구 가능
벌금·제재금	최대 2000만 유로 혹은 매출액의 4퍼센트 상당 금액 중 높은 금액	정보를 개시할 수 없는 경우는 1건당 최대 7,500달러

자료: 〈니혼게이자이신문〉, 2019년 10월 15일

10) 바람직한 디지털 사회와 국제협력

정보 혹은 데이터는 그 성격상 국경을 넘어 전달된다. 국적 여부와 관계없이 필요한 정보· 데이터를 언제든지 누구라도 어디서나 입수할 수 있도록 하는 것은 정보·데이터의 공유, 자유로운 이용이라는 점에서 인류에게 매우 바람직하다.

하지만 정보·데이터의 국경을 넘어선 유통을 원칙적으로 금지하는 국가도 있다. 자유로운 정보·데이터의 유통을 지향하는 국제협력이 필요하다.

디지털 이코노미 시대에 접어들어 가장 중요한 것은 자유로운 정보·데이터의 유통과 함께 개인정보를 어떻게 보호하는가이다. 그런데 이 점과 관련해, 예를 들어 세계의 메가택 기업에 대한 각국의 대응은 아직 모색하고 있는 단계이다. 기존의 법률·규제 체제로는 충분하지 못한 측면이 있어 국제적으로 협조하여 대응할 필요가 있다. 또한 이러한 기업은 어디서 어떻게 수익을 올리고 있는가가 명확하지 않지만, 법인세의 과세에 대해서도 국제적인 협력 대응이 필요하다.

첨단기술을 둘러싼 미중 마찰이 격화하고 있지만, 일본으로서도 이제까지의 무역마찰의 경험을 토대로 문제의 악화를 방지할 수 있도록 조정자 역할을 담당할 필요가 있을 것이다. 다만 일본과 중국의 기본적인 차이는 일본이 자국의 안전보장을 미국에 의존하는 반면 중국은 그렇지 않다는 점이다. 중국은 미국에 이유 없이 일방적으로 양보할 필요도 이유도 없다.

새로운 디지털 이코노미 상황 속에서 점점 더 중요해지는 것은 정보통신시스템에 대한 악질적인 공격에 대항하는 것인데, 그에 대해서는 국제협력은 말하기는 쉬우나 실행하기 어려운 점이 있지만, 절대적으로 필요하다.

7. 인구·식량·에너지·자원

"합리적인 에너지 정책 실시는

각국 정부가 직면하는

가장 도전적이면서도 복잡한 과제이다."

-P. 트루도, 『살기 좋은 세계를 위한 에너지』, 1991년

1) 세계인구의 급증

20세기 이후 세계인구는 급증했다. 서기 원년에 2~3억 명 정도로 추정되던 세계인구는 20세기 초반에는 16억 명 정도가 되었다. 1900년 동안 약 13억 명이 증가한 셈인데, 20세기에는 그 증가가 현저하여 2020년에는 약 78억 명에 도달한 것으로 보인다. UN에 의한 중위 추계에 따르면 2057년경에 100억 명을 돌파할 것으로 예측된다. 세계인구 증가율은 세계적으로 관찰되는 저출산 고령화 상황에서 하락하고는 있지만, 인구의 증가는 여전히 가까운 미래의 세계적 문제이다.

인구증가는 경제적으로 보면 노동력·생산력이 늘어남을 의미하기 때문에 기본적으로 '괜찮은 일'이지만 문제도 많다. 우선 인구증가의 대부분이 저소득 발전도상국에서 나타난다. 발전도상국의 성장률이 선진국보다 어느 정도 높아도 1인당 소득수준 격차는 줄어들지 않는다. 사실 세계은행의 정의에 의한 저소득국과 저위중소득국이 세계에서 점하는 인구 비율이 상승하고 있다. 현재 인구 절대 수로는 아시아가 압도적으로 많지만, 아프리카 인구 증가율이 상대적으로 높아 2100년경에는 양 지역의 인구가 거의 같게 될 것으로 예상된다.

〈세계인구의 추이〉(1950~2100년)

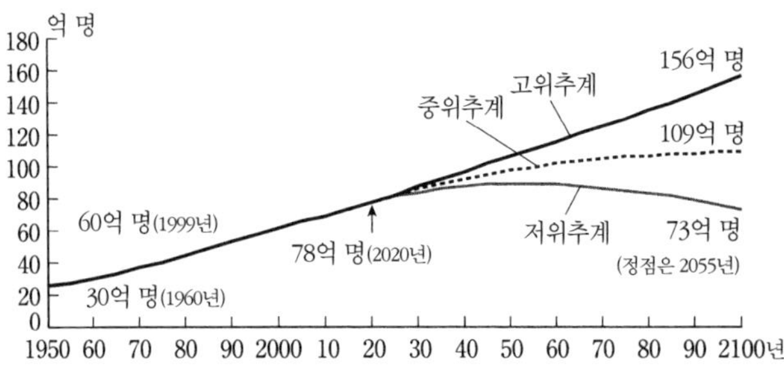

〈지역별 인구분포의 추이〉(1950~2020년)

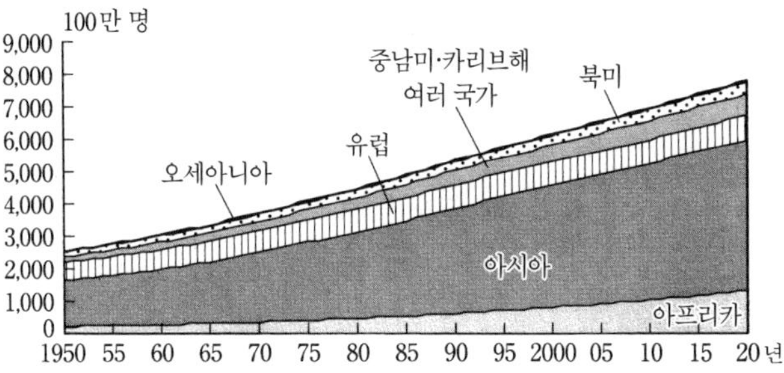

다음으로 신흥국과 발전도상국에서는 공업화가 진전되고 소비수준도 높다. 그것 자체는 환영할 만한 일이지만, 선진공업국에서도 어느 정도 소비수준이 상승하고 있어서 세계 전체로 볼 때 소비하는 식량·에너지가 증가하여 농산물과 에너지 공급력 간의 불균형이 발생할 가능성이 있다. 단순하게 맬서스적 비관론에 빠지는 것은

<〈소득국별 인구 추이〉

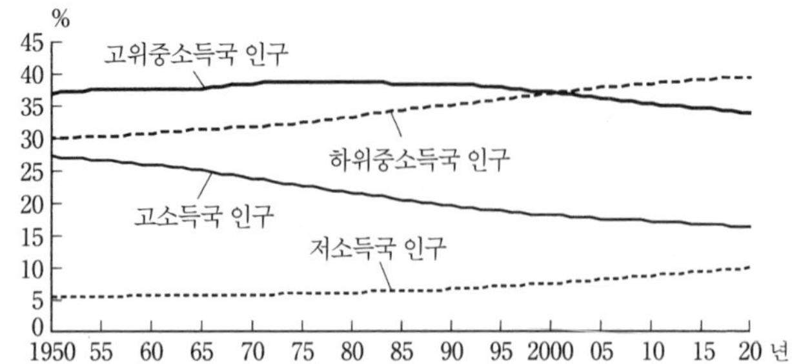

주: 여기서 소득수준별 구분는, 1인당 GNI(국민 총소득)을 사용한 세계은행에 의한 것으로, 2019년 현재 저소득은 1,025달러 이하, 저위중소득은 1,026~3,995달러, 고위중소득은 2,996~12,375달러, 고소득은 12,376달러 이상이다.

자료: UN, *World Population Prospects 2019*

아니지만, 환경문제와 인구의 도시집중 문제가 있다. 향후 이러한 문제 해결을 위한 기술진보와 국제협력이 중요해질 것이다.

2) 저출산 고령화

세계적인 인구문제는 여전히 인구증가에 있지만, 상당수 국가에서는 역으로 인구감소가 문제이다. 인구감소는 특히 인구증가를 전제로 구축된 사회보장제도의 개혁을 불가피하게 한다.

2010년부터 2020년간 1퍼센트 이상의 인구감소를 경험한 국가는 이미 27개국에 달하는데, 앞으로도 그러한 국가의 수는 늘어날 것으로 예상된다. 그 첫 번째 원인은 저출산으로, 대부분의 나라에서 나타나는 고령화와 함께 종전과 같은 연금·건강보험 등 사회보장제도의 유지를 곤란하게 한다.

저출산은 아시아 전체 특히 동아시아 국가와 유럽 선진국들 공통의 문제이다. 이들 나라에서는 생산연령인구에 대한 고령자 비율, 예를 들어 24~64세 인구의 65세 이상 인구에 대한 비율이 극단적으로 저하하고 있다. 일본의 경우 세계 최저인 1.8까지 하락했다. 또한 한국, 대만, 홍콩, 싱가포르의 동아시아 여러 나라들은 세계 최저 수준의 합계특수출생률을 기록하고 있어, 이러한 상태를 완화하기 위해 각국 정부가 애쓰고 있다.

저출산을 경험하고 있는 나라의 뚜렷한 특징은 출산의

<세계인구에서 점하는 청년층과 고령자층>

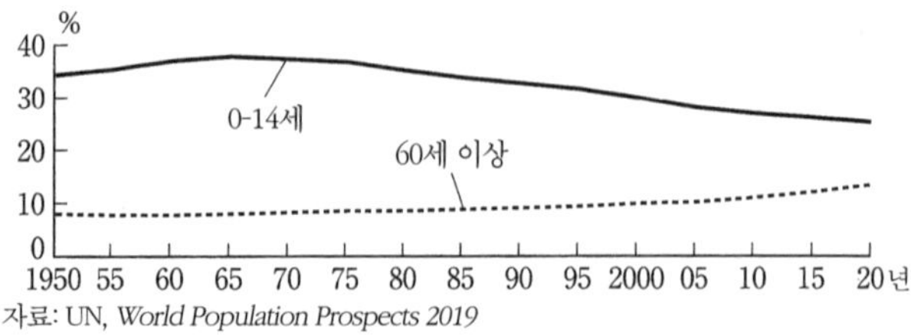

자료: UN, *World Population Prospects 2019*

고령화, 또 주요 선진국과 비교해 출생에서 점하는 낮은 비적자(정식 혼인 관계에서 출생하지 않는 자녀) 비율이다.

인구동태에 적응한 사회보장제도를 설정하는 노력도 중요하지만, 인구변화의 안정화도 필요할 것이다. 인구증가율이 여전히 높은 나라에서 인구증가율이 낮은 수준으로의 안정화, 출생률이 극단적으로 낮은 국가에서 좀 더 높은 수준으로의 안정화 모두 필요하다.

〈합계특수출생률의 나라별 비교〉
(202개국·지역, 2017년)

순위	국명(아시아)	%	국명(기타 주요국)	%
1			니제르	7.18
52	파키스탄	3.41		
64	필리핀	2.89		
92	인도네시아	2.34		
94	인도	2.30		
124	베트남	1.95		
125			프랑스	1.92
128	북한	1.90		
138			영국	1.79
142			미국	1.79
144			러시아	1.76
152			브라질	1.71
161	중국	1.63		
168			독일	1.57
180	태국	1.47		
184	일본	1.43		
193			이탈리아	1.34
198	싱가포르	1.16		
199	대만	1.13		
199	홍콩	1.13		
202	한국	1.05		

주: 합계특수출생률이란 한 명의 여성이 15세에서 49세까지 출산하는 자녀 수의 평균
자료: 『글로벌 노트グローバル·ノート』; 국제 통계·국별통계 전문 사이트; World Bank 데이터

〈출생에서 점하는 비적자 비율〉(%)

일본	2.4(2013년)
한국	2.1(2013년)
미국	40.6(2013년)
프랑스	55.8(2011년)
독일	34.5(2012년)
이탈리아	28.0(2012년)
러시아	24.6(2011년)
스웨덴	54.5(2012년)
영국	47.6(2012년)

주: 비적자란 혼인 관계에 있지 않은 남녀 간에 태어난 자녀
자료: 후생노동성厚生労働省, 『2014년도인구통계특수보고平成26年度人口動態統計特殊報告』

〈여성의 연령 그룹별 출생 수 비율〉

%

	15-19	20-24	25-29	30-34	35-39	40-44	45-49	합계
일본	1.1	8.6	25.4	36.1	23.1	5.5	0.1	100
한국	0.5	4.8	19.2	46.9	26.0	2.5	0.1	100
대만	1.2	6.5	22.8	40.2	25.3	3.9	0.1	100
홍콩	0.5	4.9	20.1	30.5	28.3	5.4	0.2	100
싱가포르	1.2	7.1	27.7	39.1	20.6	3.6	0.8	100
중국	1.8	30.1	37.7	20.7	6.6	2.9	0.4	100
인도	3.2	36.7	35.5	17.3	5.1	1.6	0.5	100
러시아	3.7	17.5	33.1	29.2	13.6	2.7	0.1	100
프랑스	1.2	10.3	28.5	35.2	19.1	5.2	0.4	100
독일	2.1	10.1	25.3	36.3	21.7	4.3	0.2	100
이탈리아	1.6	8.2	22.0	33.7	25.8	7.9	0.7	100
영국	3.2	14.1	27.5	32.3	18.6	3.9	0.3	100
스웨덴	1.0	11.2	31.2	35.3	17.3	3.7	0.2	100
미국	5.3	20.5	29.1	28.2	13.7	2.9	0.2	100

자료: UN, *World Population Prospects 2019*

3) 세계의 식량 사정

인간의 생명 및 건강 유지는 생존권에 가장 기본적인 요소이다. 그러한 의미에서 식량의 안정적인 공급과 음식 재료의 공급자인 농림수산업의 역할은 중요하다. 현재 지구상에는 생존에 필요한 충분한 열량을 섭취하지 못해 영양수준이 낮은 기아선상의 인구가 8억 명 정도라고 한다. 더구나 그 수와 비율의 감소·하락이 멈춰버린 듯한 감이 있다. 그것은 그 자체로 문제이기는 한데, 대다수에게 식량이 양적으로는 충족되고 있다. 다만 문제가 없지는 않다.

첫째, 공급에서는 주식인 곡물의 경작면적이 반세기 이상 전체적으로 거의 늘어나고 있지 않다. 발전도상국에서는 지금도 화전농업이 이루어지고 있다. 전반적으로 농약 및 근대적 농기구 사용으로 생산기술이 진보되기는 했지만, 농약은 작물과 토지를 훼손하기도 하고 비용증가의 요인이 되고 있다.

두 번째, 수요 면에서 사정이 있다. 수요가 늘어나도 농림수산물은 수요 증가의 해당 지역·국가에서 생산이 이루어지는 것이 아니기 때문에 당연히 가격 문제가 발생한다든지 거래(수출입을 포함)·유통 문제가 관련된다. 그

〈세계의 영양부족 인구〉

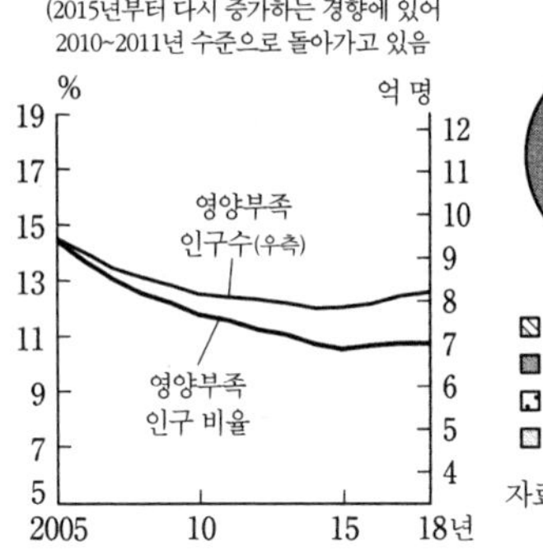

〈세계 영양부족 분포〉(2018년)

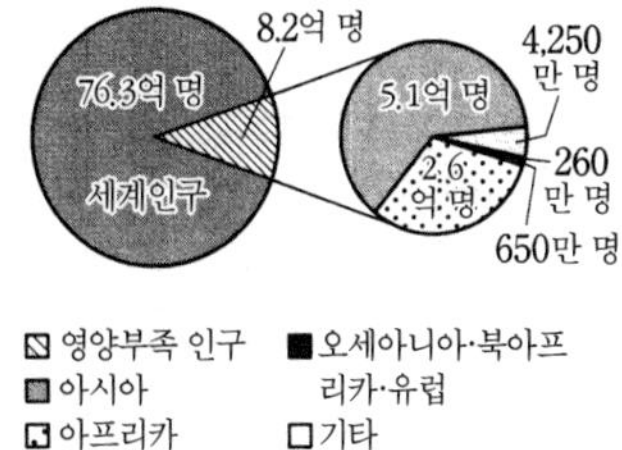

자료: FAO, *Food Security and Nutrition around the World in 2019*

〈세계 전체의 곡물 수확 면적, 단수의 추이〉

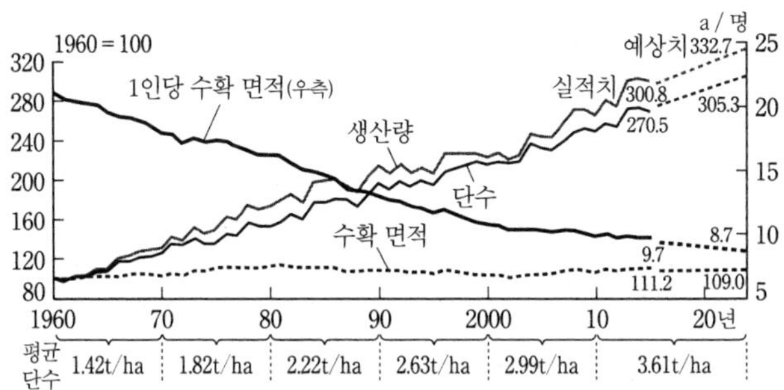

주: 2014년까지는 실적치, 2015년은 추정치, 2016년에서 2024년까지는 예측치. 단수란 단위 면적당 수확량

자료: 농림수산성農林水産省, 「알고 있나? 일본의 식량사정知ってる？日本の食料事情」, 2015년 10월

〈주요국의 엥겔계수 추이〉

가계지출에서 점하는 식비(음식료품+주류+외식)의 비율

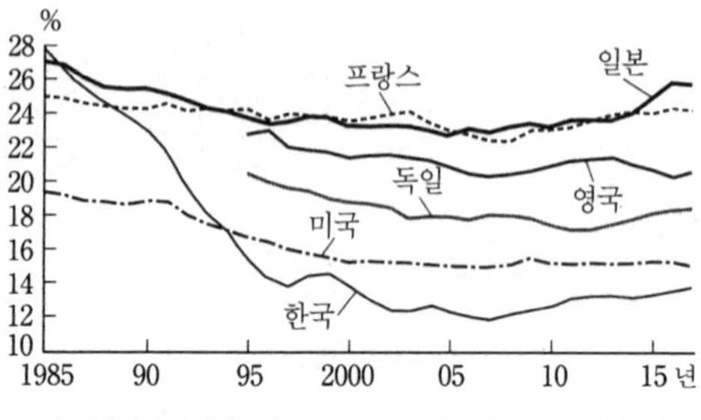

출처: 『사회실정데이터도록社会実情データ図録』, 2018년 10월

것은 특히 개방 체제에서는 국제적인 문제가 된다.

또한 매크로적으로 보면, 소득수준에 비례적으로 식량 소비가 늘어나는 것은 아니다. 엥겔계수의 움직임에서 나타나듯이, 가계소비에서 점하는 식료품비 비율은 장기적으로 낮아지는 경향이 있다. 이는 산업 구성에서 농림수산업의 상대적 비중이 저하하는 것을 의미하고, 경제 정책에서 이 부분이 낮은 평가를 받을 수밖에 없게 된다. 다만 최근에는 여러 많은 선진국에서 엥겔계수의 하락이 멈추고 완만한 상승이 관찰되고 있다. 이러한 경향이 지속될 것인지가 주목된다.

4) 식량 소비의 고도화

소득수준, 소비수준이 상승하면서 식량 소비의 절대량과 지출액도 증가한다. 하지만 전체 소비에서 점하는 식료품비의 비율은 장기적으로 낮아지는 경향이 있다.

식량 소비의 내용도 식생활의 변화에 대응하여 변화한다. 선진국과 비교적 소득이 높은 발전도상국에서는 소득수준의 상승과 함께 주식으로서의 곡물 소비가 줄어들고 이른바 부식이 늘어나는데, 부식 중에서도 육류 소비가 상대적으로 늘어나는 경향이 있다. 그러한 경향은 '식료품 소비의 고도화'라고 불리는데, 이것은 식생활의 질적인 향상을 한편에서 보여주기는 하지만 여러 가지 문제를 불러일으킨다.

그중 하나는 개인 건강에 관한 문제로 종래의 식생활이 달라져 영양 균형이 바뀌는 것이다. 일부 사람들에게는 건강증진의 요인이 되지만 다른 한편에서 과잉 지방 섭취, 비만, 그리고 그것에 의해 유발되는 질환이 나이에 관계없이 늘어나게 된다. 두 번째로 식생활의 고도화에 따른 폐기물, 잔재물의 증가로 특히 도시의 위생 문제, 쓰레기처리 문제가 심각해졌다. 또한 특히 고소득국에서는 '잔반'이 현저해져서, 발전도상국에 비해 '자원 낭비'

〈식품 폐기물 발생량과 재생 이용량〉

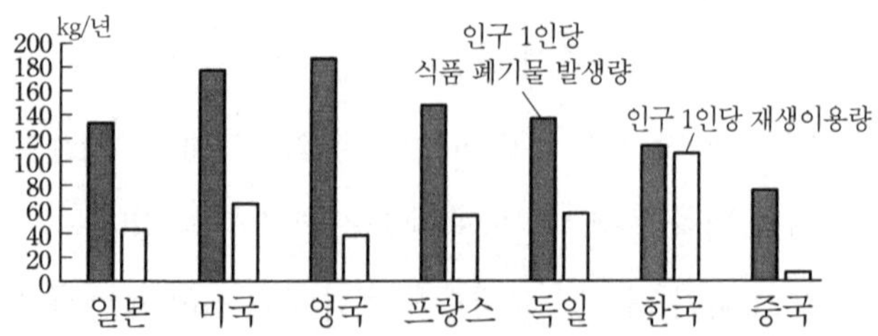

출처: (재)유통경제연구소(財)流通経済研究所, 「해외 식품폐기물 등의 발생상황 및 재생 이용 등의 실시상황 조사海外における食品廃棄物等の発生状況及び再生利用等実施状況調査」, 2016년 3월

문제가 발생하고 있다.

나아가 넓게 봤을 때, 육류 소비가 가축용 사료의 증가를 동반한다는 문제가 있다. 사료곡물의 증가가 주식용 곡물 생산을 압박하거나 곡물의 국제 거래를 증가시킨다. 마찬가지 일이 어업에서도 발생한다. 어업이 최근에는 양식에 의해 지탱되고 있는데 그중에서도 많은 미끼가 필요한 고급 어종의 수요가 증가하고 있다. '식'에 관한 재화의 생산·소비·수출입 문제가 시장원리만으로 규정되어야 하는지에 대해 여러 장에서 논의되고 있다.

〈세계 평균의 육류 소비량과 국내총생산GDP(명목)의 추이〉(1명·1년당)

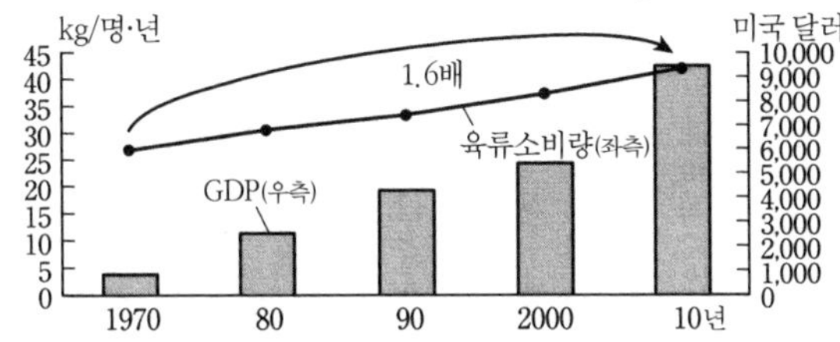

주: 육류는 쇠고기, 양고기, 돼지고기, 닭고기, 기타의 합계

〈세계 곡물의 사료용 수요 및 육류 생산량의 추이〉

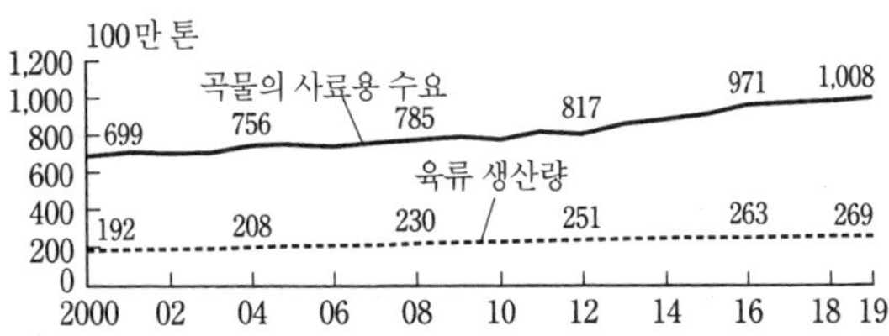

주: 육류 생산량은, 쇠고기, 돼지고기, 닭고기의 합계. 또한 쇠고기, 닭고기는 가공 중량 환산. 닭고기는 부분육 중량환산

자료: 농림수산성, 「알고 있나? 일본의 식량사정」, 2019년 9월

〈세계의 어업·양식업 생산량 추이〉

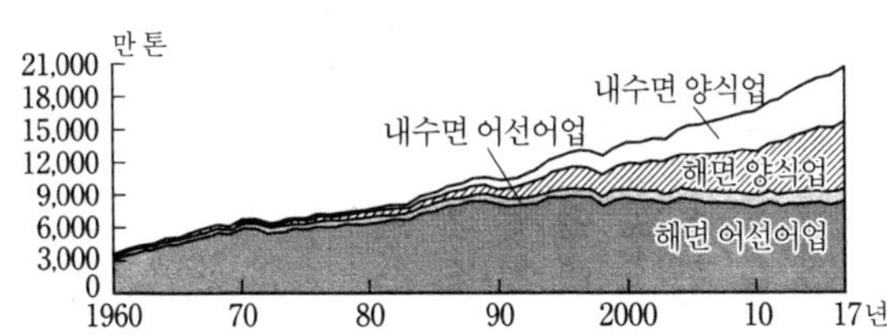

주: 내수면어업이란 하천, 연못, 늪 등의 담수어업

출처: 『2018년판 수산백서平成30年版 水産白書』

5) 세계의 에너지 수급

에너지는 산업용, 수송용, 가정용 등 기초적인 자원으로 광범위하게 이용된다. 총소비량은 2000년에 석유 환산 약 100억 톤이었는데 2017년에는 약 140억 톤에 달했다. 2025년에는 약 154억 톤, 2040년에는 약 177억 톤으로 증가할 것으로 보인다(국제에너지기관IEA 중심의 시나리오).

에너지 수요 증가의 대부분은 발전도상국에서 나타나는데, 석유, 천연가스, 석탄 등 화석연료의 수요가 계속 증가할 것으로 예상된다. 한편 선진국에서는 비교적 클린에너지인 천연가스가 약간 늘어나기는 하지만, 석탄, 석유의 수요는 감소할 것으로 예상된다.

증가율이 가장 높은 것은 원자력 이외의 저탄소 재생가능 에너지이다. 증가율이 가장 낮은 것은 석탄으로 발전도상국에서의 수요 증가의 대부분은 선진국에서의 수요감소로 상쇄될 것으로 예상된다. 원자력에 대한 수요는 선진국에서 약간 줄어드는 반면 발전도상국에서는 늘어날 것으로 보인다.

에너지 소비 증가의 대부분은 발전도상국에서 발생한다는 것은 사실이지만, 선진국과 비교해 1인당 에너지소비량은 적고 2040년에도 이러한 관계는 거의 변하지 않

〈1차 에너지 구성 변화와 향후의 예상〉

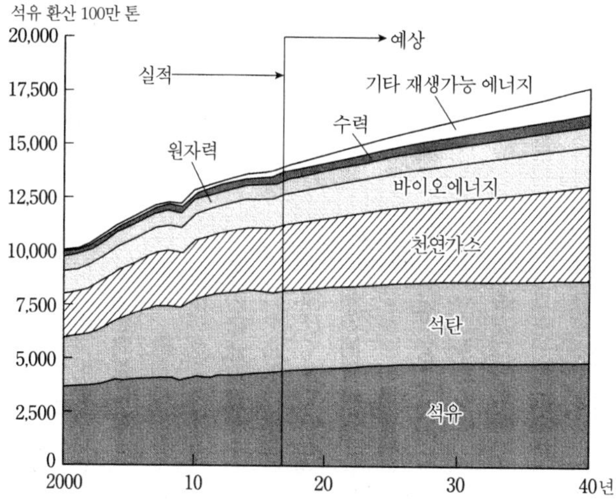

〈선진국과 발전도상국에서 1차 에너지 수요의 변화〉

(신정책 시나리오, 2017~2040년, 석유 환산 100만 톤)

		선진국	발전도상국
저탄소 에너지	원자력	-60	+344
	기타 재생가능 에너지	+482	+1,107
천연가스	산업	+29	+379
	전력	+13	+373
	기타	+109	+387
석유	승용차	-237	+241
	석유화학	-	+215
	기타	-217	+288
석탄	전력	-336	+299
	기타	-19	+116

자료: International Energy Agency, *World Energy Outlook 2018*

〈주요국의 1차 에너지 소비량과 자급률〉(2016년)

	소비량		자급률(%)
	전체 소비량(페타 줄)	1인당(기가 줄)	
중국	75,919	55	125
미국	63,778	197	125
인도	26,661	21	87
러시아	19,769	137	290
일본	12,269	97	12
브라질	9,752	48	125
독일	9,441	115	51
한국	7,557	147	28
프랑스	6,440	100	85
사우디아라비아	5,786	182	486
영국	5,400	82	92
이탈리아	4,964	82	28

주: 줄은 에너지 단위로 기가는 10억, 페타는 1000조, 1킬로와트시=3.6메가(100만)줄, 1칼로리=4.2줄. 자급률은 생산량/소비량으로 계산
자료: UN Statistics Division, *2016 Energy Balances*

을 것이다. 최근 에너지 수요가 크게 증대하고 있는 중국, 인도의 1인당 에너지소비량은 대부분의 선진국에 비해 매우 적다. 그렇다고 해서 그러한 발전도상국이 화석연료를 그만큼 많이 소비해버리면 지구온난화가 심각해진다. 더더욱 여러 선진국의 노력과 발전도상국의 협력이 꼭 필요하다.

6) 석유 · 천연가스

석유는 에너지원 중에서 상대적으로 비용이 저렴하고 매장량 면에서도 최근 캐낼 수 있는 연수가 늘어났다. 또 기술적으로도 그 사용 방법이 다양하다. 현재 에너지 중에서 가장 비중이 높다. 하지만 생산 레벨과 소비 레벨은 국가·지역에 따라 달라 세계적으로 항상 수급불균형이 문제가 된다. 2018년 시점에서 보면 중동, 러시아 등 CIS 여러 나라, 아프리카는 생산 초과, 아시아·유럽은 소비 초과이다. 북미는 2010년대에 들어서면서부터 생산 확대로 수급이 거의 균형을 이루게 되었다. 중남미도 거의 수급 균형 상태이다. 2018년의 석유 확인매장량을 20년 전의 1998년과 비교하면 1.5배로 늘어났다. 특히 중남미(베네수엘라)와 북미의 확인매장량이 늘어나고 있다.

천연가스는 최근 생산이 늘어나고 있다. 지역별로는 CIS 여러 나라의 생산 초과와 유럽의 소비 초과가 대조를 이루고 있다. 또한 규모는 그다지 크지 않지만, 아프리카·중동의 생산 초과와 아시아의 소비 초과가 있다. 1980년대부터 2018년까지의 38년간 세계의 석유 소비가 1.6배 늘어난 데 비해 천연가스 소비량은 2.7배 늘었다. 천연가스 소비가 더 많이 늘어난 것은 석유와 비교해 좀

〈세계의 원유 생산과 OPEC 점유율〉

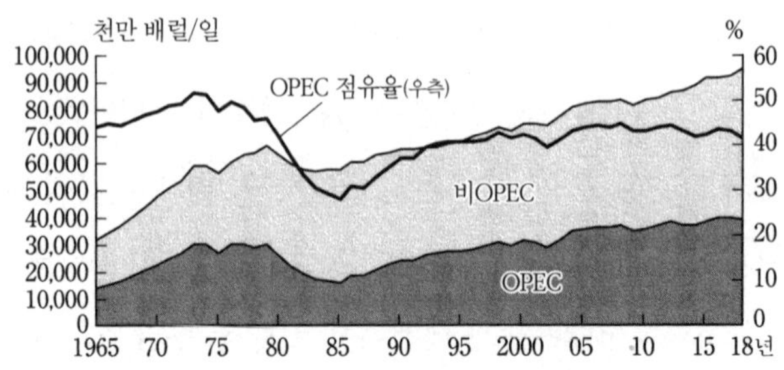

더 청정에너지이기 때문이다. 천연가스의 확인매장량도 최근 20년간 약 1.5배로 늘어났다.

2000년대 들어선 이후 유가는 급등락을 계속하고 있다. OPEC(석유수출국기구)와 기타 주요 산출국의 협조 감산이 되면 가격이 상승하고, 그렇지 않거나 수요가 급감하면 가격은 하락한다. 세계경제 동향에 영향을 주는 유가 동향은 앞으로도 주목해야 한다.

〈지역별 석유 생산〉
(100만 배럴/일)

아시아·태평양
아프리카
중동
CIS 여러 나라
유럽
중남미
북미

〈지역별 석유 소비〉
(100만 배럴/일)

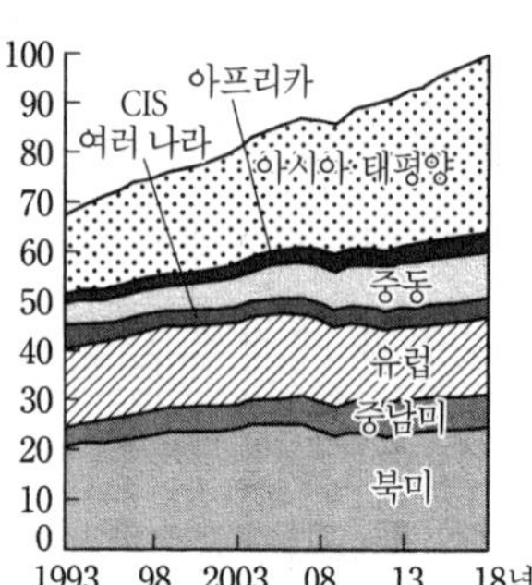

〈세계의 주요 에너지자원 확인매장량〉(각 년 말)

	석유(10억 배럴)		천연가스(조㎥)	
	1998	2018	1998	2018
북미	100.0	237.0	7.0	13.9
중남미	95.6	325.1	6.8	8.2
유럽	21.4	14.3	5.6	3.9
CIS 여러 나라	121.1	144.7	39.2	62.8
중동	685.2	836.1	51.5	75.5
아프리카	77.2	125.3	10.3	14.4
아시아·태평양	40.8	47.6	10.5	18.1
세계 합계	1,1141.2	1,729.7	130.8	196.9

자료: BP, *Statistical Review of World Energy*, 2019

7) 화력 · 수력 · 원자력발전

세계의 발전용 에너지 중 70퍼센트 가까이가 화력발전이고 수력에 의한 발전도 17퍼센트 정도를 점하고 있다. 하지만 지역에 따라 차이가 크다. 자연조건이 다르기 때문인데, 수량이 풍부한 남미에서는 수력의 비중이 60퍼센트 정도에 달한다. 수력발전의 전력량이라는 점에서 보면 아시아가 전 세계의 40퍼센트 넘게 차지하는데, 그중 70퍼센트 정도가 중국이다. 즉 세계 수력발전의 약 30퍼센트가 중국에서 이루어진다. 2009년에 16년에 걸친 공사 끝에 양쯔강 중류에 완성된 산샤댐은 세계 최대 규모를 자랑한다. 아시아에 이어 수력발전이 많은 지역은 러시아, 노르웨이, 스웨덴을 포함하는 유럽으로 전체의 20퍼센트 정도를 차지한다.

원자력 에너지에 의한 발전은 1970년대부터 본격적으로 개시되어 2000년대 중반에 정점에 달했고, 2010년대 들어서는 주로 일본의 가동정지를 반영하여 약간 감소하고 있다. 2010년대 전반까지 순조롭게 원자력발전이 증가한 것은 이산화탄소·질소산화물·유황산화물을 배출하지 않는다는 점과 발전비용에서 점하는 연료비 비율이 낮아 발전비용이 안정적이라는 점 때문이었다. 그렇

〈전체 발전량〉(2016년)

단위: 억kWh

	화력	수력	원자력	풍력	태양광	기타	합계	구성비(%)
아시아	95,885	17,860	4,789	3,030	1,408	887	123,859	49.6
북중미	34,012	7,351	9,516	2,750	552	345	54,526	21.8
남미	4,282	6,691	241	409	32	0	11.655	4.7
유럽	24,800	7,990	11,384	3,063	1,130	1,130	45,580	19.4
아프리카	6,587	1,200	150	103	42	42	8,143	3.3
오세아니아	2,399	431	0	146	64	64	3,119	1.2
세계 합계	167,965	41,523	26,080	9,501	3,228	1,585	249,882	100.0
구성비(%)	67.2	16.6	10.4	3.8	1.3	0.6	100.0	

자료: United Nations, *Energy Statistics Yearbook*, 2018

〈국제 원자력·방사선 사상 평가척도와 주요 사고〉

구분	레벨	주요 사고
사고	레벨7 심각한 사고	체르노빌 사고(1986) 520경 벡크렐, 후쿠시마원전사고(2011) 77경 벡크렐
	레벨6 대사고	
	레벨5 광범위 영향	미국 스리마일섬 사고(1979)
	레벨4 국지적 영향	도카이무라 JCO임계 사고(1999)
이상 사상	레벨3 중대 이상 사상	스페인 반델로스 발전소 화재 사고(1989)
	레벨2 이상 사상	미하마 발전소 2호기 결함 사상(1991)
	레벨1 일탈	몬주 나트륨 유출 사고(1995)
척도 미만	레벨0 안전상 중요하지 않은 사상	쓰루가 원전(1999), 미하마 원전(2004), 하마오카 원전(2009)
평가대상 외	안전상 관계없는 사고	

자료: 환경성문부環境省文部, 문부과학성文部科学省, 전기사업연합회電気事業連合会

지만 방사능에 대한 대응과 방사성폐기물의 처리가 필요하고 중대 사고에 따른 방사성물질에 의한 오염이 광범위에 미칠 가능성이 있다. 실제로 러시아와 일본에서 중

<주요국의 원자력발전 상황>(2016년)

	발전량 (억kWh)	원자력 발전 비중(%)	가동 원자로 수(기)
프랑스	4,032	72.5	58
슬로바키아	148	54.6	4
벨기에	435	50.9	7
헝가리	161	50.4	4
우크라이나	810	49.2	15
스웨덴	631	40.4	9
핀란드	232	33.7	4
스위스	211	33.5	5
체코	241	28.9	6
한국	1,620	28.8	24
스페인	586	21.3	7
영국	717	21.1	15
미국	8,399	19.4	99
러시아	1,966	18.0	31
캐나다	1,011	15.2	19
독일	846	13.0	7
남아프리카공화국	150	5.9	2
중국	2,133	3.5	37
멕시코	106	3.3	2
브라질	159	2.7	2
인도	379	2.6	22
일본	181	1.7	42
기타	927	-	22
합계	26,081		443

주: 가동 중인 원자로 수는 2018년 1월 1일 현재

자료: United Nations, *Energy Statistics Yearbook*, 2018; 일본원자력산업협회日本原子力産業協会, 『세계 원자력발전 개발 현상世界の原子力発電開発の現状』, 2018년 4월 4일

대 사고가 발생하여 원자력발전 비용에 관한 생각이 좀 더 엄격해졌다. 다만 안전대책이 더욱 진전되어 향후 신흥국, 발전도상국에서는 원자력발전이 늘어날 것으로 일반적으로 예상된다. 반면 국민이 불신감을 가지고 있는 일부 선진국들과 러시아, 일본에서 원자력발전이 늘어날 것으로 기대하기는 어렵다.

8) 생에너지와 신에너지

1970년대 초반의 제1차 석유 위기까지는 석유 가격이 상대적으로 저렴하여 그것을 충분히 소비함으로써 공업화와 경제성장을 진행하는 것이 가능했다. 하지만 석유 가격이 급등하고 다른 에너지 가격도 상승하자 기업과 가정 모두 생에너지 대책을 강구했다. 결과적으로 석유 가격은 물론이고 1차 에너지 소비 원단위(여기서는 1차 에너지 소비량 전체를 실질 GDP로 나눈 값)가 10여 년 만에 극적으로 낮아졌다.

그 후 1980년대 중반 이후 석유를 비롯한 에너지 가격이 안정되자 다시금 원단위는 약간 상승하여 하락세를 멈추었다. 원래 에너지자원처럼 기초물자는 가격탄력성이 작다(즉 가격변동과 관계없이 사용할 수밖에 없다)고 일컬어졌으나 현실적으로 상당 정도 가격 기능이 작용했던 것이다.

이러한 생에너지의 촉진은 ①개별 제품의 에너지소비 원단위가 합리화·기술진보에 의해 저하 ②좀 더 에너지 소비가 적은 제품으로의 전환 ③생에너지형의 산업구조로 전환 ④저렴한 수입품으로 대체 등 복합적 요인에 의해 이루어졌다. 2000년대 들어 자원 가격의 상승은 대체 에너지의 보급을 촉진하고 있다.

〈광의의 신에너지〉

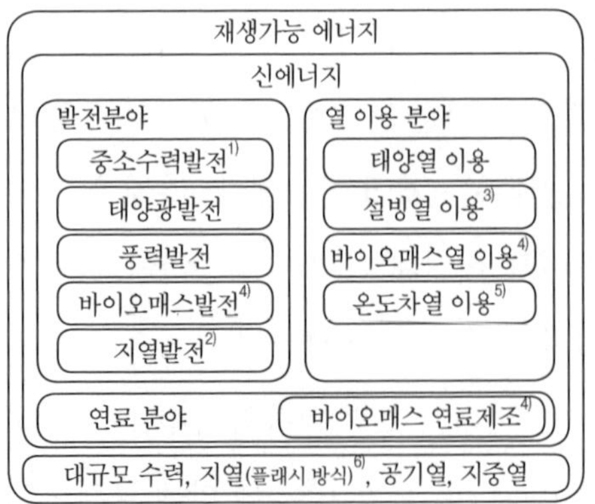

혁신적인 에너지 고도 이용 기술*

재생가능한 에너지의 보급, 에너지 효율의 비약적인 향상, 에너지원의 다양화에 관련되는 신기술 등으로 그 보급을 촉진하는 것이 특히 필요한 것

- 클린 에너지 자동차7)
- 천연가스 코제너레이션8)
- 연료전지
- ⋮
- 등

*신에너지는 아니지만 보급이 필요한 것

주: 1) 중소 수력발전은 1,000kW 이하의 것

2) 지열발전은 바이너리 방식(저온의 증기·열수를 사용하여 등점이 낮은 매체를 가열·증발시켜 그 증기로 터빈을 돌리는 방식)에 한정

3) 설빙열 이용은 겨울철의 눈·얼음을 저장했다가 여름철 등에 이용하는 것

4) 바이오매스에 의한 폐기물발전, 폐기물 열이용, 폐기물 연료 제조를 포함

5) 온도차 열이용이란 여름철 낮은 수온과 겨울철 높은 수온을 이용하는 것

6) 지열(플래시 방식)이란 고온 지열유체 중의 증기로 직접 터빈을 돌리는 방식

7) 클린 에너지 자동차는 전기자동차·플러그인 하이브리드 자동차, (수소를 사용한) 연료전지자동차, 클린 디젤 자동차

8) 천연가스 코제너레이션은 천연가스를 화력발전으로 연소시키고 연소 과정에서 남은 열을 냉난방 등에 이용하는 것

자료: (재)신에너지재단(財)新エネルギー財団, 「신에너지란新エネルギーとは」

세계는 점점 더 환경친화적이고 저비용의 새로운 에너지 개발을 요구하고 있다. 넓은 의미의 신에너지는 재생가능 에너지와 혁신적인 에너지 고도 이용으로 나눌 수 있다. 전자에는 태양광·태양열·풍력·지열·바이오매스 등이 있고, 후자에는 클린 에너지 자동차·천연가스 코제너레이션·연료전지 등이 있다.

〈원유가격의 추이〉(두바이원유)

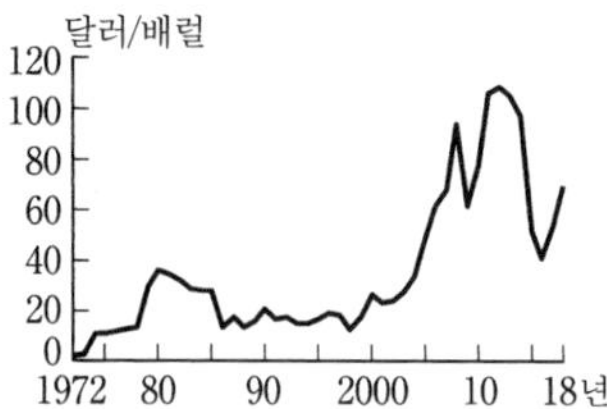

〈실질 GDP와 에너지소비효율의 추이〉(일본의 경우)

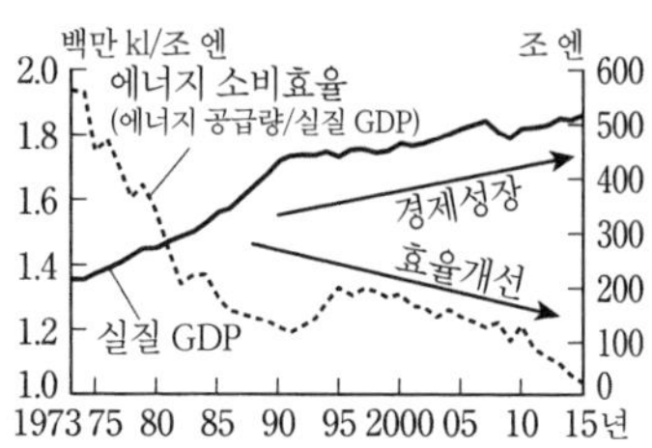

주: 1994년까지는 2005년 가격. 1995년 이후는 2011년 가격

〈에너지소비효율의 국제비교〉(2013년)

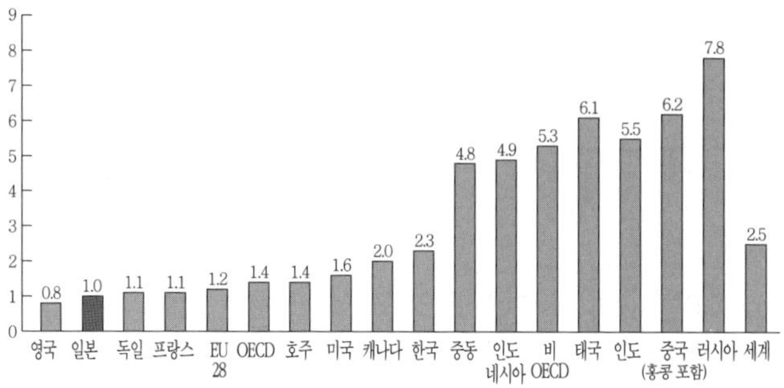

주: 1차 에너지공급/실질 GDP를 일본=1로 환산

출처: 경제산업성 자원에너지청経済産業省資源エネルギー庁, 「생에너지대국 일본--생에너지 대책은 왜 시작되었는가? 그리고 지금 필요한 대책은?省エネ大国·ニッポン～省エネ対策はなぜ始まった？そして､今求められている取り組みとは？～」

9) 자원무역 문제

인간은 살아가기 위해 그리고 발전하기 위해 막대한 천연자원-에너지자원, 광물자원, 식량자원 나아가 물, 해수, 대기-를 소비한다. 문제는 물, 대기를 별도로 하면 생산과 소비 사이에 지역별·국별 차이가 있다는 점이다. 경제적으로 과부족을 보충하기 위해 시장원리가 작동하면 문제가 없으나 현실적으로는 그리 간단하지 않다.

산업혁명 후 20세기 중반까지 공업과 무역이 발달하는 과정에서 선진국과 발전도상국 간에 수직적인 분업 관계가 가능했다. 선진국은 저렴한 원재료자원을 발전도상국에 요구하고, 발전도상국은 그 대금으로 선진국에서 공업제품을 수입하는 구조였다. 많은 경우 교역조건(수출입품의 교환 비율로 수출물가지수를 수입물가지수로 나눈 수치로 표현)은 발전도상국 측에 불리했다. 그것은 정치적으로 식민지주의를 발생시키고 국제간 끊임없는 분쟁의 불씨가 되었다.

1970년대에 발생한 오일쇼크의 계기가 된 석유 가격의 인상은 장기간의 불리한 교역조건을 시정하기 위한 산유국의 정책 발동이었다. 많은 발전도상국의 주요 수출품은 현재도 여전히 1차 산품이다. 이 점에서 주목되

〈각국의 주요 수출품〉(2017년)

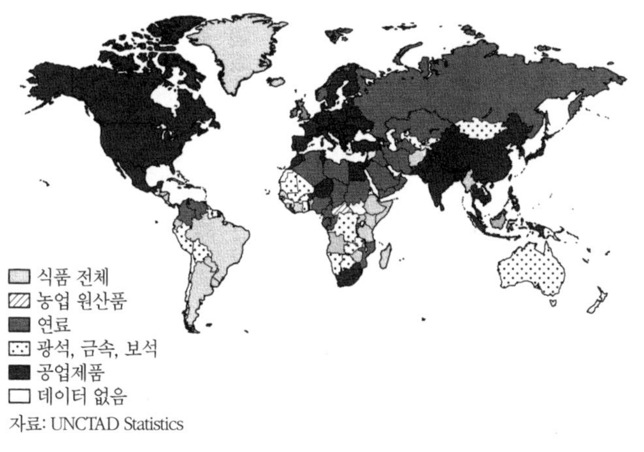

자료: UNCTAD Statistics

는 것은 최근 아시아의 발전, 특히 동아시아의 발전이다. 1970년대 후반부터 적극적으로 개방정책을 채택하여 이 지역의 수출이 증대하고, 그 수출을 기반으로 공업화가 진전되었다. 그 결과 아시아의 무역형태는 수평분업형으로 변화했다. 그것은 식민지주의에 종지부를 찍는 것이기도 했다. 향후 각국의 국제협력에 따라 이러한 경향은 점점 더 촉진될 것이다. 하지만 최근의 미중 무역마찰의 심화에 의한 인위적인 무역 제한 조치의 확대는 본래 시장원리에 맡겨 국제분업 체제를 구축해야만 하는 모습에서 일탈하고 있는 양상이라고 할 수 있다.

〈동아시아의 역내 수출 추이〉

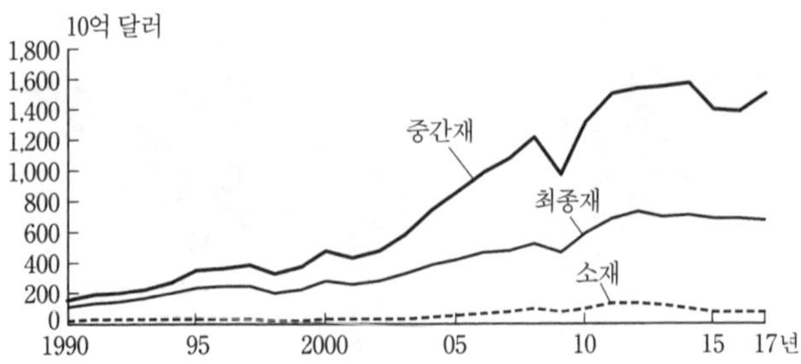

〈동아시아의 기계산업 역내 수출의 추이〉

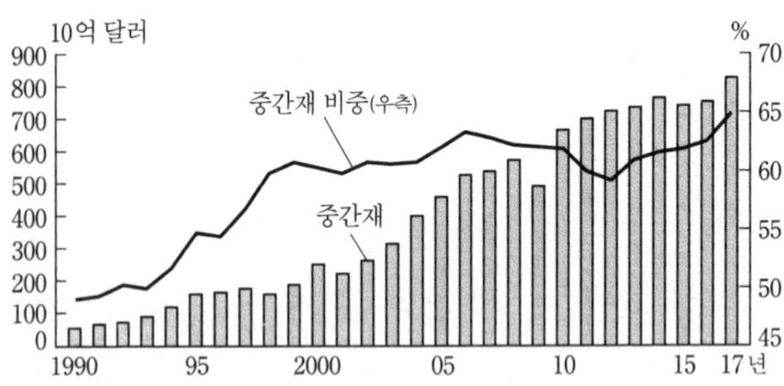

자료 : RIETI-TID로부터 작성

10) 국제협력(에너지·식량·자원)

에너지는 인류 공통의 자산이지만 실제로는 주권을 지닌 다른 국가에 의해 소유·생산되고, 소비는 일반적으로 생산국과는 다른 나라에서 이루어진다. 따라서 생산·소비를 둘러싸고 정치적인 이해가 대립하고 경제적인 가격결정도 정치적인 색채를 띠게 된다. 이처럼 국가이해가 충돌하기 쉬운 만큼 역으로 국제협조가 불가결하기도 하다.

1970년대의 두 차례에 걸친 오일쇼크를 계기로 특정 에너지 가격의 독점적 설정을 피하거나 긴급 시 국가 간의 융통 시스템을 정비하는 등 에너지문제에 대한 국제협조가 논의되게 되었다. 그것에 박차를 가한 것이 지구적인 규모로 등장한 자연환경의 문제이고 나아가 핵 폐기와 관련된 원자력의 안전·평화 이용에 대한 요청이었다.

식량도 인간의 생명 유지를 위한 기본자원으로 그 획득에 불안정과 불공평이 있어서는 안 된다. 하지만 농경 혹은 어획의 장소는 소비지와 거리가 떨어져 있을 뿐만 아니라 시장경제에서는 '상품'으로 취급되기 때문에 필요성과 현실성이 일치하지 않는다. 국제협력에 따라 해결되어야 할 문제가 다음과 같이 많다. 농경지 확보를 위한 국제적 규범과 종의 보존을 존중하는 어장의 설정, 바이오 기술을 이용한 생산성의 향상을 위한 협력, 자연환경 보존을 위한 협조, 나아가 유사시를 위한 국제시스템의 정비 등.

인류 공통 자산은 인류 공동의 노력으로 지켜야 한다. 일본처럼 에너지자원과 식량의 대부분을 수입에 의존하는 국가는 적극적으로 국제협력 시스템에 참가해야 한다.

8. 지구 환경 보전

"금세기 이후의 지속 가능한 장래를

설계하기 위해서는… '환경 윤리'가

발전도상국·선진국 모두에게

새롭게 확약될 필요가 있다."

-「지구 환경 보전에 관한 도쿄 회의·의장 서머리」, 1989년

1) 광역화하는 환경문제

인간의 일상생활과 생산활동에 따라 인체가 손상을 입거나 대기와 수질이 오염되는 현상은 예전부터 존재했다. 또한 금속 광산 등에서 채굴 시 유독가스가 발생해서 작업원과 주변 주민 희생자가 나오는 경우는 본격적인 공업화 시대 이전에도 있었다. 그러나 발생하는 오염원의 규모가 작고 환경을 광범위하게 오염·파괴하는 것은 거의 없었다.

1960년대 이후 많은 나라에서 공업화가 진전되고 특히 그 에너지원으로서 화석연료 소비가 급속히 증가했다. 더구나 선진국·발전도상국을 가리지 않고 모터리제이션(자동차화)이 진전되어 가솔린 소비가 급증했다.

그러한 경제발전은 경제효율만을 추구하여 인구가 도시에 집중하는 현상을 불러일으켰다. 더구나 일반적으로 도시부가 농촌부에 비해 소득이 높고 소비도 활발하며 다양하다. 그 때문에 대기오염, 수질오염, 소음, 진동에다 악취, 쓰레기, 산업폐기물 배출도 늘어나 이른바 '도시공해'가 심각해졌다.

공해는 더욱 광범해져서 유럽 공업국 간에 마찰이 증대하고 미국과 캐나다 간에도 마찬가지 움직임이 나타났

〈인류와 에너지의 관계〉

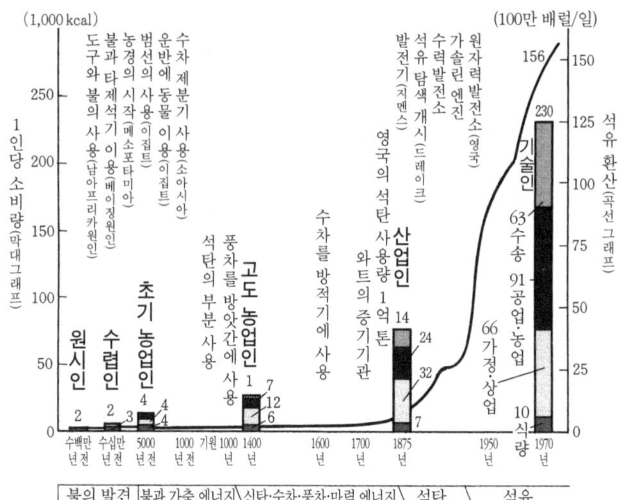

출처:「에너지 백서 2012년판エネルギー白書 2012年版」
자료: NIRA,「에너지를 생각하다エネルギーを考える」, 에너지경제연구소エネルギー経済研究所

〈지구 환경문제의 범위〉

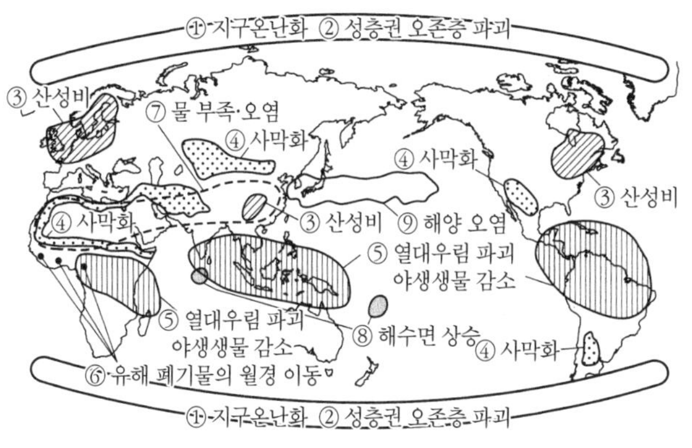

자료:『세계국세도감世界国勢図会 1992~1993』등

다. 그 외에 발전도상국, 구소련 및 동유럽 여러 나라에서도 환경 악화가 급속히 진전되었다. 공해가 국경을 넘어 파급됨에 따라 새로운 국제적인 마찰로 주목되게 되었다.

그 피해도 오존층 파괴, 지구온난화, 열대우림 감소, 사막화, 산성비, 해양 및 토양 오염, 각종 폐기물, 그리고 생태계에 대한 악영향 등 복잡화·다양화하고 있다.

2) 발전도상국의 환경문제

환경문제는 원래 선진공업국에서 등장했지만, 그 후 중국과 인도 등 신흥국과 발전도상국에서도 급속히 진전되어 문제에 따라서는 선진공업국의 경우보다 심각해지고 있다. 신흥국, 발전도상국 자체의 환경대책을 강력하게 추진해야 하는 것은 당연하지만, 동시에 선진공업국의 지원이 필요하다.

발전도상국의 환경문제는 급속한 인구증가와 급속하고 불균형적인 경제성장, 그리고 선진공업국의 무역정책 등과 관련해서 발생하는데, 한마디로 말하면 '빈곤'이 배경에 있다고 할 수 있다.

발전도상국은 인구가 많고 더구나 그 증가율이 빈곤 때문에 높다. 대부분은 농업 등 1차 산업에 종사하고 있는데, 토지개혁이 진전되지 않고 농업의 근대화 혜택이 충분히 미치지 못해 농민은 낮은 생활 수준의 농촌에 머무르거나 직업을 찾아서 과밀도시로 이동해야 하는 괴로운 선택을 할 수밖에 없는 경우가 많다. 많은 발전도상국에서 연료용 수목 벌채, 황폐화된 경지에 의한 토질 손상, 외화획득을 위한 삼림벌채 때문에 농촌의 자연이 파괴되고 있다. 한편 이주처인 도시에서는 인구과밀 때문

〈발전도상국의 환경문제〉

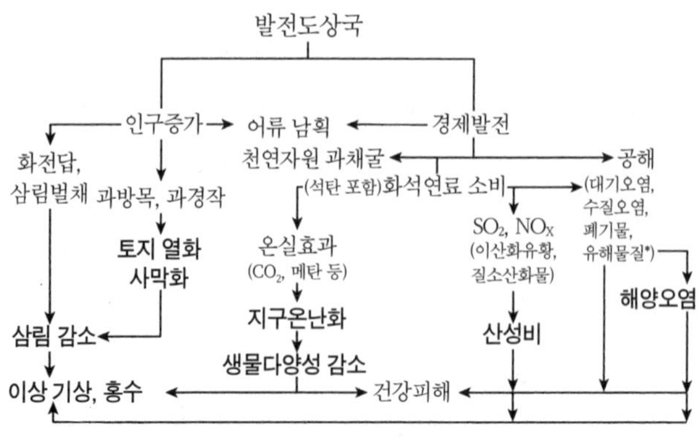

*외부로부터의 도입을 포함

에 대기오염, 수질오염 등이 극심해졌다. 더구나 이들 발전도상국에서는 보건정책과 도시계획이 지연되어 질병이 늘어나고 있다.

발전도상국에서는 선진공업국의 산업정책과 발전도상국에 진출한 외국기업의 책임도 무시할 수 없는 경우가 많다. 예를 들어 선진국의 목재 수요에 의한 목재 수출 요청, 현지 기업의 환경보전을 경시하는 생산제일주의, 선진공업국 문화의 일방적 주입, 선진국 방문자의 현지인 건강에 대한 무관심 등이다. '공생의 시대'에 반성해야 하는 문제이다.

〈소득 그룹별 폐기물의 발생과 GDP〉(2016년)

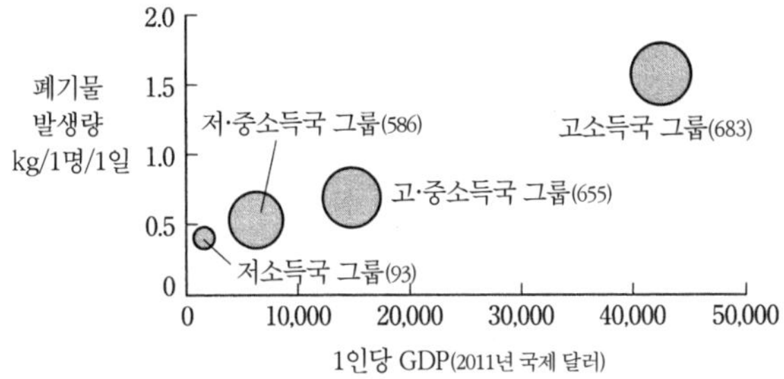

주: 세로축은 1인, 1일당 폐기물 발생량. 그래프 원의 크기는 해당 소득 그룹의 연간 폐기물총량(100만 톤)

출처: World Bank Group, *What-a-Waste 2.0.*, Sep. 2018

〈세계 추정 삼림면적〉

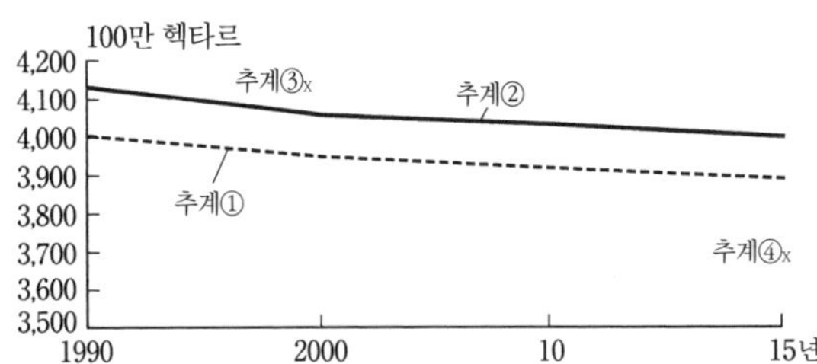

출처: *World Atlas Desertification 3rd ed.*, Printing Office of the European Union, 2018

3) 대기오염 · 지구온난화

일상생활과 산업활동을 위해 에너지 소비는 불가결한데, 대부분은 화석연료에 의존하고 있다. 하지만 에너지를 소비하는 과정에서 불필요한 물질을 환경에 배출하고 있다. 연료 사용이 인구증가, 소비수준 향상, 모터리제이션의 진행으로 증가하면 배출물이 직간접으로 인체에 영향을 미치고 또한 그것들이 축적되어 자연을 오염시키는 등 다양한 악영향을 인간 환경에 끼치고 있다.

대기오염은 공장의 보일러와 자동차를 주요 발생원으로 한다. 화석연료 연소로 일산화질소NO, 이산화질소NO_2 등 질소산화물NO_x과 입자상물질PM, 이산화유황SO_2이 배출되기 때문인데, 고농도가 되면 인체 호흡기 등에 악영향을 끼치고 산성비와 광화학 대기오염의 원인물질이 된다. 일본의 경우에는 발생원(자동차, 공장)에 대한 총배출량 규제 등 해외에 비해 엄격한 규제로 상대적으로 폐해가 억제되고 있으나 에너지 절대 소비량이 큰 만큼 오염물질의 축적에 대해서는 끊임없는 주의가 필요하다.

NO_x, SO_x(유황산화물) 등의 증가는 산성비를 내리게 하는데, 그것은 건축물의 노화를 초래하거나 삼림의 감소를 가져오고 또한 프로판가스의 사용량 증가와 더불어

〈지구온난화와 그 영향〉

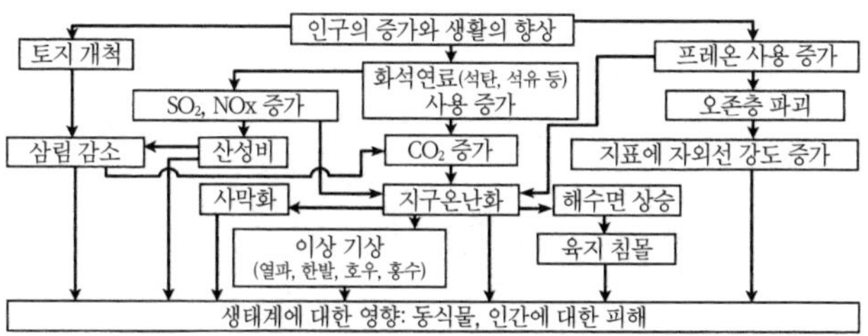

주: SOx(유황산화물), NOx(질소산화물), CO_2(이산화탄소)

자료: 다이와 총연大和総研, 「지구 환경 문제와 관련 기업地球環境問題と関連企業」, 『산업·기술전망産業·技術展望』, Vol. 16, 1992년을 수정

〈온실효과가스 총배출량에서 점하는 가스별 배출량〉

(CO_2 환산 기준, 2010년)

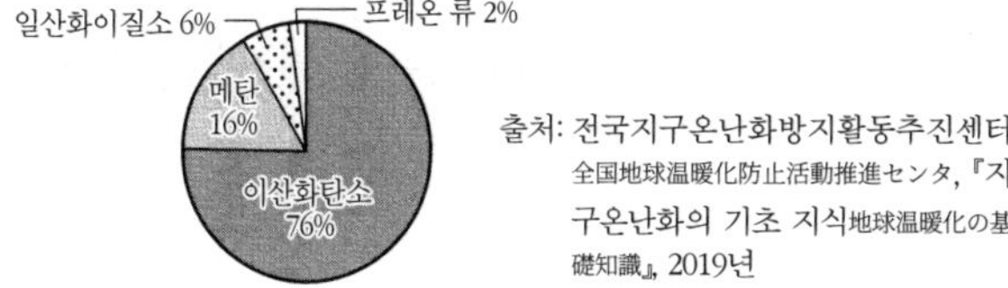

출처: 전국지구온난화방지활동추진센터全国地球温暖化防止活動推進センタ, 『지구온난화의 기초 지식地球温暖化の基礎知識』, 2019년

지구온난화(온실효과)를 발생시킨다. 하지만 온실효과가스의 최대 요인은 이산화탄소CO_2이다. 온실효과에 의해 해수면이 상승하고 사막화가 확대되며 생태계에 대한 악영향이 우려된다. 또한 최근 온난화의 영향으로 생각되는 이상 기상에 의한 자연재해가 세계적으로 늘어나는 경향에 있어 지구온난화 대책이 시급한 과제이다.

〈세계 평균 지상 기온(육지+해상)의 편차 추이〉

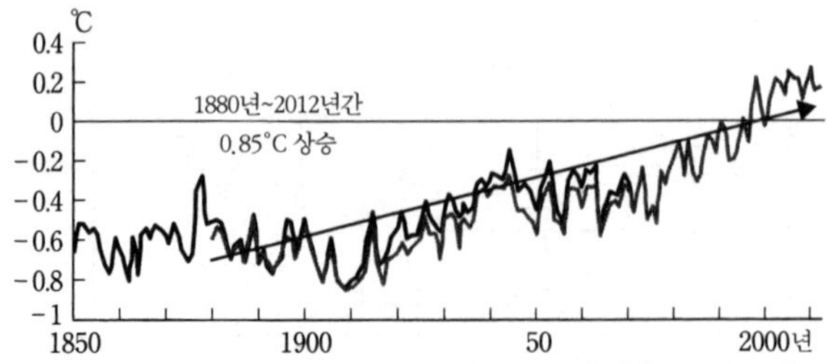

출처: COOL CHOICE, 『지구온난화의 현상地球温暖化の現状』, 환경성環境省, 2019년

〈세계의 자연재해 건수 추이〉

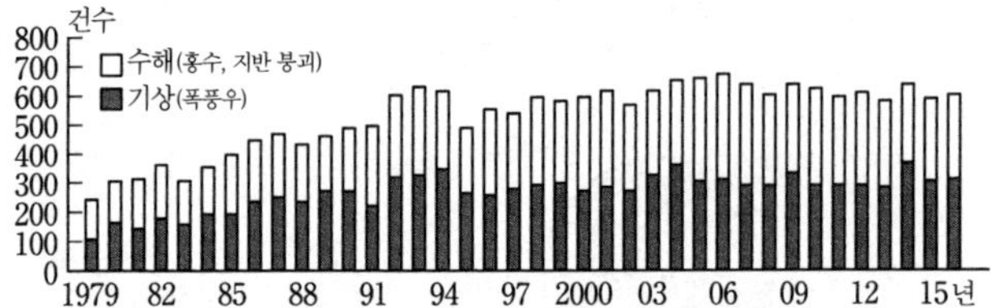

자료: United Nations Environment Live, *Science and data for people*, 2019

4) 수자원 문제

물은 대기와 함께 인간 생활과 자연보전에 불가결하다. 물은 지표에서 증발하여 대기의 흐름에 따라 이동하고 비와 눈이 되어 대지로 돌아오는 순환을 반복하고 있다. 인간은 그 순환에 적응하면서 다양한 형태로 물을 이용했다. 그 공급량은 물론 원래 수질이 변화하면 인체와 생활환경을 비롯해 광범위하게 생태계에 영향을 미친다. 그 때문에 하천과 호수는 자주 '신의 물' '성스러운 하천'으로 불렸다.

그 물이 인간의 생존 활동 양식 변화로 자주 오염되어 '아프고', 때로는 '죽음에 직면한' 상태가 되었다. 물론 지형의 변화와 우량의 변화에 따른 물 환경의 변화도 중요하지만, 그 경우에도 인간의 대응이 부적절하다는 '인재'적 측면도 있었다.

물의 이용은 경제발전단계, 자연조건 등에 따라 다르다. 용도별로는 농업용이 가장 많고 공업용이 그것의 30퍼센트 정도이고 가정용이 가장 적다. 물의 사용량 변화를 지역별로 보면, 아시아에서의 증가가 압도적이다.

하천의 수질을 보전하기 위해 현재 각국에서 규제를 강화하고 있다. 대상이 되는 오염물질은 다양한데, 일본

〈지구상의 물의 양〉

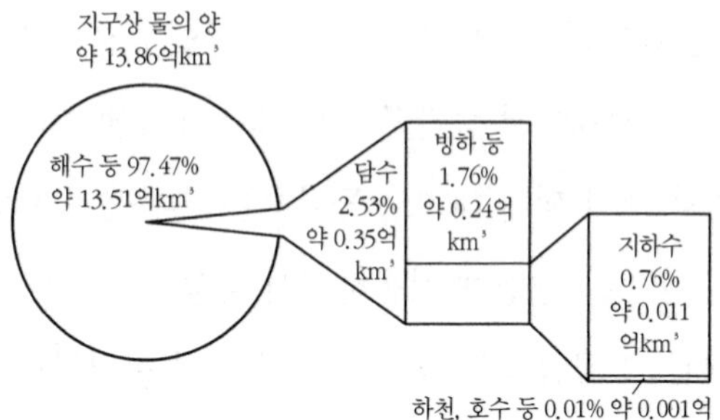

주: 남극대륙의 지하수는 포함되어있지 않다.
자료: UNIESCO, *World Water Resources at the Beginning of the 21st Century*, 2003에서 환경성 작성, 2019년

의 경우는 카드뮴·시안·유기인산·아연·크롬·비소·수은·알킬수은·PCB 등으로 하천·폐쇄성 수역(호수 늪지, 내만)·폐쇄성 해역에 따라 그 상황이 다르다. 각 지역마다 성격이 달라서 수질의 지역 비교는 곤란하다. 그러한 가운데 신흥국·발전도상국에서 농업과 폐수처리 부실에 의한 영양염(질소)의 유입으로 향후 표층수(바다와 호수의 표층수)의 수질이 악화되어 부영양화와 생물다양성에 대한 악영향이 우려되고 있다.

〈세계 물 사용량의 증가〉(억 톤)

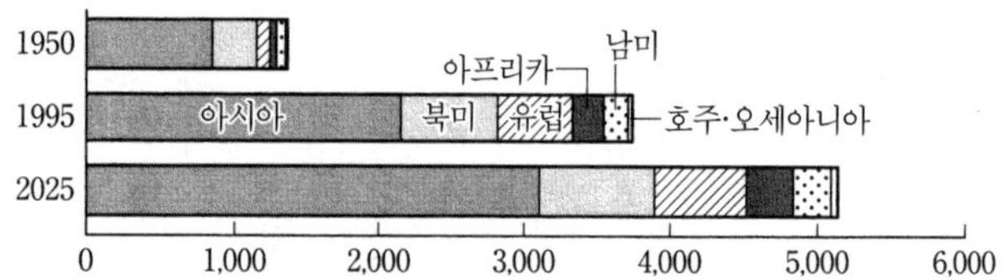

출처: 국토교통성国土交通省, 「세계의 수자원 문제에 대한 대응世界の水資源問題への対応」, 2019년

〈세계의 분야별 물 사용량〉(2007년경)

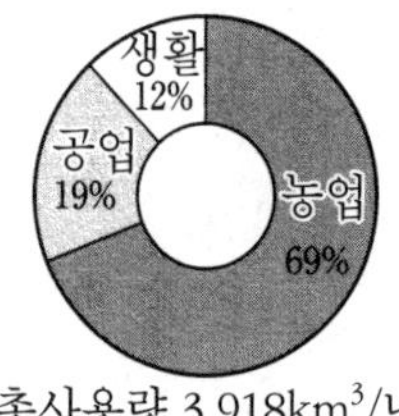

자료: 국토교통성, 『2018년판 일본 수자원 현황平成30年版 日本の水資源の現況』

〈폐수에서 배출되는 질소(영양염): 기본 시나리오〉

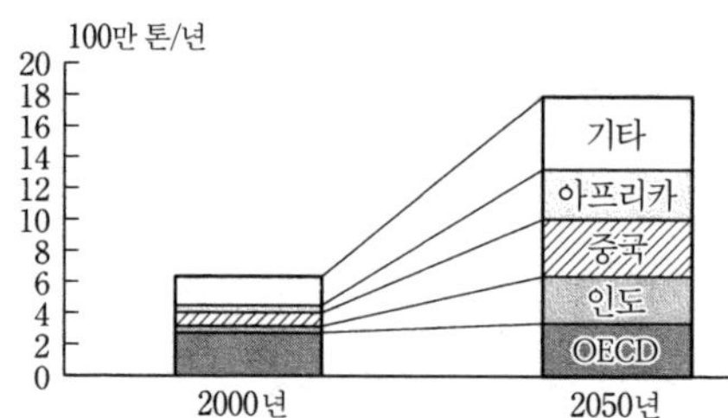

출처: OECD, *Environmental Outlook to 2050*, March 2012;
국토교통성, 『2019년판 일본 수자원 현황令和元年版 日本の水資源の現況』

5) 토양오염 · 사막화

'어머니와 같은 대지'라는 말이 있듯이 토지는 인간에게 기본적인 '생활의 장'이다. 토지=토양은 농산물, 임산물의 생산에 결정적인 영향력을 가지고 있고, 또한 인간을 비롯한 자연생태계와 관계를 지닌다. 그 토양에 최근 많은 지역에서 오염·열화 현상이 두드러지고 있다.

토양의 오염은 대기, 물 등을 매개로 해서 배기와 배수 중에 포함된 중금속과 어떤 종류의 화학물질 등의 유해물질이 장기간에 걸쳐 축적되면서 발생한다. 혹은 비교적 단기간에는 농약 사용으로도 생긴다. 그것은 농산물의 생육뿐만 아니라 그것을 통해 인체에도 악영향을 미친다. 나아가 산업용 관련으로는 제조시설 등의 부실 혹은 손상에 따라 오염이 진행되는 경우도 있고 유해 물질 사용 후 처리가 부적절해서 발생하는 경우도 있다. 또한 다수의 가정용 폐기물, 오수 등에 의해서도 토양오염이 발생한다.

나아가 토양오염과는 약간 성격이 다르기는 하지만 지구의 건조지에서 토양 열화와 상실이라는 사막화 문제가 있다. 사막화는 기후적 요인과 인위적 요인(과도한 방목·경작·개발·벌채)에 의해 발생하여 식량 생산의 제약 요인이 되

〈토지의 생산성 저하 경향〉

(채소 재배지 비율, 1999~2013년)

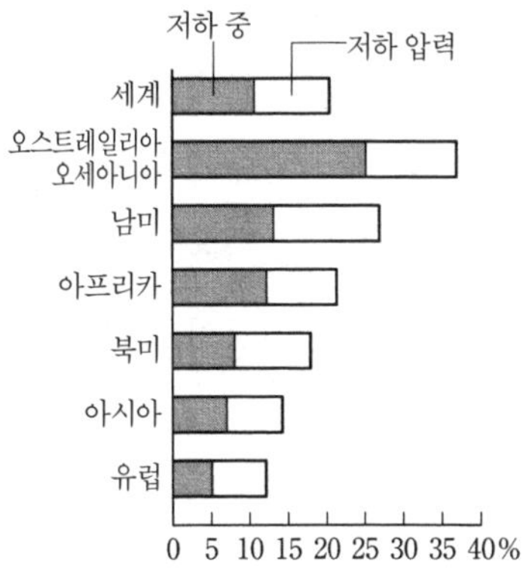

출처: *World Atlas of Desertification, 3rd ed.*, Printing Office of the European Union, 2018

〈주요 토양오염물질〉

화학물질: 에틸렌, 메탄, 에탄류 등
중금속: 납, 수은, 비소, 육가크롬, 셀렌, 카드뮴, 불소, 붕소
농약: 시마진, 튜람thiuram, 티오벤캅Benthiocarb
플라스틱: 마이크로플라스틱, PCB, 다이옥신류

〈토양 열화의 원인〉

인위적 요인: 과잉 경작·개발·방목·벌채에 의한 식생의 감소, 염류집적(부적절한 관개 등에 의한 염해), 산성화, 화학물질에 의한 열화
토지의 침식: 수식, 풍식, 이상기후에 의한 풍수해, 한발

〈사막화: 건조지역의 세계적 분포〉

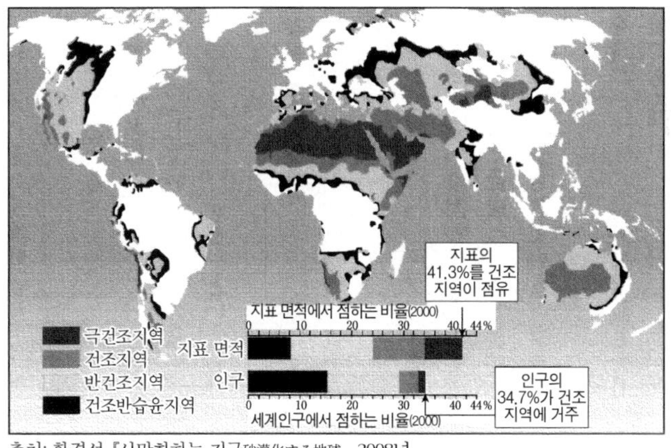

출처: 환경성, 『사막화하는 지구砂漠化する地球』, 2008년

고 있다. 세계의 건조지대는 지표의 약 40퍼센트를 점하고 있는데, 그곳에 발전도상국을 중심으로 세계인구의 3분의 1 이상이 살고 있다. 최근의 사막화 영향을 강하게 받는 지역은 면적으로 볼 때 중국을 비롯한 중앙아시아, 사하라 이남 아프리카, 북미의 순이다. 토지는 현재 세계 각지에서 '앓고 있다'. 국제협력으로 더 이상의 악화 방지가 필요하다.

6) 쓰레기 · 폐기물과 해양오염

인간의 소비활동, 생산활동에는 어떤 형태로든 폐기물이 발생하는 것을 피할 수는 없다. 물론 배출량을 적게 할 수는 있고 또한 다른 형태로 재활용·재이용할 수도 있다. 그러나 배출되는 것을 어떻게 처분하는가는 항상 문제가 된다.

가정에서 생기는 일반폐기물(쓰레기)은 소득·소비수준의 상승과 소비의 다양화로 절대량이 급증할 뿐만 아니라 내용적으로도 대형화·복잡화(때로는 위험성이 높은 것)하고 있다. 쓰레기의 양을 정확하게 국제비교할 수는 없으나, 일본은 외국과 비교해 1인당 쓰레기 배출량이 특별히 많지는 않고 최근에는 약간 감소하고 있다.

발전도상국의 경우 예전의 여러 선진국과 마찬가지로 가정 쓰레기와 함께 산업폐기물이 지속해서 늘어나고 있다. 전 세계 폐기물 발생량은 앞으로도 계속 늘어날 것으로 예상된다. 현재 폐기물 내역을 보면 가장 많은 것이 음식물·식물이고 종이·골판지가 그 뒤를 잇고 있다.

최근에는 플라스틱 쓰레기 급증이 문제이다. 플라스틱과 함께 그것이 시간이 지나 작아진 (혹은 처음부터 그러한 형태의) 마이크로플라스틱이 해양오염의 원인 중 하나로 주

〈세계의 폐기물 발생량 장래 예측〉

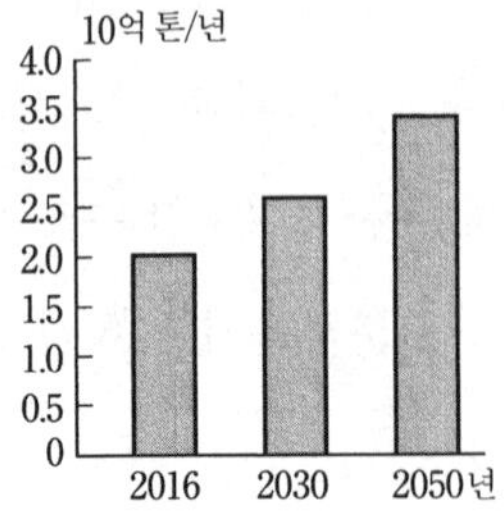

〈세계의 폐기물 구성〉

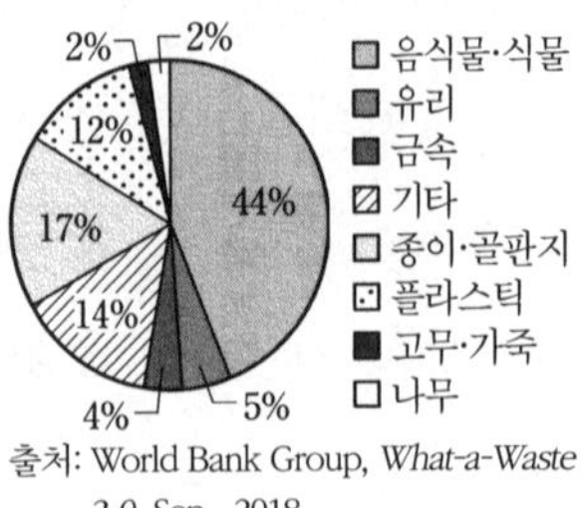

출처: World Bank Group, *What-a-Waste 2.0*, Sep., 2018

목받게 되었다. 물고기 등이 그것을 먹게 되어 해양 생태계에 위협이 되고, 그러한 물고기를 섭취함으로써 인간의 건강에도 직간접적으로 악영향이 우려된다. 플라스틱의 생산·소비의 억제가 시급하다.

또한 각국에서 산업폐기물의 국내 처리를 꺼려 위험물을 포함한 폐기물을 외국으로 반출한다거나 바다에 버리는 경우도 늘었다. 국제적인 대응이 필요하다.

〈플라스틱 생산과 그 후의 운명〉(1950~2015년)

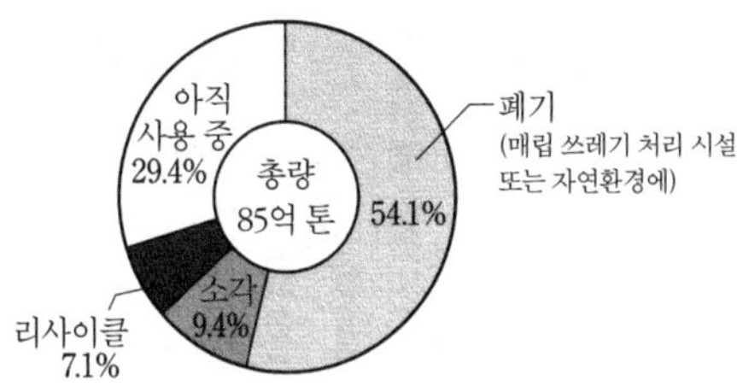

출처: J. Boucher et al., *Review of Plastic Footprint Methodologies*, IUCN Publication, 2019

〈세계 해양에 유출되는 플라스틱 쓰레기〉

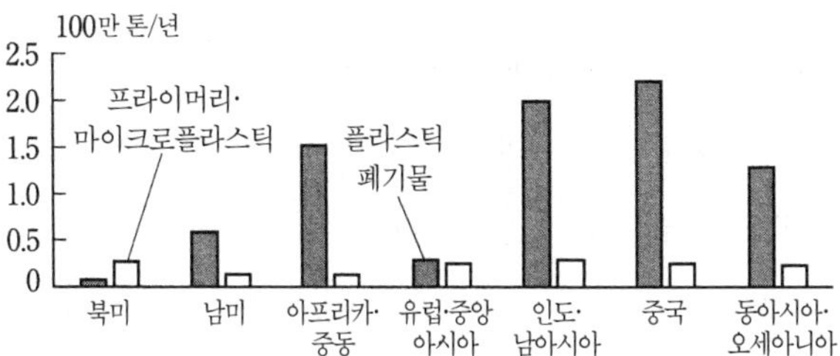

주: 프라이머리 마이크로플라스틱은 이미 5mm 이하로 된 플라스틱을 말함

출처: Julien Boucher and Damien Friot, *Primary Microplastics in the Oceans*, IUCN, 2017

7) 도시 문제와 환경

경제적 효율성, 문화적 시설의 존재, 생활의 편리성 때문에 인구와 산업 특히 서비스산업은 도시, 그중에서도 대도시에 집중하는 경향이 있다.

특히 시장경제에서 도시의 흡인력은 강력한 대신, 일반적으로 공공기관이 관여하는 사회자본의 정비가 도시에서는 지체되기 때문에 도시 환경문제가 심각해진다. 그 결과 도시·대도시에서는 ①급속한 모터리제이션과 도로 정비의 격차 때문에 차량정체가 일상화되고, 도로·철도 등 건설작업이 항상 뒤처지기 때문에 문제해결의 전망이 보이지 않는다. ②동일한 지체는 전력·수도·가스의 공급에도 나타난다. ③토지가격과 토지 자체의 제약 때문에 주택의 정비가 지체되어 사람들의 불만이 쌓인다. 그것은 또한 종종 슬럼가를 불가피하게 한다. ④이들 지역에서는 녹지가 훼손되는 한편 토지이용계획이 확립되어있지 않은 곳에는 새로운 공원용지의 취득이 곤란해진다. ⑤이리하여 도시는 살기 편한 측면을 가진 동시에 살기 어려운 면도 있게 된다. 특히 범죄가 증가하고 마약거래 등도 늘어난다. 더구나 발전도상국의 경우 거대도시가 증가하는 경향에 있는데, 그곳에서는 다양한 공해

〈세계의 도시와 농촌의 인구 추이〉 〈도시 인구 비율 추이〉

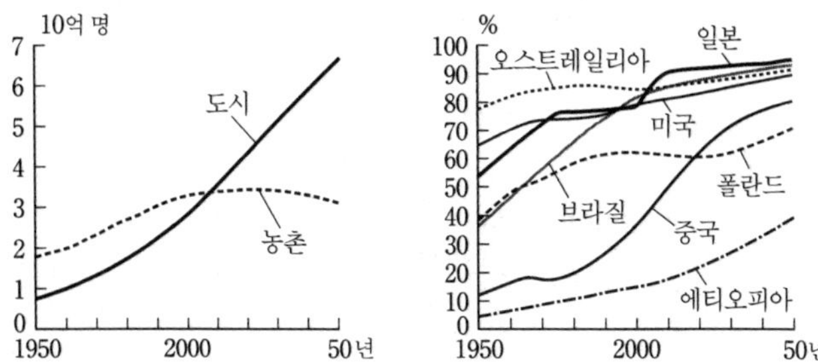

주: UN은 도시에 관한 정의를 따로 내리지 않고 가맹국의 정의를 그대로 채용하고 있다. 각국의 정의는 상이하고, 한 나라에서도 시기적으로 변화하는 경우가 있다(*Encyclopedia Britannica*, Sep. 2019)

〈도시 정주의 규모별 도시권의 수와 인구의 추이〉

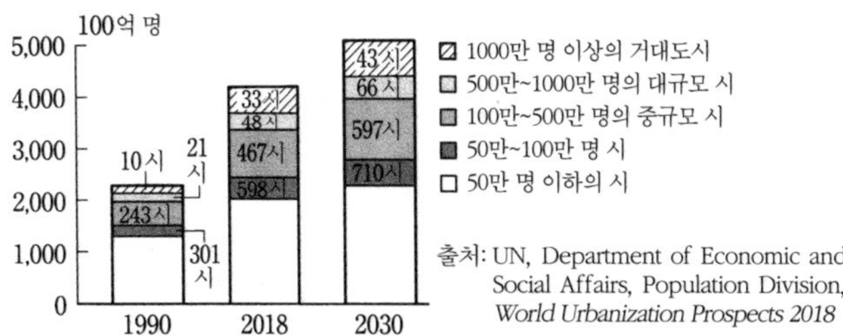

출처: UN, Department of Economic and Social Affairs, Population Division, *World Urbanization Prospects 2018*

특히 대기오염에 의한 건강상 피해가 심각해진다.

앞으로도 시장원리에만 맡겨서는 도시집중이 계속될 것이다. 환경문제를 해결하기 위해서는 한편에서 장기적 전망에 입각한 도시의 개조계획을 작성하여 대응해나가면서 동시에 해당 도시, 중앙정부 차원 혹은 국제기관

〈세계 10대 도시권의 인구 추이와 추계〉(2018년)

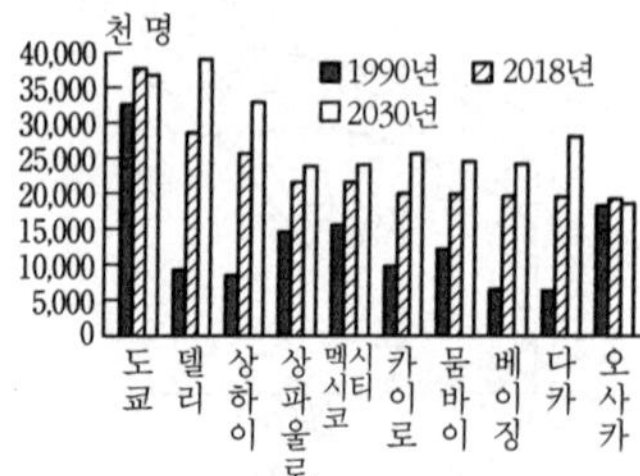

출처: UN, Department of Economic and Social Affairs, Population Division, *World Urbanization Prospects 2018 Highlight*, 2019

〈인구 1400만 명 이상 거대도시의 PM10(미립자)〉
(2010~2015년 중 가장 최근 연도)

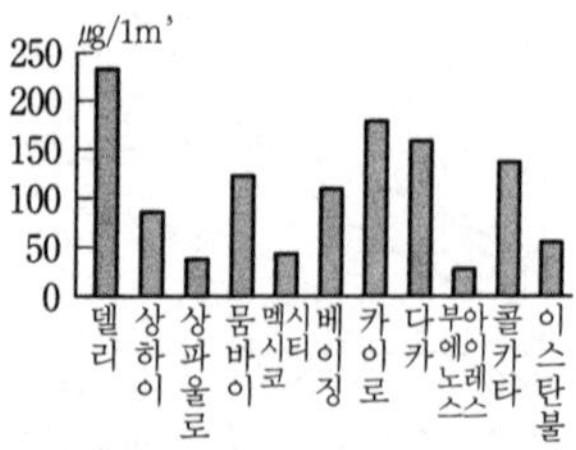

출처: WHO, Summary results of the database; WHO, Urban Ambient Air Pollution Database(update 2016)

의 협력을 얻어 사업소 등의 지방분산·지방분권화 계획을 더욱 강력하게 추진할 필요가 있다.

8) 자연환경과 생태계

우리가 알고 있는 한 생물은 지구에밖에 생존하지 않는다. 그리고 이 아름답고 소중한 지구에는 식물, 동물, 그리고 인간이 균형을 유지하면서 서식해왔다. 자연환경의 균형이 무너지면 자연과 식물, 동물의 균형도 무너진다. 균형을 파괴하는 힘은 자연재해(홍수, 태풍, 한발, 이상기온, 지진, 천연재해 등)에 의해서도 발생하지만, 종종 팽창과 수축 등의 인간 경제활동에 의해서도 야기된다.

화석연료의 다소비, 유해 물질의 이용과 무분별한 처리, 핵물질의 개발과 부주의한 이용 등 그 원인은 다양하다. 또 개인 혹은 개별 기업이 환경에 대해 사려 깊은 행동을 취해도 그것이 종합되면 양적 변화가 질적 변화를 일으켜 자연환경을 훼손시키는 경우가 있다. 그 결과 생태계를 변화시키고 때로는 왜곡시켜 특정 생물의 손상 혹은 죽음, 나아가 그 종의 절멸을 가져오기도 한다.

하지만 무엇이 자연과 생물 간의 적절한 균형이고 무엇이 인간과 다른 동물과의 적당한 균형인가를 결정하는 일은 쉽지 않다. 물론 인간이 그 욕망을 위해 무분별하게 녹지를 훼손하거나 지형을 변경하는 것은 바람직하지 않고, 또한 특정의 동식물을 남획·남벌하는 것은 생태계의

〈기후구분별 1인당 삼림면적 추이〉

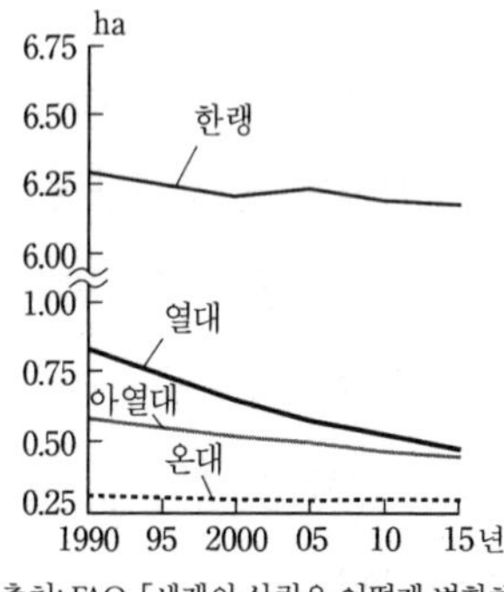

출처: FAO,「세계의 삼림은 어떻게 변화해 왔을까?世界の森林はどのように変化してきたか?」,『세계삼림자원평가 2015년 보고世界森林資源評価2015年報告』

〈평가대상 종의 증가에 따른 절멸위기 종의 증가 추이〉

(2000~2019년)

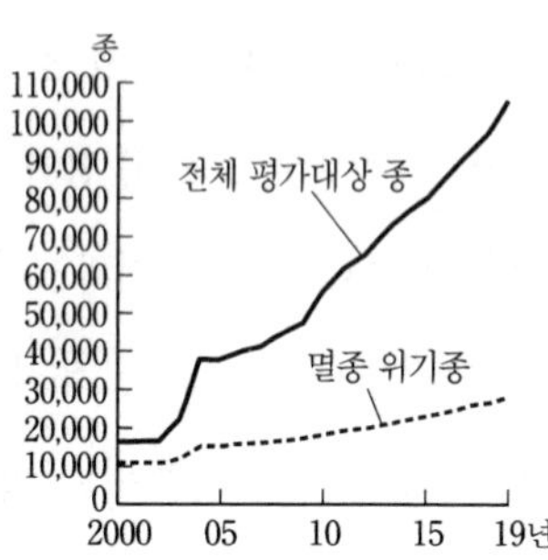

보전에 악영향을 끼칠 것이다. 그렇지만 역으로 무조건 동식물의 생존을 방치하거나 혹은 특정 동식물을 과보호해도 생태계를 파괴할 수 있다. 따라서 객관적이고 국제간에 합의가 가능한 자연환경 대책이 필요하다.

이 문제와 관련하여 생명공학을 비롯한 관련 과학의 존재 의의에 대해 새삼 논의가 필요할 것이다.

〈척추동물의 상황〉

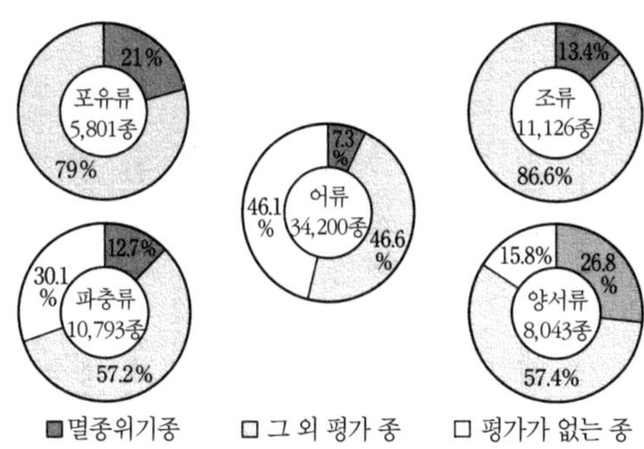

〈추계 종의 총수에 대해 2019년까지 평가된 종의 수〉

	(1)종의 추계총수	(2)평가된 종	(3)=(2)/(1)%	(4) (2) 중 멸종위기종
척추동물	69,963	49,688	71.0	8,730
무척추동물	1,300,575	22,311	1.6	5,138
식물	310,503	33,573	10.8	14,360
균류·원생생물	52,280	160	0.3	110
합계	1,733,321	105,732	6.1	28,338

주: 원생생물은 진핵생물 중 균류, 식물계, 동물계의 어디에도 속하지 않는 생물의 총칭
자료: IUCN, *Red List 2019-2*, July 2019

9) SDGs와 ESG

세계 전체적으로 무언가 행동이 필요할 때 우선 UN을 떠올린다. 하지만 UN은 196개의 가맹국이 각각 한 표의 의결권을 지닌 국제기관으로 전체적으로 행동하려고 하면 이해 조정이 쉽지 않다.

그런데 때때로 세계적 과제에 대해 UN이 주도적인 역할을 맡는 경우가 있다. 그중 하나가 2016년부터 시작된 '지속 가능한 개발목표SDGs'의 추구이다. 이것은 선진국에 의한 발전도상국의 지원이라기보다 선진국들을 포함한 모든 가맹국이 추구해야 할 목표이다. 2030년까지 지향하는 17개의 대목표와 좀 더 구체적인 169개의 소목표가 있다. 더구나 이번 UN 주도에는 지금까지와는 다른 측면이 있다.

그것은 각국 정부가 UN이 정한 목표를 추구하는 것은 물론 민간의 관여가 광범하게 나타난다는 점이다. 특히 기업에는 ESG(환경, 사회, 기업지배구조)라는 측면을 기관투자자가 중시하는 PRI(책임투자원칙)가 확산되고 있다. 종래에도 환경 등에 배려한 기업에 대해서 적극적으로 투자해야 한다는 '사회적 책임투자SRI'라는 윤리적 면을 중시한 기관투자가의 투자기법이 있었다. 하지만 PRI는 윤

〈PRI, ESG, SDGs의 흐름〉

PRI: (기관)투자가가 장기적 관점에서 고려하는 원칙(Principles for Responsible Investment, 책임투자의 원칙)

원칙 1: 투자분석과 의사결정에 ESG의 과제를 포함한다.

원칙 2: 행동하는 소유자가 되어 소유방침과 소유관습에 ESG 문제를 포함한다.

원칙 3: 투자대상 주체에게 ESG 과제에 대한 적절한 정보 개시를 요구한다.

(그 외 원칙 4, 5, 6)

ESG: 기업이 사회에 대해 지는 책임

E: 환경을 배려(이산화탄소의 배출량, 환경오염, 재생가능 에너지 사용 등)

G
Governance

S: 사회에 공헌(지역 활동에 대한 공헌, 노동환경 개선, 여성 활약 추진 등)

G: 수익을 올리면서도 부정행위를 방지하는 경영

〈SDGs(지속 가능한 개발 목표) 2015~2030년〉

자료: UN 홍보센터; 다이와증권 홈페이지, PRI·HP

〈PRI에 서명한 자산소유자와 운용자산 잔액 추이〉(2006~2019년)

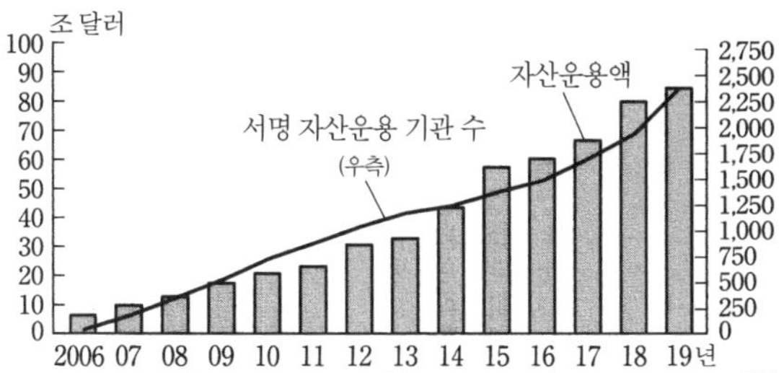

출처: UN PRI, *An Introduction to Responsible Investment for Asset Owners*, 일부 수정

리적 측면보다도 장기적으로 ESG 측면을 중시한 기업이 좀 더 높은 성과를 올린다는 점을 강조한다. 기업 측으로서도 이러한 투자가의 변화에 대응하려고 노력하고 있다. 그러한 투자가, 기업의 움직임은 SDGs를 추동하는 방향으로 작용한다.

이러한 변화는 역으로 보면 그만큼 환경문제가 심각해지고 있다는 것의 방증일 것이다.

10) 국제협력(파리협정과 전망)

소중한 지구 환경을 유지하기 위해서는 개인·기업·정부가 각각 노력해야 하지만 국제간 협력도 절대적으로 필요하다. 왜냐하면 '환경'은 이제까지 대부분 국경을 넘어서는 문제이기 때문이다.

국제적으로는 1972년의 '국제연합 인간환경회의' 이후 환경보전을 위한 국제협력이 본격적으로 논의되어 1992년의 '환경과 개발에 관한 국제연합회의'(지구 정상회의)에서 분수령을 맞이했다. 그 후 다양한 환경 관련 국제조약이 체결되었는데, 그중 하나가 1994년의 '기후변동에 관한 국제연합 구조조약'이다. 이 조약에 서명한 국가는 매년 '조약체결국회의COP'를 개최하고 있다.

1997년의 COP3에서는 온실가스 감축에 관한 주요 선진국들의 약속인 '교토의정서'가 실현되었다. 2015년의 COP21에서는 발전도상국을 포함한 175개국이 '파리협정'에 서명했다(그 후 참가국은 더욱 증가). 이 협정은 2020년 이후에 각국이 자주적으로 실행하려는 온실가스 배출량 감축 목표를 상호 선언한 것이다. 하지만 그것만으로는 장기목표인, 산업혁명 이전부터의 세계 평균기온의 상승을 2도보다 충분히 낮출 수 없다는 판단에서 모든 국가는 5년마다 감축 목표를 수정하기로 했다.

그 후 중국에 이어 세계 두 번째 온실가스 배출국인 미국이 협정에서 탈퇴한다고 표명했는데, 2021년 새로운 바이든 정부가 그것을 철회했다. 국제사회로서는 SDGs의 실현과 함께 파리협정의 강화가 어떻게든 실현해야만 하는 가장 중요한 과제이다. 이 순간에도 지구 환경은 훼손되고 있기 때문이다.

9. 경제위기

"금융위기에 선행하는 붐 시기에
빈번하게 반복되어 가장 혹독한 대가를 치르는
투자 조언은 '이번만은 다르다'라는 인식에서
발생한다."

-Camen M. Reinhart & Kenneth S. Rogoff, *This Time Is Different: Eight Centuries of Financial Folly*, Princeton University Press, 2009

1) 되풀이되는 경제위기

경제위기 즉 경제활동의 급격하고도 대폭적인 저하는 여러 원인에 의해 일어난다. 지진, 태풍 등 자연재해에 의해서도 발생하고 내전과 타국과의 분쟁 및 전쟁에 의해서도 생긴다. 원래 경제활동 수준은 항상 어느 정도 상승과 하락을 반복하는 것이어서, 단기, 중기, 장기의 경기순환이 있다고 한다. 하지만 여기서는 시장경제에 내재하는 요인에 의해 발생한다고 생각되는 위기 중 2차 세계대전 이후의 것에 중점을 두어 언급한다. 경제위기는 금융의 혼란을 원인으로 하는 경우가 많은데, 그것을 직접적인 원인으로 하지 않을 때도 그것을 동반할 때가 많다. 금융위기는 특히 문제가 되는 경제 주체의 일시적인 유동성(단기적 자금) 부족 문제인지 혹은 인솔벤시(채무초과) 문제인지를 구별하기가 쉽지 않다.

금융위기에서는 전쟁 전을 포함해도 다음 249쪽 그래프에서 보듯이 국가에 의한 채무불이행(역사적 교훈의 하나는 국가가 개인이나 기업에 비해 많은 빚을 지게 되므로 왕왕 문제가 커진다), 은행 위기, 통화위기(환율 급락), 높은 인플레이션(예를 들어 연율 20퍼센트 이상) 등이 되풀이되어 발생했다. 위기는 그 발현방식이 동일하지 않고 때에 따라 다르게 나타

〈다양한 경제위기〉(1900~2008년, 66개국)

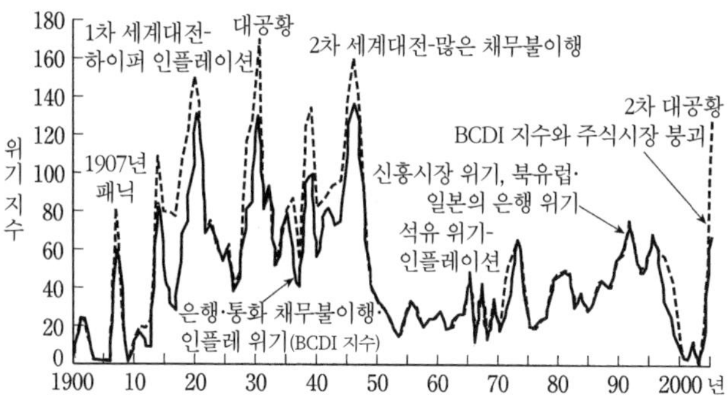

주: 각각의 해에 은행 위기, 통화위기, 국가 채무불이행, 높은 인플레이션을 경험한 국가의 수를 계산한 것을, 각각의 국가가 세계에서 점하는 소득 비율로 가중치를 두어 합계한 것(BCDI지수)으로 점선은 주식의 폭락을 추가한 것

출처: C. M. Reinhart & Kenneth S. Rogoff, *This Time Is Different*, 2009

난다. 그 결과 많은 경우 "과거에서 배웠기 때문에 이번에는 위기를 피할 수 있다"라고 하면서도 위기에 빠지게 된다.

2020년에 시작된 신종 코로나바이러스 감염증 사태로 인한 글로벌 경기침체에도 각국 모두 가장 최선의 정책 대응을 실시했다. 하지만 그러한 대응도 지금까지 그랬던 것처럼 새로운 위기를 불러올 수도 있다.

〈세계 실질경제성장률 변동〉

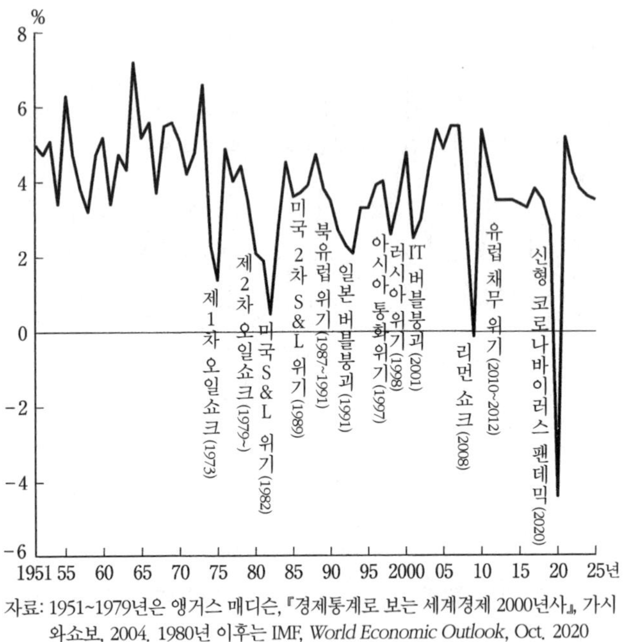

자료: 1951~1979년은 앵거스 매디슨, 『경제통계로 보는 세계경제 2000년사』, 가시와쇼보, 2004. 1980년 이후는 IMF, *World Economic Outlook*, Oct. 2020

2) 1930년대의 대공황

대공황 혹은 세계공황은 1929년 10월 미국 주가 폭락으로 시작되어 대부분의 주요국에 영향을 미쳤는데, 경제적 혼란은 1933년 혹은 1940년대 초까지 계속되었다. 1차 세계대전(1914~1918년) 후 미국은 산업경쟁력의 향상과 수출 증가로 '영원한 번영'을 구가하고 있었다. 하지만 유럽 여러 나라의 경제부흥과 함께 생산과 설비의 과잉이 표면화되었다. 당시의 국제금융시스템은 금본위제로 주요 각국은 1920년대 말부터 1930년대 초까지 금본위제로 복귀했다. 그런데 미국은 유입된 금을 불태화不胎化했다(금 보유에 연동하여 화폐를 증가시키지 않았다). 그 때문에 다른 나라들은 금 유출을 억제하기 위해 금리를 인상하게 되어 불황에 빠지게 되고, 금 준비가 고갈된 독일·오스트리아에서는 대규모 은행이 도산하는 등의 금융위기가 발생했다. 일본에서도 금 유출을 계기로 쇼와 공황이 일어났다. 그 후 각국은 금본위제도에서 이탈하게 되고 식민지를 가지고 있던 영국·미국·프랑스는 고관세에 의한 경제 블록화로 자국 산업을 보호하려 했다. 그것이 일본, 독일의 팽창주의를 조장하는 요인이 되었다.

이러한 전개의 배경에, 영국과 프랑스 중심의 세계에서

〈NY 다우의 추이〉(1925~1943년)

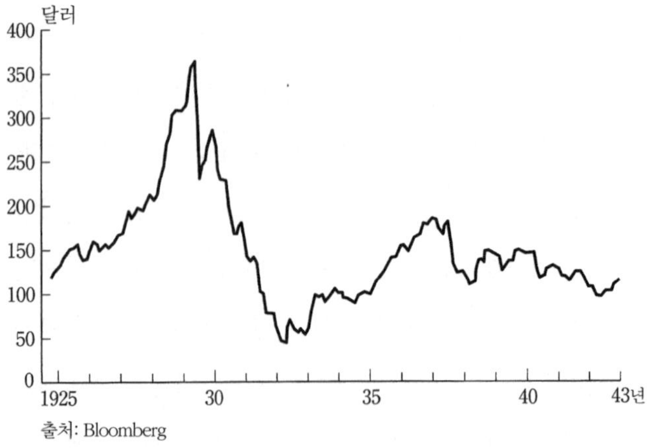

출처: Bloomberg

미국으로 패권국이 이행하는 과정에서 미국은 그 준비가 되어있지 않았다는 것을 중시하는 견해가 있다. 또한 당시 공황은 축적된 시장의 왜곡을 조정하기 위한 필요불가결한 현상으로 받아들이는 의견이 많았고, 정부가 재정정책을 실시하여 유효수요를 창출한다는 발상은 유력하지 않았다는 점을 강조하는 견해도 있다. 그밖에 미국 등의 과도한 금융긴축에서 그 이유를 찾는 견해도 있다.

〈주요국 경제성장률의 추이〉(1920~1942년)

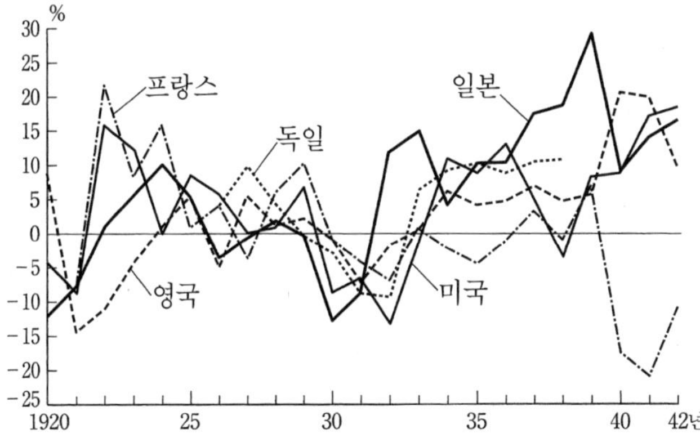

주: 미국의 1920~1929년은 국민총소득, 영국은 명목 GDP, 독일은 실질 GDP, 프랑스는 실질 NDP(국내순생산, GDP에서 고정자산 감모를 뺀 것), 일본은 생산국민소득(오오카와大川 추계)

출처: BEA, 『미국 역사 통계』; P. 플로러 외편P. フローラ他編, 『국가·경제·사회—유럽역사 통계国家·経済·社会ーヨーロッパ歴史統計』; 일본은행, 『메이지 이후 우리나라 주요경제 통계明治以降本邦主要経済統計』

3) 브레턴우즈 체제의 붕괴

1944년 7월 연합국은 미국 뉴햄프셔주 브레턴우즈에서 전후 세계경제의 기본구조에 대해 논의하여 국제통화기금IMF과 국제부흥개발은행(통칭, 세계은행)의 창설에 합의했다. 통화 절하에 의한 (수출증가·수입감소로 다른 나라의 희생 위에 자국의 번영을 꾀하는) 근린 궁핍화와 경제의 블록화가 세계무역의 축소를 가져왔다는 반성에서 외환시장의 안정에 기초한 자유무역을 유지하는 것이 필요하다는 인식을 공유했다.

그러한 브레턴우즈 체제의 기본은 가맹국이 (금 1온스당 35달러로) 금과의 교환이 보증된 미국 달러에 대한 자국 통화의 고정교환 비율(IMF 평가)을 가지고(그 때문에 금달러본위제로 불린다), 필요에 따라 외환평형조작(즉 외환시장에 개입)을 실시하여 그 상하 1퍼센트 이내에서 환율을 유지할 것이 의무화되었다. 다만 국제수지의 흑자·적자가 장기간 계속되어 기초적 불균형에 빠지면 평가 절상·절하가 인정되었다. 하지만 일시적인 국제수지의 적자에 대해서는 평가를 절하하지 않고 무역수지를 개선하기 위한 조정(내수 억제)에 필요한 시간을 얻기 위해 IMF로부터 융자가 이루어졌다.

〈주요국 통화의 대 달러 환율 추이〉

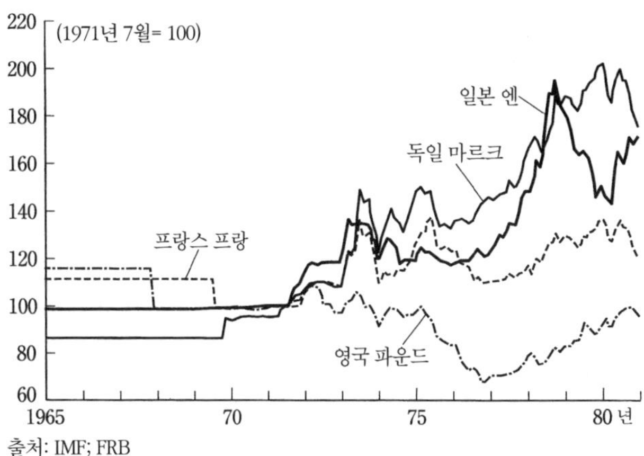

출처: IMF; FRB

〈주요국의 무역수지 추이〉

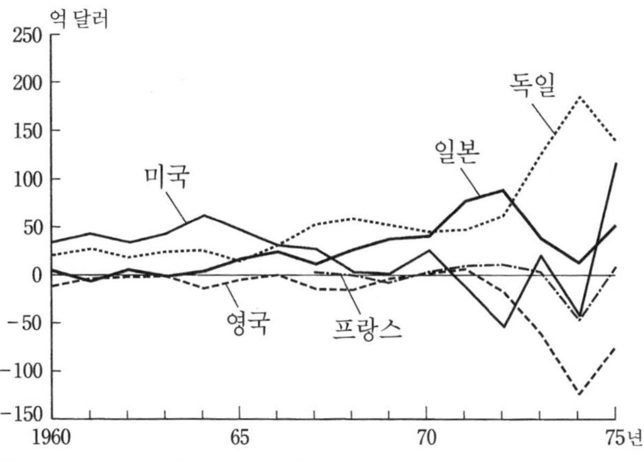

출처: IMF, *International Financial Statistics*

국제 거래에 필요한 미국 달러는 미국 국제수지의 적자로 공급되는데, 이는 달러 가치의 유지에 관한 신뢰에 의문을 초래할 가능성이 있었다. 실제로 미국의 무역수지가 나빠지기 시작하고 미국에 대한 금 교환 청구가 늘어나 미국의 금 보유 잔액이 줄어들어 갔다. 1971년 8월 닉슨 대통령이 금과 달러의 교환정지를 선언해(닉슨 쇼크) 브레턴우즈 체제는 붕괴되고 1973년부터 주요국 통화는 변동환율제로 이행했다.

4) 중남미 여러 나라의 누적채무 문제와 그 후의 통화위기

중남미 여러 나라의 누적 대외채무 문제는 1982년의 멕시코 정부에 의한 모라토리움(지불 유예) 요청으로 시작되었다. 1987년에는 브라질, 1988년에는 아르헨티나로 확대되어 발전도상국 중에서 한국을 제외한 4대 대외채무국의 채무변제가 곤란해져 국제금융시장이 혼란에 빠졌다. 원인으로는 1970년대에 발생한 대량의 오일머니가 유럽과 미국이 은행을 경유하여, 야심적인 개발계획을 추진 중이던 신흥공업국NICs으로 불리던 국가들로 대량으로 대출되었다는 점이 있다.

한편 석유 위기에 의한 인플레에 직면한 여러 선진국은 긴축정책(미국 금리가 급등)을 실시하여 불황에 빠지고 1차 산품 시황도 하락했다. 중남미 국가들에서는 수출이 부진해지고 외화 표기 채무에 대한 금리 지불액이 급증한 데다 자본유출도 발생하여 채무변제가 곤란해졌다.

애초 IMF 주도로 채무국에 의한 통화가치 절하와 급격한 긴축정책이 실시되었는데, 결국 평가절하는 공적 채무 지불을 위한 세출 증가를 초래하고 보조금 삭감으로 공공요금이 급등하였으며 금융완화정책으로 각국에서 하이퍼 인플레이션이 나타났다. 1990년 전후부터 각국

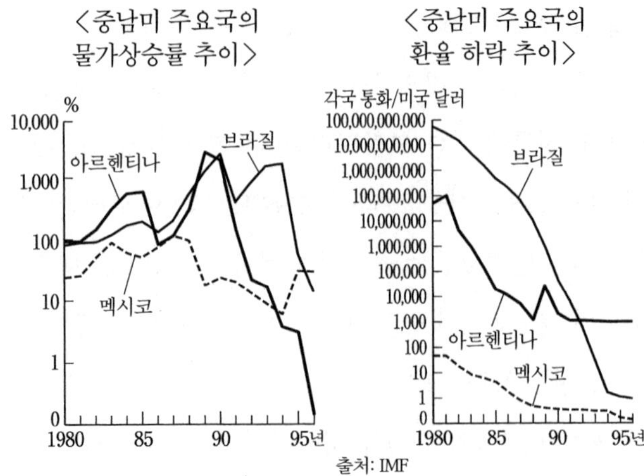

출처: IMF

에서 외환시장을 미국 달러에 고정함으로써 인플레이션을 어느 정도 진정시키는 데 성공했지만, 재정 재건은 이루어지지 않고 해외자금에 대한 의존으로부터 탈각도 진전되지 않았다. 그 후 통화위기에 직면하여 각국에서 변동환율제로 이행했다. 2010년대 들어 다시금 각국 통화 특히 아르헨티나 페소가 하락하고 있다.

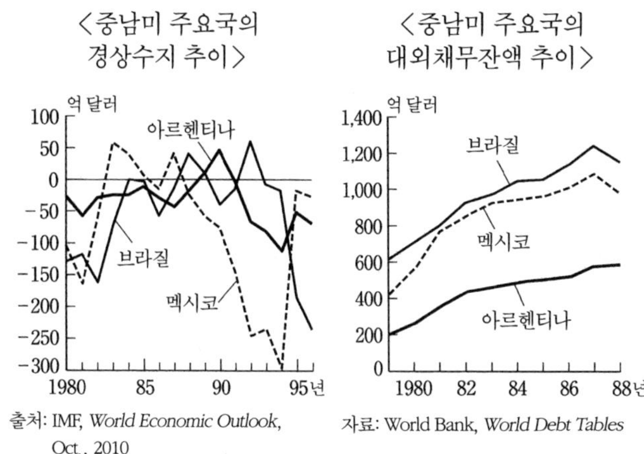

〈중남미 주요국의 경상수지 추이〉

출처: IMF, *World Economic Outlook*, Oct., 2010

〈중남미 주요국의 대외채무잔액 추이〉

자료: World Bank, *World Debt Tables*

〈중남미 주요국 환율의 추이〉

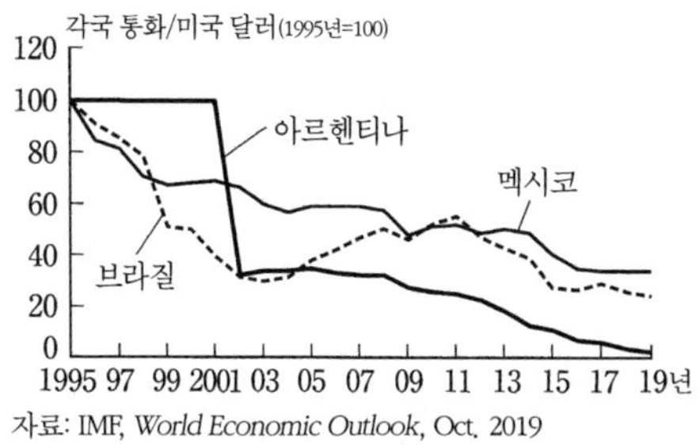

자료: IMF, *World Economic Outlook*, Oct. 2019

5) 일본의 버블 경제와 붕괴 후의 조정

일본 경제는 1985년 9월의 플라자 합의 후 엔고에 의해 불황 상태가 되었다. 자산 가격 버블의 발단은 엔고 그 자체에 의해서라기보다 불황에 대처하기 위한 금융이 대폭 완화되고 그 상태가 장기간 지속되었다는 데 이유가 있다. 금융완화의 장기화는 무역·경상수지의 흑자 삭감을 위한 내수 확대가 국제정책 협조의 최우선 과제였기 때문이기도 하다. 그동안 재정 재건 노선이 견지된 것도 금융정책이 완화될 수밖에 없는 요인이기도 했다. 나아가 소비자물가가 전반적으로 안정되어있다는 점도 긴축정책이 지연되는 결과를 초래했다고 생각된다.

금융기관은 금융 자유화에 의한 수익률의 저하, 대기업의 은행 이탈, 리스크 관리 지연 등 때문에 자금 수요가 있던 부동산 관련 분야에 대한 융자를 적극적으로 실시했다. 차입하는 기업도 지가, 주가의 상승으로 과잉 자신감에 빠져 과도하게 차입했다. 주가는 1985년 8월부터 1989년 12월까지 약 4년여 동안 세 배로, 지가는 1985년 9월부터 1990년 9월까지의 5년간 네 배가 되었다. 그러한 자산 가격 버블은 금리 인상과 부동산 대출 규제 도입 등을 계기로 붕괴하고 일본 경제는 세 개의 과잉(대기

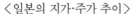

〈일본의 지가·주가 추이〉

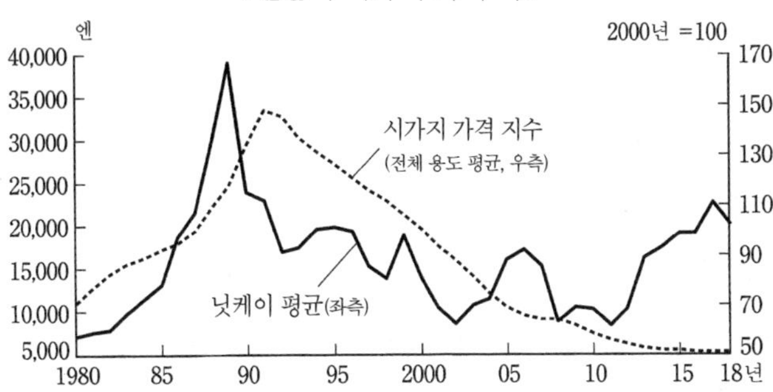

〈일본의 실질경제성장률과 소비자물가변화율 추이〉

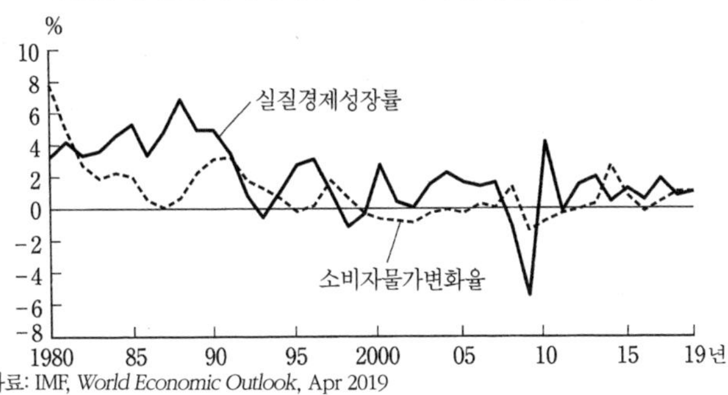

자료: IMF, *World Economic Outlook*, Apr 2019

〈일본의 기업 채무·가계 채무(대 GDP비)추이〉

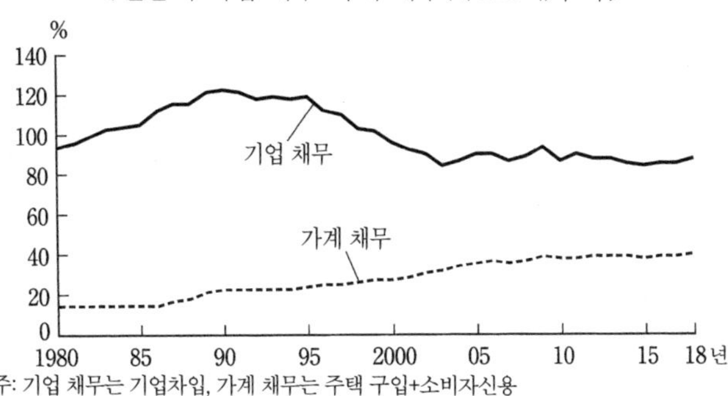

주: 기업 채무는 기업차입, 가계 채무는 주택 구입+소비자신용
자료: 일본은행日本銀行, 『자금순환계정資金循環勘定』

업 채무, 설비, 고용)에 직면하게 되었다. 과잉해소 과정에서는 경기침체가 지속되고 많은 은행융자가 불량채권화했다. 1992년도부터 2004년도까지 금융기관이 손실로 처리한 불량채권은 약 100조 엔에 달했다. 그 후 수출 환경의 호전에 힘입어 경기는 1996년경부터 회복되기 시작했는데, 아시아 통화위기, 글로벌 금융위기의 심각화 등도 있어 1990년대 후반 이후 일본 경제는 장기간 디플레적인 상황에 빠졌다. 그 요인으로서는 버블붕괴 후유증뿐만 아니라 저출산·고령화와 고임금 문제(낮은 임금인상률) 등이 지적되고 있다.

6) 아시아 통화위기

1997년 7월에 태국에서 시작된 외환시장에서의 통화 가치 급락은 순식간에 동아시아 각국으로 전염contagion 되어 지역 전역의 경제위기로 확대되었다. 특히 태국·인도네시아·한국이 엄청난 타격을 받았고, 말레이시아·필리핀·홍콩도 비교적 큰 영향을 받았다. 중국·대만·싱가포르에 대한 영향은 비교적 경미했다. 아시아 각국은 당시까지 사실상 달러 페그제(미국 달러에 대한 고정환율제)를 채용하고 있었는데, 1995년 이후의 고달러 국면을 맞아 고환율에 의한 경제 부진이 심각해졌다. 또한 1990년대 들어 중국이 세계경제에 본격적으로 진입하여 중국으로의 직접투자도 활발해져서 다른 동아시아 여러 나라의 국제적인 경쟁 조건이 더욱 악화되었다.

당시까지 중국·대만·싱가포르를 제외한 아시아 각국의 경상수지는 전반적으로 적자여서 단기자본을 다수 포함한 외국자본을 들여오고 있었다. 그렇게 대량으로 유입된 자본의 영향도 있어 국내경제가 과열 기미를 띠게 되고 자산 가격도 급등했다. 애초 각국은 외환시장에서의 통화하락 압력에 대해 외환시장개입(달러 매각·자국 통화 매입)으로 대응했지만, 외화준비가 고갈되면서 더이상

〈아시아 여러 나라의 대 달러 환율 추이〉

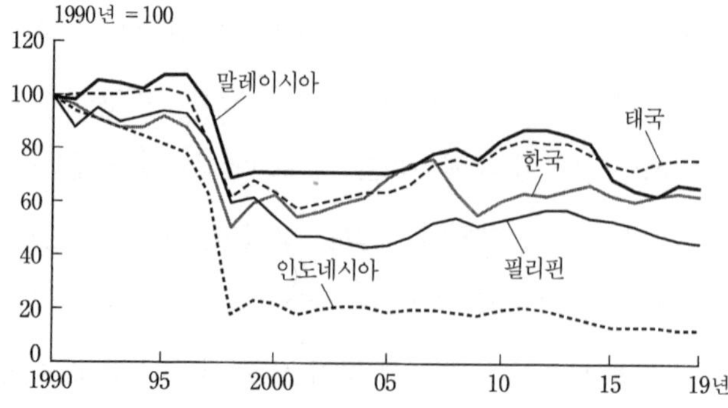

버틸 수 없게 되었기 때문에 통화가치가 대폭 하락했다. 많은 나라는 IMF에서 긴급융자를 받게 되고, 융자조건 conditionality으로 요구된 긴축 정책을 실시했기 때문에 대폭적인 경기후퇴를 경험하게 되었다. 위기 후 아시아 각국은 거의 예외 없이 경상수지를 흑자 상태로 유지할 수 있게 되었다. 그것이 그 후 여러 중남미 국가 등과 달리 미국발 글로벌 금융위기에 직면해서도 큰 충격을 받지 않는 요인이 되었다.

〈아시아 여러 나라의 실질경제성장률 추이〉

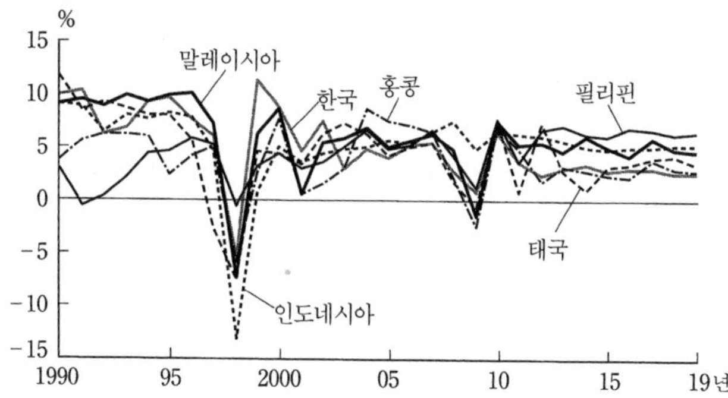

〈아시아 여러 나라 경상수지의 대 GDP 비율 추이〉

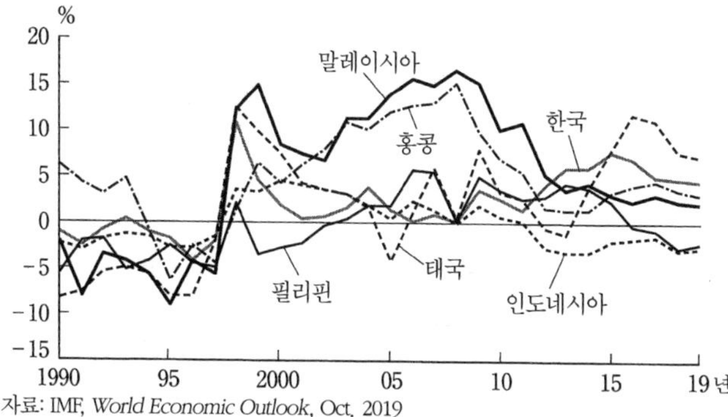

자료: IMF, *World Economic Outlook*, Oct. 2019

7) 미국발 글로벌 금융위기

2000년 전후부터 미국에서 주택 버블이 발생했다. 금융완화 상태가 장기간 지속되면서 자금 공급자의 초과 대출, 자금 수요자의 초과 차입이 있었기 때문이다. 2000년 봄을 정점으로 한 IT 버블(IT 관련 주식을 중심으로 한 미국 주가 버블)의 붕괴에 직면하여 경기를 유지시키기 위해 미국 연방준비위원회는 금리를 대폭 인하하고 그 상태를 장기간 유지했다. 물가가 안정된 상태에서 비교적 높은 경제성장이 지속되었는데, 그러한 상황은 초안정 great moderation으로도 불리면서 금융기관과 가계의 리스크 감각을 둔화시키고 비교적 낮은 금리 상황과 맞물려 신용팽창을 초래했다.

낮은 신용 수준을 포함한 많은 주택 론이 묶여 채권의 형태로(증권화되어) 세계적으로 금융기관을 중심으로 판매되었기 때문에 일부 주택 론의 변제가 연체되기 시작하자 손실이 세계의 금융기관으로 확산되었다. 또한 증권화 과정이 금융기술의 발전과 함께 매우 복잡하게 되어 투자가는 구입한 증권화 상품이 어떠한 것인지를 이해할 수 없게 되었다. 그 결과 그러한 증권화 상품의 가격이 급락하자 금융기관끼리 서로 재무의 건전성을 의심하게

〈주택 론, 주택 론 담보증권RMBS, 채무 담보증권CDO 개요〉

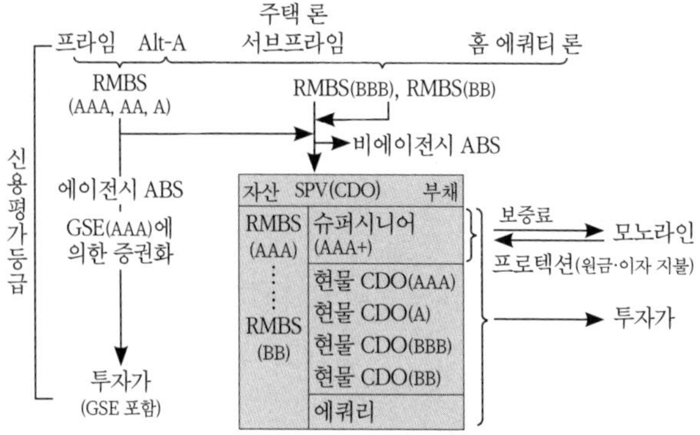

주: 서브프라임(론): 프라임(우량고객)보다 하위 론, Alt-A: 프라임과 서브프라임 사이 계층의 론, 홈 에쿼티 론: 부동산담보 론, GSE: 정부계 주택금융기관, SPV: 특별목적회사, ABS: 자산담보증권, 모노라인(보험회사): 금융보증보험회사

〈미국의 기업 채무, 가계 채무 추이(대 GDP비)〉

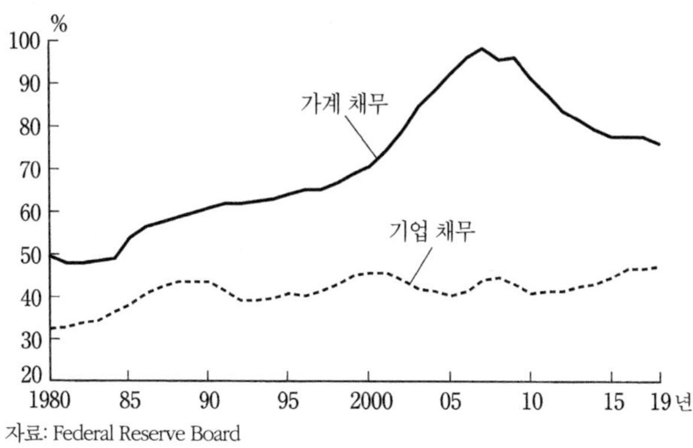

자료: Federal Reserve Board

됨으로써, 자금 융통도 원활하지 않게 되어 금융위기가 발생했다. 증권화 상품은 구미의 은행, 증권회사, 보험회사 등이 주로 보유하고 있었기 때문에 구미의 금융시스템 안정이 위협을 받았다. 실제로 구미의 많은 금융기관이 공적자금에 의해 구제되거나 파탄을 피할 수 없게 되었다. 특히 미국의 대형증권회사인 리먼브라더스의 파탄은 위기를 심각화시켜 세계적인 경기후퇴를 초래하게 되었다.

8) 남유럽 여러 나라의 재정위기(유로 위기)

2010년 전후부터 그리스를 비롯한 남유럽 국가인 포르투갈, 스페인, 이탈리아 등과 아일랜드의 재정위기가 발생했다. 그에 앞선 미국발 글로벌 금융위기의 영향으로 유럽에서도 은행 위기가 발생했는데, 그 은행 위기가 직간접으로 각국의 재정 상황을 악화시켰다. 은행구제는 예전부터 공적자금을 사용하여 처리했고 은행이 기능부전에 빠질 경우, 경제의 정체가 장기화하기 때문에 재정 출동으로 경기를 유지하려 했다. 66개국에 대해 과거 200년간의 데이터를 이용한 한 연구에 의하면 은행 위기 후 3년간에 실질 정부 채무는 평균적으로 86퍼센트 증가했다. 경기가 침체되면 당연하게 세입도 감소한다. 결과적으로 재정이 나빠지는 것이다.

특히 문제가 되는 것은 경상수지가 적자로 정부 채무가 해외의 투자가에 의해 다수 보유되는 경우이다. 재정재건의 전망이 확실하지 않으면 채무불이행의 위험이 있으므로 높은 금리를 지불할 수밖에 없게 되어 재건 그 자체가 더욱 어렵게 된다. 문제가 된 나라들은 재정규율을 도외시하고 유로의 일원이 되어 저금리의 이익을 누렸는데, 그것은 재정 상황을 재정규율이 철저한 다른 유로 구

〈유럽 여러 나라의 일반정부수지(대 GDP비) 추이〉

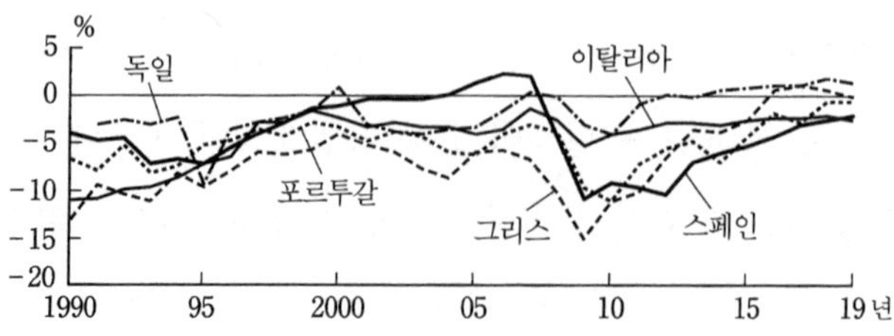

〈아일랜드의 일반정부수지(대 GDP 비) 추이〉

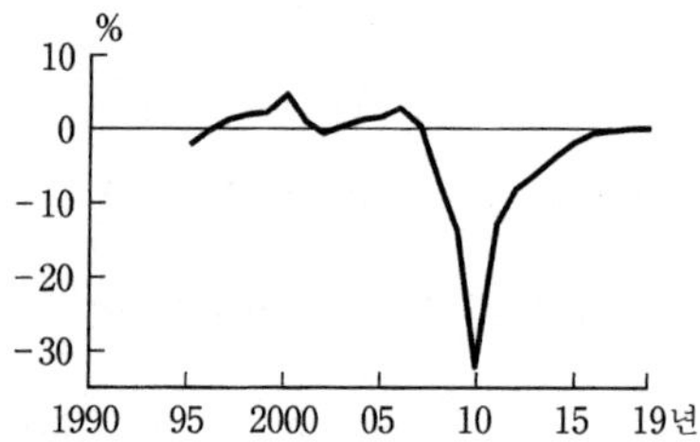

성국 수준으로 유지하는 것이 전제였다. 문제가 된 나라들의 재정 재건이 어려워지면 유로가 현상의 모습으로 존속하기 어렵게 된다.

그 후 남유럽 여러 국가도 엄격한 재정 정책을 실시하여 저축 부족 상황도 서서히 개선되었다. 그 결과 경상수지도 개선되는 경향을 보이게 되고 외자에 대한 의존도 저하했다. 하지만 이탈리아, 그리스 등에서 다시금 재정이 악화할 조짐도 있어 역사가 되풀이되려 하고 있다.

〈유럽 여러 나라의 경상수지(대 GDP 비) 추이〉

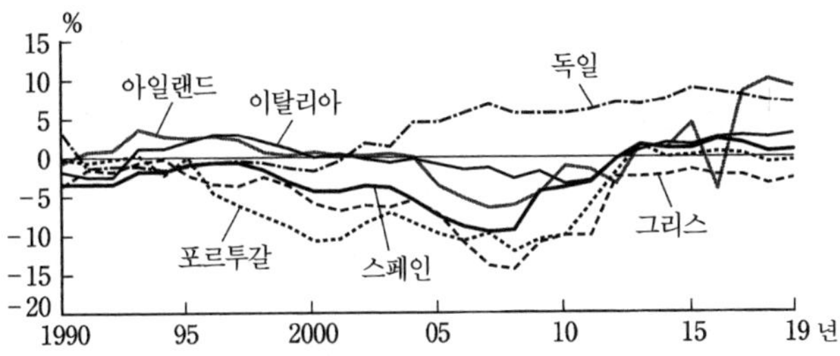

〈유럽 여러 나라의 장기금리 추이〉

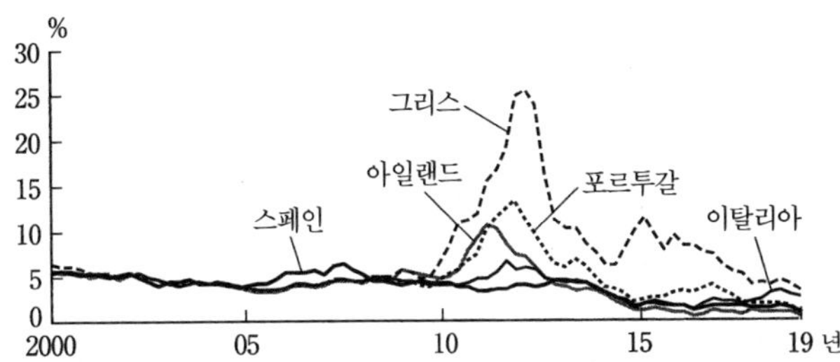

자료: IMF, *World Economic Outlook*, Oct. 2019; ECB

9) 중국의 채무팽창과 코로나 쇼크

리먼 쇼크 후 미국의 서브프라임 주택 론을 베이스로 한 증권화 상품을 다수 보유하여 손실을 입은 구미 금융기관은 큰 타격을 받아 대차대조표 조정이 필요해졌다. 그 결과 많은 구미 여러 나라의 가계·기업 채무는 2009년 이후 10년이 지나도 거의 증가하지 않았다. 역으로 그러한 문제의 경험이 비교적 적었던 일부 선진국 등에서는 가계와 기업의 채무가 2009년 이후도 꽤 빠른 속도로 증가했다. 다만 그러한 경우도 중국의 채무팽창에 비하면 비교적 한정적이라고 할 수 있다.

리먼 쇼크에 대해 중국 정부는 4조 위안(약 60조 엔)의 초대형 경기대책을 실시하여 세계경제의 버팀목이 되었다. 그 결과 국내에서 대규모 채무팽창이 발생하여 주택가격의 대폭적 상승과 과대투자 등을 불러왔다. 중국 정부도 2017년경부터 특히 비금융법인 채무(80퍼센트 정도는 국영기업)를 압축했다. 다만 기업 채무 증가는 은행차입뿐만 아니라 국내 채권발행에 의해서도 이루어졌는데, 그 채권은 많은 사람이 광범하게 보유하고 있었다. 그 시장에서 신용이 손상되면 금융위기를 초래할 가능성이 있다.

2020년 코로나로 인한 재앙으로 국제적 공급망이 기능

〈주요국에서 민간 비금융 부문의 채무잔액 변화〉(2009~2018년)

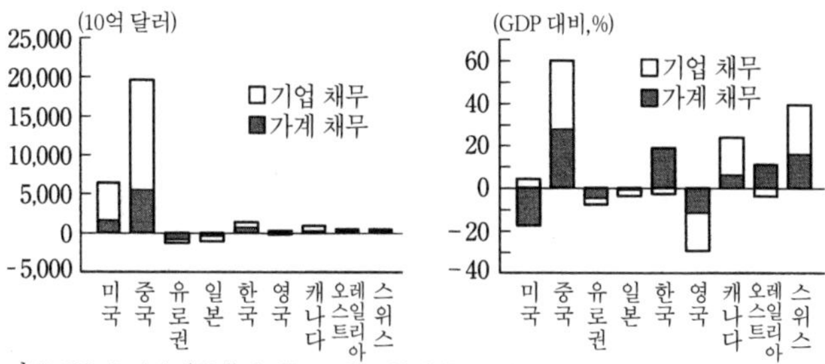

자료: BIS, *Statistical Bulletin*, December 2015, June 2019

〈중국의 국내 채권증권 발행잔액 추이〉

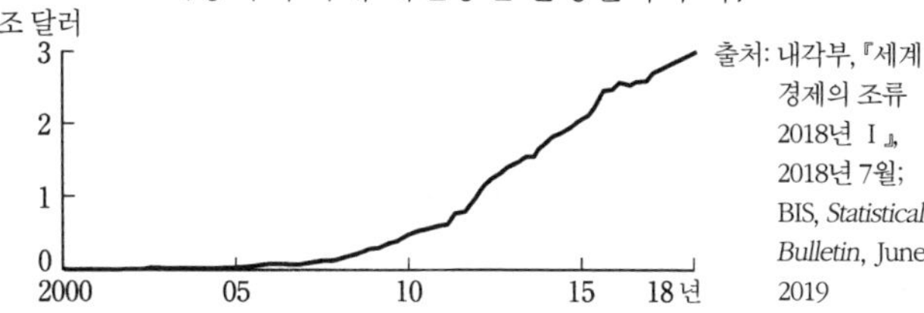

출처: 내각부,『세계 경제의 조류 2018년 Ⅰ』, 2018년 7월; BIS, *Statistical Bulletin*, June 2019

〈아시아를 중심으로 한 주요국의 대내 직접투자 추이〉

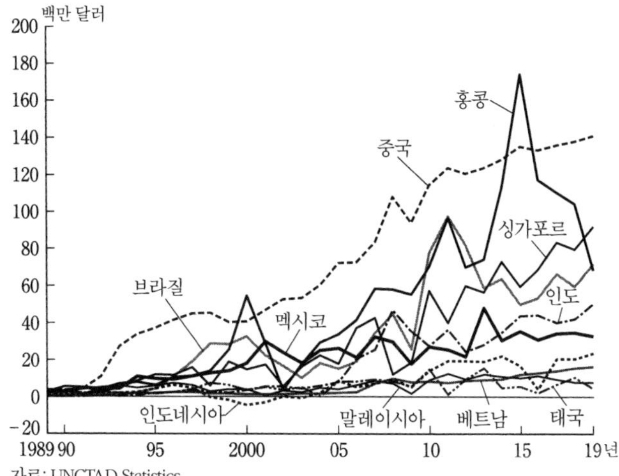

자료: UNCTAD Statistics.

정지에 빠졌다. 이로써 얼마나 많은 나라의 경제가 중국에 강하게 의존하게 됐는지 깨닫게 되었다. 이는 생산의 국내 회귀와 함께 중국에 집중되어온 투자를 분산화할 움직임을 강화했다. 1990년부터 2019년까지 중국이 받아들인 직접투자액(2.3조 달러)은 미국(5.4조달러) 다음으로 크고 영국(2조 달러)을 능가한다. 앞으로는 중국 이외의 동아시아 여러 나라들이 투자처로서 위상을 높일 것이다.

10) 지나친 정부 대응과 그 귀결

경제위기가 다음의 위기를 초래하는 현상이 계속되고 있다. 최근만 보더라도 2000년 초 미국을 중심으로 한 IT 버블의 붕괴에 대해 미 연준은 과감한 완화정책과 그 후의 완만하고도 예상 가능한 형태로의 긴축정책을 시행했는데, 그것이 미국 주택 론 버블을 발생시킨 원인이 되었다. 그러한 연준의 정책 대응은 그에 앞선 일본은행의 버블붕괴 후 대응에 대한 비판에서 나온 측면이 있다. "버블이 붕괴해도 과감한 정책 대응을 신속하게 실시하면 그 후의 경제 정체는 피할 수 있다"라는 생각이다. 나아가 미국의 주택 론 버블붕괴는 남유럽 여러 나라의 금융위기를 초래한 측면이 있고, 중국의 가계·기업의 채무팽창을 가져온 원인으로도 되었다. 공통된 점은 하나의 위기가 다음의 위기를 초래한다는 점이고 그 원흉은 지나친 정책 대응인 것처럼 생각된다.

2020년 들어 세계는 신형 코로나바이러스의 만연에 직면했다. 세계는 전후 최대의 경기 후퇴에 빠지게 될 것 같다. 각국 모두 대규모 재정 지원에 나서고 있다. 상당한 부작용(국채 금리 등의 상승)이 없는 한 누구도 반대하기 어려운 상황이다. 일본과 미국, 유럽 금융 당국은 '양적

금융 완화'(국채 등의 매입)를 한층 강하게 하여 금리 상승을 억제했다. 이는 중앙은행의 '재정적자 화폐화'에 가깝다. 그 결과 각국에서 일단 내린 자산 가격도 상승했다. 향후 사태가 진정되고나면 어떤 일이 벌어질 것인가? 금리가 약간이라도 상승하기 시작했을 때, 채무를 대폭 늘린 국가, 기업, 개인의 일부가 어려운 사태에 직면할 것이다. 지나친 정책은 그 계기가 무엇이든 간에, 위기를 가져오거나 위기를 증폭시킬 것이다.

10. 세계경제의 구조변화

"우리들은 G20을

우리들의 국제경제협력에 관한

제1의 포럼으로 지정했다."

-G20 피츠버그 정상회담 성명, 2009년 9월 24~25일

1) 시장경제의 여러 형태

같은 시장경제라고 하더라도 역사, 전통, 문화 등에 의해 다양한 형태가 있다. 과도한 단순화에 의한 오해를 무릅쓰고 말하자면, 앵글로 아메리카형, 대륙 유럽(혹은 라인)형, 일본형을 생각할 수 있는데, 많은 아시아 국가에서도 일본형 시장경제의 특징이 나타난다.

한편 중국은 사회주의 시장경제를 지향하고 있는데, 토지·대기업은 국유인데 반해, 중소기업은 민간기업이고 금융기관도 대규모는 국유 혹은 공유이다. 앵글로 아메리카형의 특징은 시장의 기능을 중시하여 공급자의 자유로운 경쟁과 수요자의 선택 자유 및 자기책임을 강조한다. 바람직한 정부란 시장에 개입하지 않고 공정하고 효율적인 것과 동의어이다. 그러한 한편에서 자원봉사자 활동 등이 활발하다.

그에 비해 대륙 유럽형, 일본형에서는 시장과 사회의 관계가 중시되어 거래를 장기적인 관계에서 파악하는 경향이 있다. 대륙 유럽에서는 노동자·지역사회가 일본에서는 노동자·고객이 중시된다. 그것을 반영하여 영미에서 기업은 주주의 것이고 주주 이익이 최우선인 데 비해, 대륙 유럽 및 일본에서는 기업이 모든 이해관계자(스테이

〈주요국·지역의 GDP 성장률〉

단위: %

	실질 GDP, 연평균성장률		1인당 실질 GDP, 연평균성장률	
	1950~1973	1973~1998	1950~1973	1973~1998
미국	3.93	2.99	2.45	1.99
서유럽 17개국 평균	4.81	2.11	4.08	1.78
동유럽 7개국 평균	4.86	0.73	3.79	0.37
구소련	4.84	-1.15	3.36	-1.75
일본	9.29	2.97	8.05	2.34
중국	5.02	6.84	2.86	5.39
인도	3.54	5.07	1.40	2.91
이상의 3개국을 제외한 아시아 53개국 평균	6.05	4.67	3.56	2.40
중남미 44개국 평균	5.33	3.02	3.53	0.99
아프리카 57개국 평균	4.45	2.74	2.07	0.01

출처: 앵거스 매디슨アンガス·マディソン,『경제통계로 보는 세계경제 2000년사経済統計で見る世界経済2000年史』, 가시와쇼보柏書房, 2004년

〈자기자본이익률ROE의 국제비교〉

국가/지역	ROE(%)
일본(TOPIX 500)	
제조업	8.36
비제조업	9.10
합계	8.55
미국(S&P 500)	
제조업	18.15
비제조업	13.96
합계	15.68
유럽(BE 500)	
제조업	13.41
비제조업	12.86
합계	13.18

주: BE500이란 블룸버그 유러피안 500. 표의 데이터는 2016년도의 중앙값

자료: 경제산업성,「이토 리포트 2.0 지속적 성장을 위한 장기투자(ESG·무형자산투자) 연구회 보고伊藤レポート2.0 持続的成長に向けた長期投資(ESG·無形資産投資)研究会報告」, 2017년 10월 26일

〈미국·일본·독일·중국의 연평균 실질 GDP 성장률 추이〉

단위: %

	1950년대	1960년대	1970년대	1980년대	1990년대	2000년대	2010년대
미국	3.5	4.5	3.2	3.1	3.2	1.9	2.3
일본	7.7	10.4	5.2	3.8	1.6	0.5	1.4
독일	7.5	4.8	3.3	2.0	2.2	0.8	2.1
중국	-	-	-	9.8	10.0	10.4	7.8

주: 1950년대는 1955년 이후, 2010년대는 2018년까지
자료: US BEA, Bundesbank, 일본 내각부, IMF

크홀더)의 것으로 인식되어 고용이 우선된다. 경제활동 분야에서의 국가(정치)권력도 비교적 크다.

최근 앵글로 아메리카형 기업도 다양한 이해관계자의 이익과 ESG(환경·사회·기업지배구조)를 중시하게 되었다. 한편 금융자본 시장의 일체화에 직면하여 유럽기업과 일본기업도 주주 이익을 좀 더 의식하거나 ESG를 중시하고 있다. 그 배경에는 세계경제의 일체화 진전과 함께 사회문제, 환경문제가 심각해지는 현실이 있다.

2) 세계경제의 일체화

각국에서 분업체제가 진전되면 그만큼 경제가 발전한다. 동시에 '규모의 경제'와 '비교우위' 이익을 누리기 위해 개방정책·자유화 정책이 추진되면 발전은 더욱 가속된다. 그것이 시장경제의 이점인데, 2차 세계대전 후는 GATT(관세와 무역에 관한 일반협정)를 중심으로 세계경제는 성장·발전해왔다. 그 과정에서 물자·사람·자본·기술·정보가 국경을 넘어 이동하게 되고 경제가 글로벌화되었다. 하지만 일체화는 주권을 가진 국가 간의 이해가 충분하게 조정되지 않아 마찰과 대립이 발생하기도 한다. 또한 세계경제가 무역을 통해 일체화됨으로써 선진경제의 산업구조 전환 압력과 고임금국 노동자 임금의 하방 압력이 부가된다.

나아가 신형 코로나바이러스에 직면해서 세계경제는 전후 최대의 경기후퇴에 직면했는데, 주요 경제가 글로벌화로 서로 불가분하게 강하게 결합해 있어 경기후퇴가 증폭된 측면이 있다. 2차 세계대전 이후를 몇 시기로 나누어 몇 개의 국가군 간 경제성장률의 상관관계를 보면 각 그룹 국가 간의 성장률이 얼마나 연동되어있는지를 알 수 있다. 예를 들어 1951~1990년에 서유럽 16개국,

〈세계의 주요 무역국(세계의 재화 수출총액에 점하는 비율이 1% 이상 국가)〉
(1980년)

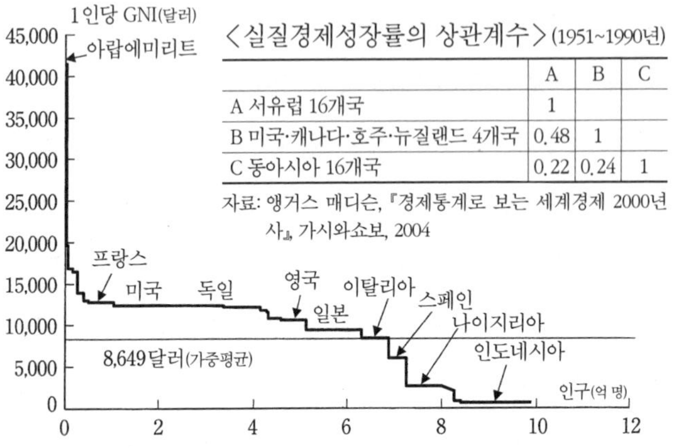

〈실질경제성장률의 상관계수〉(1951~1990년)

	A	B	C
A 서유럽 16개국	1		
B 미국·캐나다·호주·뉴질랜드 4개국	0.48	1	
C 동아시아 16개국	0.22	0.24	1

자료: 앵거스 매디슨, 『경제통계로 보는 세계경제 2000년사』, 가시와쇼보, 2004

미·캐나다·호주·뉴질랜드와 동아시아 16개국의 실질경제성장률 간의 상관관계는 0.23~0.24였다. 하지만 이러한 선진국과 신흥·발전도상국 간 경제성장률 상관관계는 그 후 점차 높아져 2010~2020년에는 0.9 이상이나 되었다. 코로나 위기를 계기로 이제까지의 글로벌 전략을 재고하는 움직임도 있다. 향후 세계경제를 전망하는 데 중요한 점의 하나는 경제 글로벌화의 귀추일 것이다.

〈세계의 주요 무역국(세계의 재화 수출총액에 점하는 비율이 1% 이상 국가)〉

(2017년)

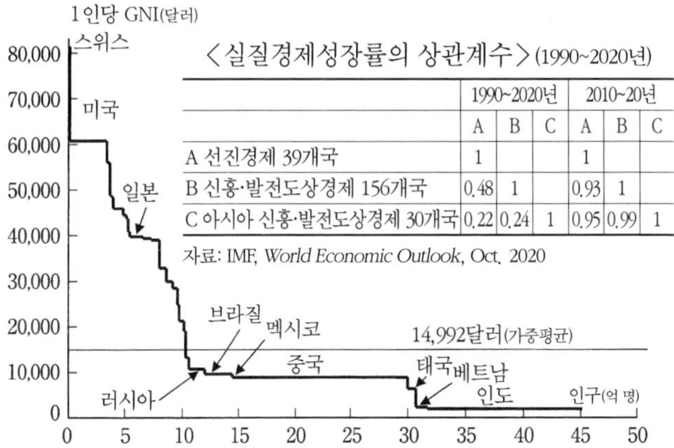

〈실질경제성장률의 상관계수〉(1990~2020년)

	1990~2020년			2010~20년		
	A	B	C	A	B	C
A 선진경제 39개국	1			1		
B 신흥·발전도상경제 156개국	0.48	1		0.93	1	
C 아시아 신흥·발전도상경제 30개국	0.22	0.24	1	0.95	0.99	1

자료: IMF, *World Economic Outlook*, Oct. 2020

주: 1인당 GNI(국민총소득)과 인구는 각각 1인당 임금과 노동자 수의 대리변수로, 위의 그래프는 무역을 통해 세계경제에 본격적으로 참가하는 저임금노동자의 증가, 즉 저소득 발전도상국을 포함한 세계경제의 일체화가 본격적으로 진전된 것을 보여준다. 특히 가중평균 소득에 비해 소득이 높은 나라의 노동자 임금에는 저하 압력이 가해지고 있다고 생각된다.

자료: UNCTAD Statistics, 2019

3) 패권국으로서의 미국

약 30년 전에 본서의 초판이 출판될 당시 미국은 쌍둥이 적자(재정·경상수지 적자)에 시달리고 달러 가치도 하락하여 '팍스 아메리카나의 종언'이 예측되기도 했다. 20년 전인 2000년 초 이 책의 제2판 출판 당시에는 IT 관련 주가의 상승도 있고 호황을 구가하여 미국경제는 부활한 것처럼 보였다. 그 후 IT 버블은 붕괴했지만, 다음의 주택버블에 지탱하여 미국경제는 세계경제의 견인차 역을 계속 유지했다. 하지만 2012년 제3판 출판 시에는 주택 버블이 붕괴하여 미국경제는 불황기에 빠진 것처럼 보였다. 그 후 미국경제는 디지털 이코노미 선진국으로 활황 양상을 보였는데, 2020년 들어 신형 코로나바이러스에 부딪혀 경기후퇴에 직면하고 있다.

압도적인 경제력과 군사력에 지탱된 미국의 패권은 긴 세계사에서 보면 20세기 들어서부터로 그리 오래된 것은 아니다. 그 절정기는 2차 세계대전 직후일 것이다. 그 후 유럽과 일본 부흥, 또한 최근에는 중국을 중심으로 한 신흥국이 대두해 그 상대적인 경제력이 저하 경향에 있다. 그 사이에도 10년 정도를 구분해서 보면 하강과 상승을 반복해왔다.

〈세계의 실질 GDP의 국별·지역별 비중 추계의 역사적 추이〉

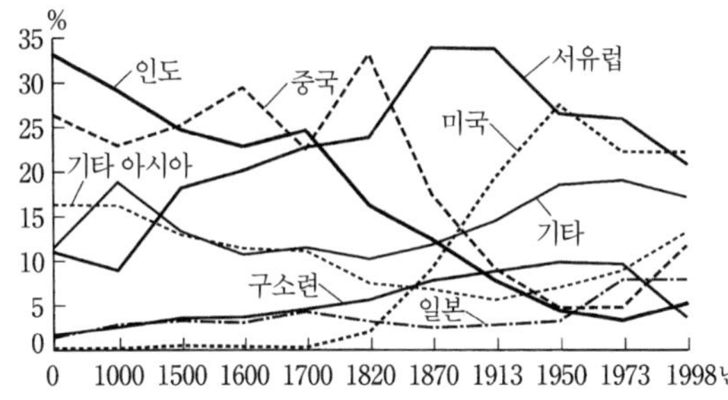

자료: 앵거스 매디슨, 『경제통계로 보는 세계경제 2000년사』, 가시와쇼보, 2004년

〈세계에서 점하는 미중일 GDP(구매력평가 기준) 비율의 추이〉

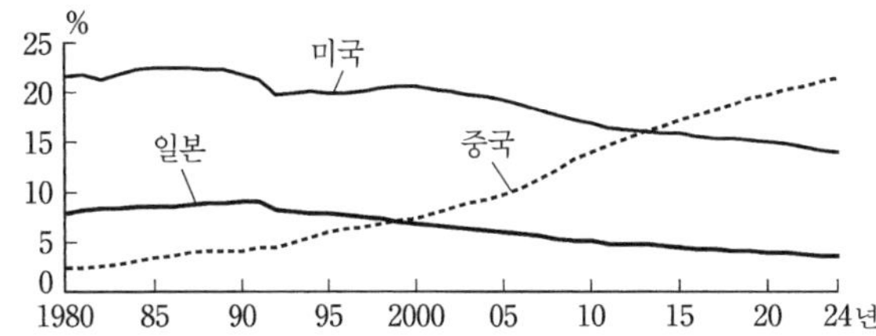

주: 2019년부터 2024년까지는 IMF의 예측. 구매력평가란 같은 재화·서비스를 구입하는 데 필요한 통화의 교환 비율

〈세계에서 점하는 미중일 명목 GDP(달러 기준) 비율의 추이〉

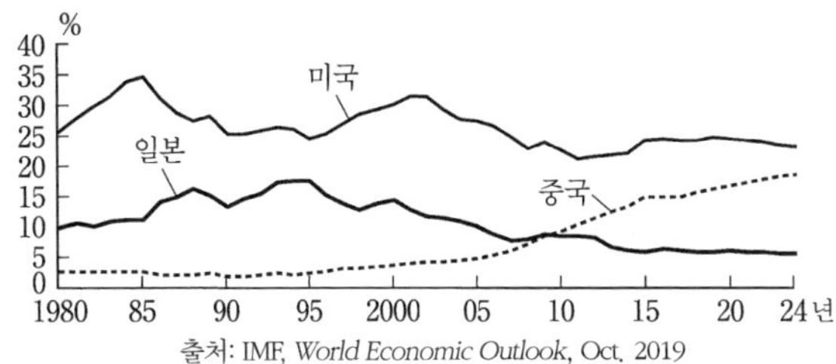

출처: IMF, *World Economic Outlook*, Oct. 2019

〈달러/엔 실질실효환율의 추이〉(1973년=100)

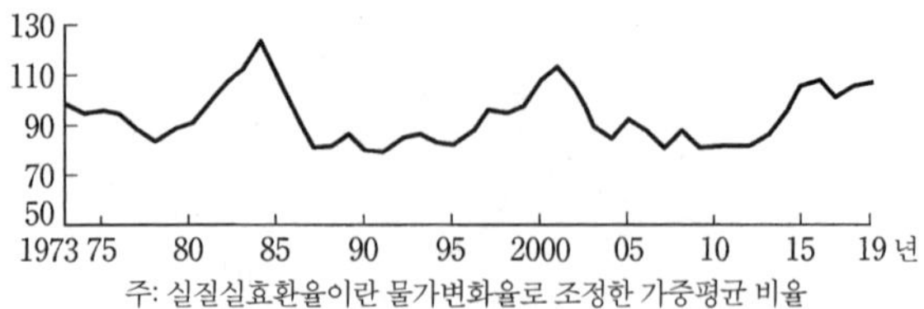

주: 실질실효환율이란 물가변화율로 조정한 가중평균 비율

패권국으로서의 미국은 장기적으로 그 힘을 잃어가고 있다. 다만 그러한 경향은 상당히 완만했다. 달러 가치도 일반적으로 생각되는 것보다는 안정되어있다. 최근의 유럽·일본경제가 상대적으로 정체하는 것을 고려하면 패권국으로서의 미국의 지위 저하 속도는 중국의 추격 여부에 달려있다고 할 수 있다.

4) EU · 유로의 도전

2차 세계대전 후 유럽 여러 나라는 반복되는 전쟁의 역사에 종지부를 찍기 위해 통합 움직임을 서서히 가속화해 27개국으로 구성되는 유럽연합EU을 형성하게 되었다. 인구로 보면 (EU보다 작은 19개국으로 구성되는) 유로권도 미국보다 약간 많지만, GDP 규모는 EU로 보더라도 미국보다 훨씬 작다(영국을 EU에 포함해도 마찬가지). 애초 유럽이 일체화되면 정치적·경제적으로 미국에 필적할 만한 존재가 될 것으로 예상되었다. 그러나 하나의 국가-즉 외교를 일원화한 주체-를 향한 EU의 움직임은 매우 완만하여 정치력으로 미국에 필적하는 주체가 되기에는 더욱 어렵다.

EU 국가 간의 경제의 일체화는 진전되어 특히 유로 참가국 간 경제금융의 결속이 강해졌다. 하지만 2010년의 그리스 위기 이후 유로는 간헐적으로 시련에 직면하고 있다. 애초부터 재정정책을 일체화하지 않고 금융정책을 일원화하는 문제를 인식하고는 있었다. 일부 유로 참가국은 재정의 건전화 노력이 불충분한 채 금융정책을 일원화한 이익인 저금리를 누렸다. 그것이 때때로 시장의 반란에 직면하여 재정 건전화 노력이 부족한 나라들

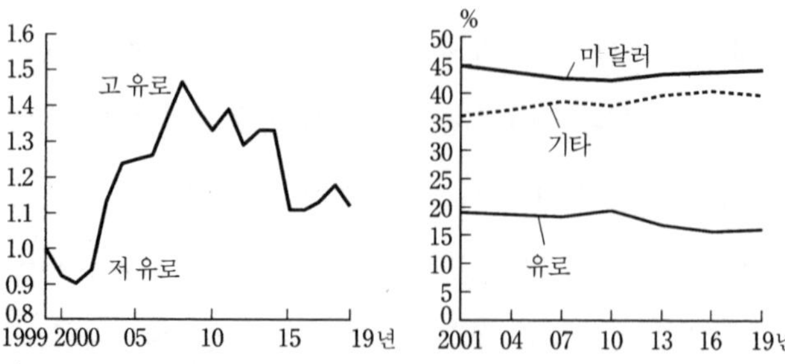

자료: BIS, *Triennial Central Bank Survey, Foreign exchange turnover in April 2019*, Sep. 2019

의 국채가격을 하락시키고 금리를 상승시켰다. 이 문제는 독일의 재정 흑자가 2010년대 이후 계속되고 그 외 국가들의 재정 건전화 목표가 인상됨에 따라 해결이 더욱 곤란한 상태이다.

그러한 문제도 있어서 유로는 공적준비통화, 국제 거래의 표시통화와 결제통화로서 달러 다음가는 지위에 있지만, 미국 달러를 대체할 만한 세력은 아니다.

〈공적 외화준비의 통화별 내역 추이〉 〈통화별 내역이 판명되는 부분의 달러와 유로의 비율 추이〉

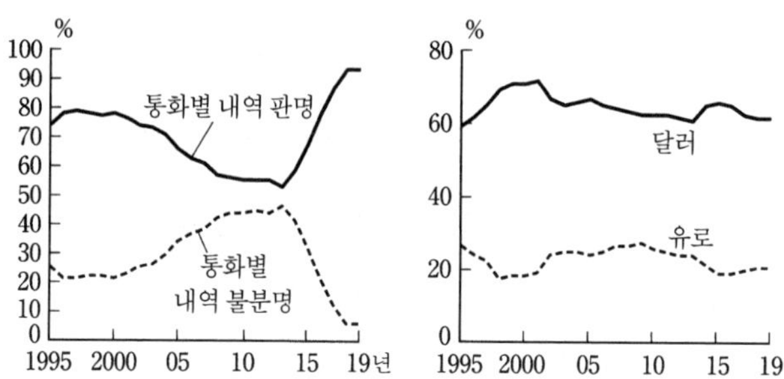

주: 1999년 이전의 유로 비율은 독일 마르크, ECU, 프랑스 프랑, 네덜란드 길더의 합계. 각 년의 숫자는 연말치, 2019년은 2사분기 말

자료: IMF, *Currency Composition of Official Foreign Exchange Reserves*

〈EU, 유로 여러 국가의 상대적 규모〉(2019년)

	GDP(조 달러)	인구(억 명)
EU	15.5	4.5
유로 국가들	13.3	3.4
미국	21.4	3.3
중국	14.1	14.0
일본	5.2	1.3

주: EU의 인구는 2017년

자료: IMF, *World Economic Outlook*, Oct., 2019

〈명목 GDP 비중〉

(2019년)

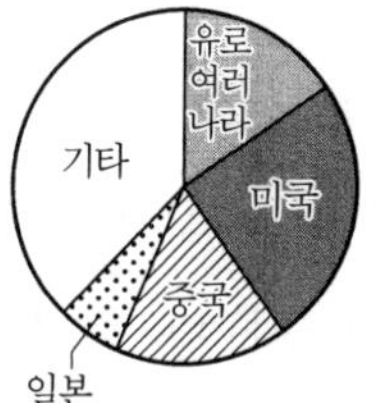

5) 중국 경제의 약진과 전망

중국 경제는 1980년대 이후 국제적인 무역자유화의 흐름을 타고 무역이 대폭 확대됐고, 국내적으로 덩샤오핑 주석과 주룽지 수상의 리더십으로 개혁을 단행함으로써 연평균 10퍼센트에 가까운 성장을 지속하고 경제구조의 근대화를 진전시켰다. 2010년에는 일본을 제치고 세계 2의 GDP 대국으로 부상하고 재화의 수출입 총액은 2013년에 미국을 추월하여 세계 최대가 되었다. 한편 현재 수입 총액은 세계 2위이다. 1인당 GDP도 2019년에는 1만 달러를 넘어선 것으로 추정된다. 그동안 경제구조는 고도화했지만, 1차 산업의 비중이 비교적 높은 점 등 전체적으로 '세계 최대의 발전도상국'인 점은 정부 자신이 인정하고 있는 바이기도 하다. 하지만 중국 정부는 장기비전을 가지고 있고 향후에도 비교적 높은 성장을 지속함으로써 '약간 여유가 있는 사회'를, 그 후로는 사회주의 현대화 강국을 지향하고 있다.

고도성장의 과정에서 일본의 경험과는 다른 동향이 나타난다. 그중 하나는 소득격차가 확대되고 있다는 점이다. 일본의 경우 고도성장 과정에서 많은 농업인구가 도시노동자가 되어 소득수준이 높아지고 소득격차도 축소

〈중국의 내정·외교의 기본방침〉

내정: (1)2020년까지 (실질) GDP와 도시·농촌 주민의 평균 수입을 2010년의 두 배로 하는 등 중국 공산당 창당 100주년(2021년)까지 '약간 여유가 있는 사회'(소강사회)를 실현한다. (2)2035년까지 '소강사회'의 전면적 완성을 토대로 '사회주의 현대화'를 실현한 다음 건국 100주년(2049년)까지 부강·민주·문명·화해(조화)의 사회주의 현대화 강국을 구현한다.

외교: (1)국가 주권 (2)국가의 안전 (3)영토의 보전 (4)국가의 통일 (5)중국 헌법이 확립된 국가정치 제도 (6)경제 사회의 지속 가능한 발전의 기본적 보장을 '핵심적 이익'으로 위치 짓고, 각국에 존중할 것을 요구한다. 또한 '중화민족의 위대한 부흥'을 위해 '특색있는 대국 외교'를 진전시켜 적극적인 인프라 수출 등을 '일대일로' 이니셔티브로 추진한다.

자료: 일본 외무성 홈페이지 등

〈중국과 미국의 명목 GDP 추이〉

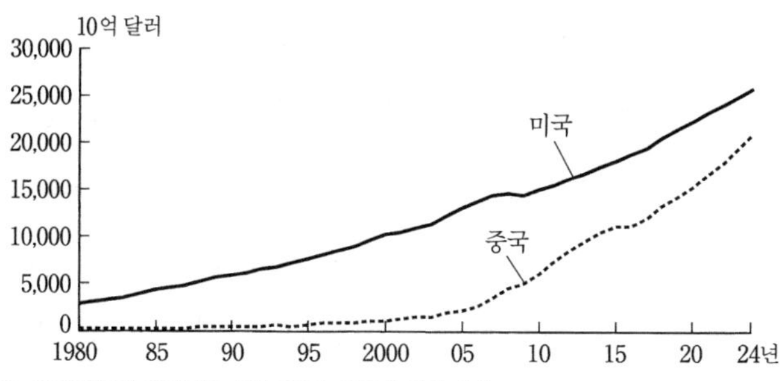

주: 2019년부터 2024년까지의 GDP는 IMF에 의한 예측(2019년 10월)

〈주요국의 조강 생산량 장기 추이〉

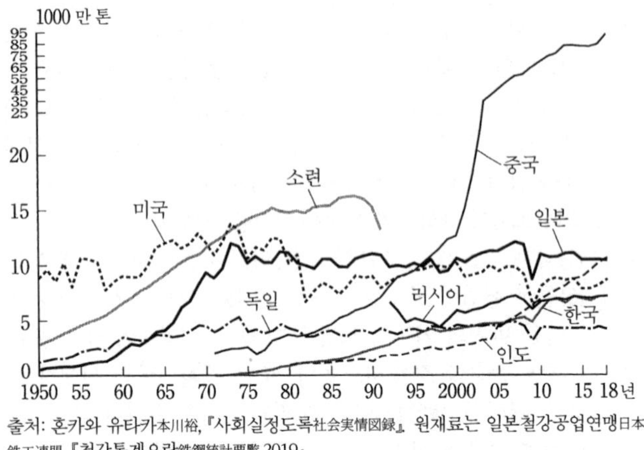

출처: 혼카와 유타카本川裕, 『사회실정도록社会実情図録』. 원재료는 일본철강공업연맹日本鉄工連盟, 『철강통계요람鉄鋼統計要覧 2019』

되었지만, 중국에서는 인구의 도시이동에도 불구하고 사회적·경제적 격차는 줄어들지 않고 있다. 그것은 지방에서 이동해온 도시인구가 정치적·사회적 제약 때문에 그 생활 수준을 충분하게 개선할 수 없었기 때문이다. 향후 농촌에서의 이입 인구에게 충분한 주택과 사회자본을 공급할 필요가 있는데, 중국 정부도 최근에는 도시 유입자의 사회적 지위 개선과 소득향상에 주력하고 있다. 하지만 그 성과가 충분히 나타나지 않아 '화해和諧'(조화) 정책이 여전히 중요한 상황이다.

6) 중국 정치·사회 체제 전망

중국의 정치·경제 체제에 대한 문제의 하나는 그 체제가 본래 의미대로의 민주주의인가의 여부다. 민주주의는 다양하고 중국에는 중국형 민주주의가 있다고 해도 무방하기에 그 자체로 문제가 되지는 않는다.

문제는 정책 형성에 사람들의 의향(민의)이 얼마나 자유롭고 평등하게 반영되고 있는가이다. 일본에서도 '한 표의 무게'에 차이가 있다든지 실제 선거에서 지연·학연·가방(선거자금)의 문제가 있기는 한데, 중국의 경우는 본래 의미에서의 자유 선거가 이루어지고 있는가에 대한 비판이 반체제파가 아니라 현 체제를 긍정하는 사람들 사이에서도 존재한다. 이에 대한 정부의 설명책임이 충분히 이루어지고 있지 않다는 지적이 많다. 그것은 중앙뿐만 아니라 지방의 지도층을 선출하는 선거에 대해서도 해당된다. 또한 정보의 개시에 대해서도 예전부터 내외에서 비판이 있었고 신형 코로나바이러스 발생 시의 대응에도 좀 더 이른 시기의 개시가 필요했다는 지적도 있다.

경제 면에 대해서도 중국의 경우 국유기업과 민간기업의 사이에 정책 운용에 대해 '차별'이 있다는 지적이 있다. 일본도 그 증거는 명시되지 않을 때가 많지만, 대기업(중국의 경우 국유기업)이 우대를 받고 민간의 중소기업은 전반적으로 냉대를 받고 있다고 일컬어진다. 중소기업=비효율, 대기업=효율적이라는 견해가 일본과 마찬가지로 중국에도 많다. 농업에 대해서도 포기론이 중국에서도 들린다. 국제경쟁력 중시라는 논리로 차별이 있다는 것이다. 기업에 대한 대우는 본래 '차별'이 있어서는 안 되지만, 국책 상 차별이 필요할 때는 정보 개시와 설명책임이 일본이든 중국이든 필요하다.

<중국의 정치·사회 체제>

중국공산당

전국대표대회: 5년에 1회, 2,000명 정도의 대표(헌법상 "중국공산당이 인민을 지도한다")

중앙위원회(위를 대행): 매년 1회, 약 200명(그 외, 백수십 명의 중앙위원 후보, 중앙정치국 후보)

중앙정치국회의: 25명

중앙정치국상무위원회: 7명(총서기를 필두로 여기의 서열이 모든 것에 우선)

중앙군사위원회: 7명(주석, 부주석 2명, 기타 4명, 시진핑 주석 이외는 군인): 인민해방군(약 200만), 무장경찰(약 150만), 민병(약 600만)을 지휘

중앙규율검사위원회

(당원은 2018년 말 현재 9059만 명, 각지에서 우수한 사람이 선발됨)

전국인민대표회의(전인대): 연 1회(국회에 해당, 인민대회당이 국회의사당에 해당)

입법부이면서 최고 권력기관으로 행정, 사법, 검찰보다 우위

대표(의원, 임기 5년), 3,000명 정도

성, 직할시, 특별행정구, 자치구 및 인민해방군에서 선출되는데, 약 70퍼센트가 공산당원이라고 한다. 현 이하의 대표선거에서는 일반인도 투표할 수 있는데, 전인대표는 그렇게 선발된 사람에 의한 간접선거.

전인대상무위원회, 그 밑에 위원회(재정경제위원회 등) 9개와 6개의 기구가 있다.

국무원(정부에 해당):

총리, 부총리(4명), 국무위원(5명, 수상, 부수상, 장관에 해당)

27개의 부(부장은 장관 혹은 차관에 해당, 여기에 인민은행도 포함, 14개의 국무원 각 부·위원회 관리하 국가국)

14개의 기구(장은 장관에 해당)

9개의 사업 단위(중국사회과학원, 국무원발전연구센터 등)

2개의 합작기구

기타 국무원 변공청弁公庁, 국무원 직속 특설기구

국가군사위원회(멤버는 공산당중앙군사위원회와 동일)

최고인민법원(최고재판소에 해당)

하급의 인민법원(고급, 중급, 기층)을 지휘·감독

판사(재판관), 변호사 제도, 배심원 제도가 있음.

최고인민검찰원(최고 검찰청에 해당, 상부 조직은 국무원사법부)

하급의 인민검찰원(고급, 중급, 기층)을 지휘·감독

행정구분: 성급(23성, 4직할시, 2특별행정구, 5자치구), 지급(지, 부성급시/성도, 지급시, 부성급구, 부성급자치주, 자치주, 아이마크盟), 현급(현, 현급시, 지할구, 자치현, 기, 자치기, 일본의 군/시와 비슷), 향급(향, 진, 현할시, 가도, 민족향, 솜, 민족솜, 일본의 마치와 비슷하고 그 밑에 촌이 있음)

7) '아랍의 봄'과 그 후

2010년 말 튀니지에서 시작된 민주화 운동은 많은 북아프리카, 중동 여러 국가에 영향을 미쳐 일부에서는 정권의 교대가 이루어졌다(튀니지, 이집트, 리비아, 예멘). 역사적으로는 1970년대 중반부터 아시아의 민주화 운동에 의한 권위주의 체제의 전환(필리핀, 대만, 태국, 인도네시아), 1980년대의 동유럽 혁명(폴란드, 헝가리, 체코슬로바키아, 루마니아 등)에 이은 민주화 물결이었다. 중동·북아프리카는 통상의 선거에 의해 지도자의 선택이 제한된 전제, 독재를 특징으로 하는 권위주의 체제인 국가가 많고 권력이 집중되어 부패하기 쉬운 구조였다. 또한 장기정권이 많고 석유수출에 의존하는 비율이 높은 국가가 다수라는 점도 이러한 폐해를 조장했다.

이 지역의 경제 성과를 보면 경제성장률이 특히 낮은 것이 아니고 빈부 격차도(데이터가 없는 아랍에미리트와 군주국을 제외하면) 중남미 수준은 아니었다. 하지만 실업률이 높고 인플레도 심했다. 또한 이 지역은 기득권의 유지가 우선시되어 경제의 개혁·개방은 완만하게밖에 이루어지지 않았고 언론과 정치 선택의 자유도 제한되었다.

독재자가 실각한 나라 대부분은 장기간 전제적 억압으

<2010년 말에 시작된 '아랍의 봄'에 의한 장기정권 비판과 그 후>

국명	정치체제	정권 비판의 결과와 그 후
튀니지	공화제	벤 알리 대통령(23년) 실각, 2014년 신헌법, 경제적 곤란 계속
리비아	민주제	카다피 정권(42년) 붕괴, 정치 불안과 경제적 곤란 계속
이집트	공화제	무바라크 대통령(30년) 사임, 정치 불안과 경제적 곤란 계속
예멘	공화제	사레하 대통령(34년) 퇴진, 신헌법제정, 내전 등 정치 불안 지속
이라크	공화제	2003년 이라크 전쟁으로 후세인 정권(24년) 붕괴, 그 후 내전 지속
시리아	공화제	1970년부터 아사드가 지배, 반정부세력과 내전 계속
알제리	공화제	신헌법 제안과 실현, 2019년 부테후리카 대통령(20년) 사임
바레인	입헌군주제	반정부 시위 발생, GCC의 군사개입, 헌법개정, 개혁은 좌절
모로코	입헌군주제	국왕 권한을 축소하는 헌법개정으로 대응, 그 후 안정
쿠웨이트	수장제	반정부 시위 계속, 국민의회의 혼란, 그 후 진정세
요르단	입헌군주제	개혁 요구에 개혁으로 대응, 대량 난민의 존재가 문제
오만	군주제	시위 발생, 정치개혁(의회에 입법권, 감사권 부여)으로 안정화
아랍 에미리트	수장국 연방제	테러 대책 강화, 반정부활동은 표면화되지 않음.
사우디 아라비아	군주제	걸프 위기 후 내정개혁으로 반정부활동은 표면화되지 않음.
카타르	수장제	인구 소규모, 고소득 국가로 평온 지속
소말리아	연방공화제	1991년 이후 무정부상태, 내전 상태 계속, 외부의 안정화 노력

로 정당의 기반이 약해졌기 때문에 정치적 혼란이 이어지고 경제적 곤란도 계속되고 있다. 수장제, 군주제를 취하는 몇몇 나라에서는 민의를 반영하는 개혁과 강권의

〈중동·북아프리카의 경제 및 그 성과〉

	명목 GDP 10억 달러	1인당 GDP 달러	연평균 실질경제성장률		연평균 인플레율		연평균 실업률	경상수지 /GDP
	2019	2019	2000 ~2009	2010 ~2019	2000 ~2009	2010 ~2019	2015 ~2019	2015 ~2019
사우디아라비아	779.3	22,865	3.5	3.4	1.6	2.0	5.8	0.5
이란	458.5	5,506	4.8	4.3	14.7	21.1	13.4	1.9
아랍에미리트	405.8	37,750	5.1	3.4	5.6	1.5	-	-3.3
이집트	302.3	3,047	5.0	3.9	7.1	12.8	11.5	-4.2
파키스탄	284.2	1,388	4.7	4.0	7.6	7.4	6.04	-3.6
이라크	224.5	5,738	13.7	5.4	12.2	20.4	-	-1.9
카타르	191.8	69,688	12.3	5.5	5.7	1.3	-	4.3
알제리	172.8	3,980	3.9	2.9	3.2	4.7	11.5	-13.7
쿠웨이트	137.6	29,267	5.5	1.7	3.0	2.9	1.3	5.9
모로코	119.0	3,345	4.8	3.7	1.9	1.2	9.8	-3.9
오만	76.6	17,791	3.5	3.2	2.6	1.7	-	-12.6
레바논	58.6	9,655	5.1	1.9	2.2	3.1	-	-24.0
요르단	44.2	4,387	6.2	2.4	3.7	29.4	16.2	-8.6
튀니지	38.7	3,287	4.3	2.0	3.2	4.9	15.4	6.8
바레인	38.2	25,273	5.6	3.4	2.6	2.0	3.7	-4.4
리비아	33.0	5,020	2.2	1.4	0.1	10.7	-	-13.9
수단	30.9	714	5.6	-0.8	10.3	32.1	20.7	-9.4
예멘	29.9	943	4.1	-3.8	11.0	17.6	-	-
아프가니스탄	18.7	513	9.2	4.9	9.8	4.4	-	5.4
소말리아	5.0	-	-	1.9	-	-	-	-8.1
시리아	-	-	4.4	-	4.9	-	-	-10.2

자료: IMF, *World Economic Outlook*, Oct. 2019

발동으로 체제 유지에 성공했다. 한편 고소득국이면서 석유·천연가스 자원이 풍부한 나라들도 향후 자원 가격의 동향에 따라서는 다시금 민주화 요구의 고양에 직면할 가능성이 있을 것이다.

8) 재확대되는 군사 지출과 지역분쟁 · 난민

1990년대 초반에 동서냉전 체제가 종식되어 '평화의 배당'이 기대되었다. 미국의 군사 예산은 1980년대의 GDP 대비 6퍼센트를 넘어선 수준에서 1990년대에 하락하여 2000년에는 3퍼센트로 되었다. 군비확장이라는 장대한 낭비에서 세계는 해방되는 듯이 보였다. 그러나 그 후는 다시금 확대 추세에 있다. 미국 이외의 여러 선진국의 군사비 지출은 2000년대 들어서도 현재 수준을 유지하고 있으나, 신흥·발전도상국의 군사비 지출이 증가 추세에 있다. 따라서 세계 전체로는 2000년 이후 군사비 지출이 확대되고 있다. 그에 따라 무기의 국제 거래도 증가하고 있다.

그 배경 중 하나로 지역분쟁의 증가가 있다. 동서냉전 체제의 종식이 냉전 하에서의 동서 각 진영 내의 결속력을 완화해 억압되어있던 분쟁의 불씨가 재연된 측면이 있다. 원인은 인권 문제, 환경악화, 종교 문제, 특정 부족 혹은 소수민족에 대한 차별·억압 등 다양하다. 지역적으로는 현재 중동·아프리카에 집중되고 있는데, 아시아·유럽·중남미에도 있다.

분쟁 그 자체도 큰 문제이지만 그에 못지않게 큰 문제

〈미국과 중국의 군사 지출의 추이〉

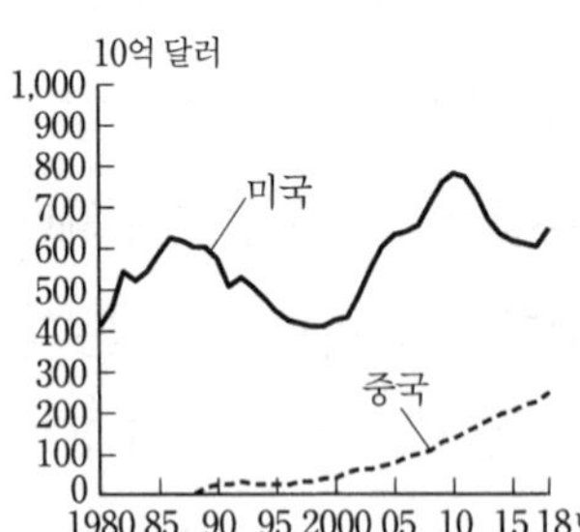

〈미국과 중국 군사 지출의 대 GDP 비율 추이〉

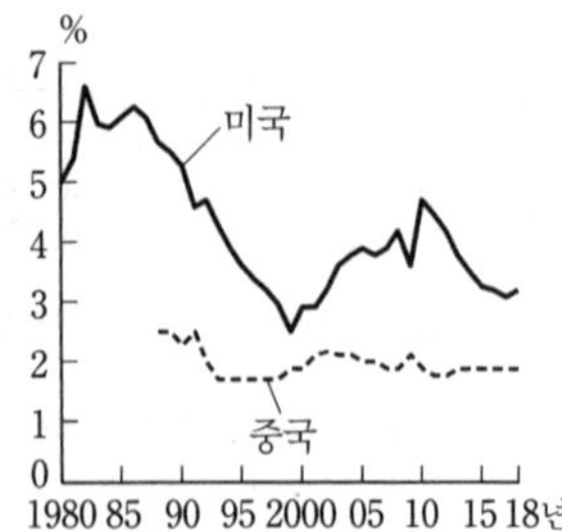

가 증가세를 지속하고 있는 난민이다. 국내 피난민 등을 포함한 넓은 의미의 난민은 2018년 시점에서 7000만 명을 넘어섰다(국내 피난민 등 4130만 명, 국외로 피한 난민 2590만 명, 망명 신청자 350만 명). 난민 수용국의 경제적·사회적 부담이 커서 세계 각지에서 여러 마찰이 발생하고 있다.

군사 지출의 세계적인 재증가 추세와 증가·장기화하는 지역분쟁과 난민 문제는 세계경제의 안정적인 발전에 대한 커다란 위협요인이 될 것이다.

〈사우디아라비아, 인도, 프랑스, 러시아의 군사 지출 추이〉 〈영국, 독일, 일본, 한국의 군사 지출 추이〉

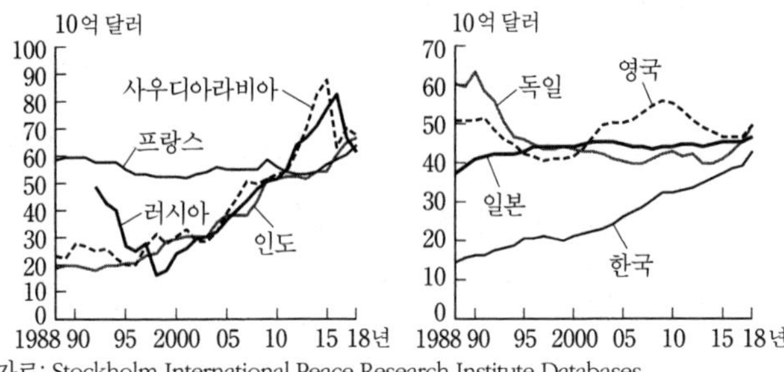

자료: Stockholm International Peace Research Institute Databases

〈세계의 난민 수 추이〉(각 연말 기준)

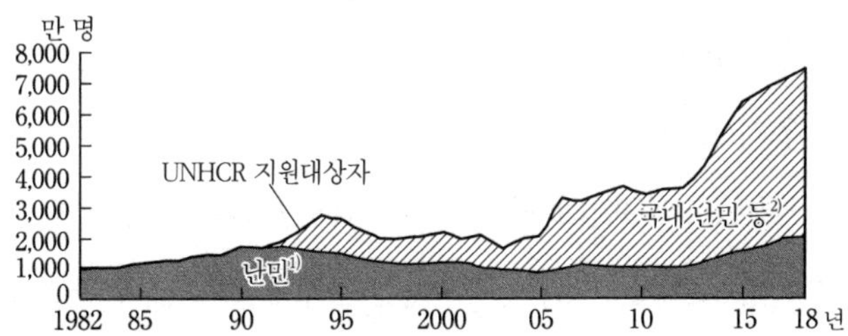

주: 1) 자국을 피해 다른 나라의 보호를 받는 사람
2) 보호신청자와 귀환민, 무국적자 등을 포함

자료: 유엔난민고등판무관사무소UNHCR, *Global Trends 2018*(자료편)에 의해 작성. 2007년 이후 난민·국내 피난민의 인정을 받지는 않고 있으나, 그에 상당하는 상황에 있는 사람들을 포함하게 되었기 때문에, 2006년까지의 데이터와 엄밀한 비교가 불가능하다.

출처: 『세계국세도감世界国勢図会 2019/20』

9) 국내 격차의 확대

1980년대 이후 세계의 많은 국가·지역에서 소득의 국내 격차 확대가 문제로 대두되었다. 공통적인 원인으로 지적되고 있는 것이 기술혁신의 진전, 경제의 글로벌화, 경쟁의 확대 등이다. 1980년대 이후 구동구권 여러 나라를 비롯해 많은 나라가 경제개혁과 대외개방을 표방함에 따라 시장 메커니즘에 대한 의존이 높아졌다. 그것은 경제효율을 높이는 효과를 가져왔지만, 경제개혁의 결과 승자와 패자를 낳게 되었다. 나아가 최근에는 경제의 디지털 이코노미화에 따라 소득격차가 더욱 확대될 것이라는 우려도 있다.

실제로 1980년대 중반부터 2018년까지 각국 지니계수 변화를 보면, 대부분 여러 선진국에서 상승이 관찰된다. 지니계수는 소득분배 불평등도를 측정하는 지표로 0에서 1 사이의 값을 지니는데, 0에 가까울수록 격차가 작다. 따라서 그 변화가 플러스라는 것은 소득불평등도가 높아졌다는 것을 의미한다. 지니계수가 상당히 높은 발전도상국 등에서는 계수가 하락한 나라도 상당수 있다.

지니계수의 상승에는 경쟁 심화와 기술혁신 외에도 데모그래픽(인구통계학적) 변화 특히 여러 선진국에 공통적인

〈지니계수〉(×100, 2017년)

남아프리카공화국	63	인도	35.7
브라질	53.3	이탈리아	35.4
멕시코	48.3	베트남	35.3
필리핀	44.4	에티오피아	35
페루	43.3	영국	33.2
터키	41.9	프랑스	32.7
미국	41.5	캐나다	32.3
아르헨티나	41.2	일본	32.1
말레이시아	41	이집트	31.8
이란	40	독일	31.7
이스라엘	38.9	스웨덴	29.2
중국	38.6	네덜란드	28.2
인도네시아	38.1	노르웨이	27.5
러시아	37.7	우크라이나	25
태국	36.5		

주: 2017년의 데이터가 없는 경우는 그에 가장 가까운 해의 숫자
자료: World Bank Data, 2019

고령화와 단신 가구의 증가가 관련되어있을 가능성이 있다. 고령자 가구와 단신 가구는 평균과 비교해 소득격차가 크기 때문이다. 그러나 이들 요인에 의한 지니계수의 상승도 각각의 사회에서 소득불평등도를 상승시킨다는 점에서는 마찬가지이다.

소득격차의 확대에 직면한 여러 나라의 정책 과제는 교육의 충실은 물론 사회보장정책 등 각 사회에서 수용가능한 소득 재분배를 실시하는 것이다.

〈지니계수의 변화〉(1990년대 중반~2018년)

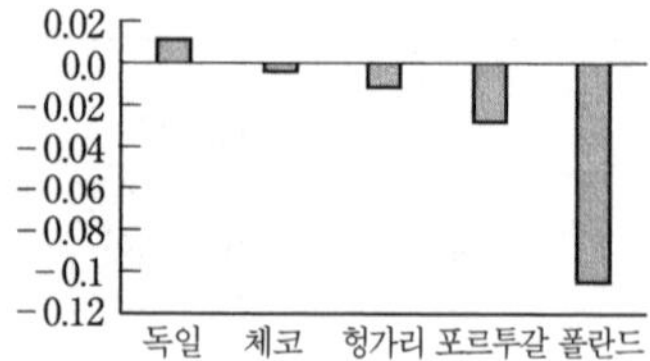

〈신흥국·발전도상국의 지니계수 변화〉(1997~2017년)

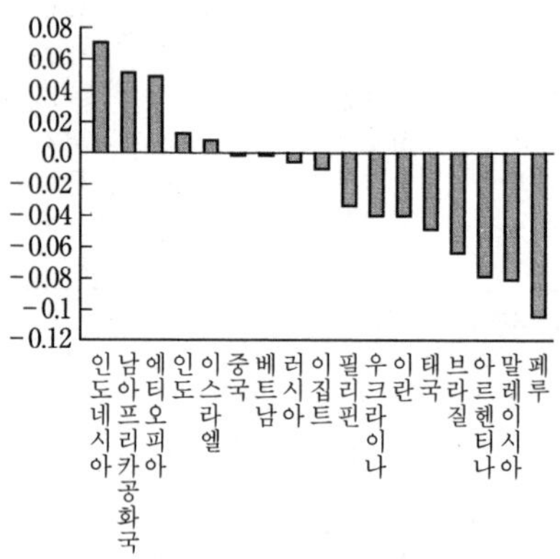

주: 1997년, 2007년의 데이터가 없는 경우는 각각 그에 가장 가까운 해의 숫자

자료: *World Bank Development Indicators*, 2019

〈OECD 여러 나라의 지니계수 변화〉(1980년대 중반~2018년)

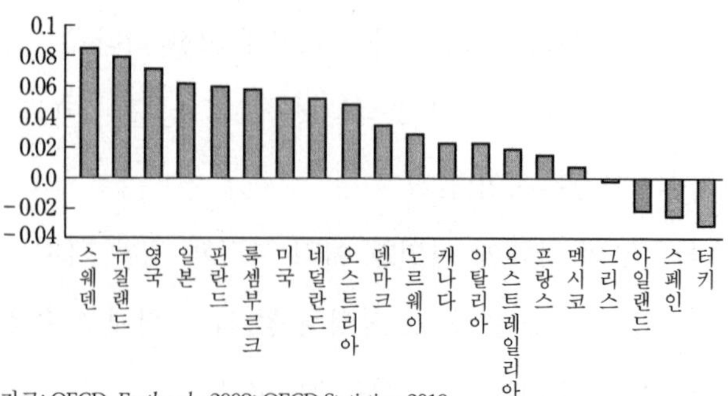

자료: OECD, *Factbook*, 2008; OECD Statistics, 2019

10) 코로나 이후의 세계경제

2020년 3월 이후 신형 코로나바이러스의 세계적인 확산으로 세계경제의 앞날에 대한 전망이 급변했다. 2차 세계대전 직후의 혼란기를 제외하면, 최대의 경기후퇴 국면에 진입했다.

경제의 글로벌화 때문에 이러한 경기후퇴는 전 세계에서 동시적으로 그리고 더욱 증폭되어 나타났다. 국제적으로 연결된 많은 서플라이 체인이 갑자기 기능을 정지하게 되고, 그 과정에서 각국 경제가 얼마나 중국에 강하게 의존하고 있는가를 인식하게 되었다. 그것은 두 가지 움직임에 영향을 미치고 있다. 첫 번째는 중국에 집중해 온 투자를 분산화시키는 움직임이다. 앞으로 그러한 움직임이 더욱 가속화될 가능성이 있다. 또 하나는 국내 회귀 움직임이다. 선진 각국에서 정책적으로 그러한 움직임을 지원하고 있다. 전략적인 재고 유지와 함께 국내 생산이 늘어날 것으로 보인다.

경기는 2020년 후반부터 매우 완만하지만, 회복과정에 접어들었다. 하지만 IMF와 OECD는 세계경제 전체로는 2019년 시점에 예측되던 성장궤도에는 몇 년 동안 돌아가지 못할 것으로 전망하고 있다. 그 요인으로서는, 정부와 기업 모두 채무부담이 증가한다, 경기후퇴 시의 투자 부족 영향이 남는다, 일부 노동자가 좀 더 정보화된 노동시장에 돌아오지 못한다는 점 등이 거론된다. 한편 코로나바이러스가 인터넷상의 커뮤니케이션을 강력히 활성화해 그 일부는 불가역적인 변화가 되는데, 그것은 세계경제활동 전반의 디지털화를 진전시킴으로써 장기적으로는 생산성을 높일 수 있다.

후기

역사는 과거·현재·미래 끊임없이 흘러간다. 하지만 그것은 평탄하지 않고 항상 변화하고 있다. 잔잔한 물결 같은 변화도 있고 무대가 뒤집힐 것 같은 대규모 변화도 있다.

21세기 초인 현재는 40여 년간 지속된 냉전체제가 무너져 '평화와 공생'을 모색하고 있는 전환기이다. 우리 앞에 커다란 문제가 해결을 기다리고 있다.

첫째, 사람들의 가치관은 20세기 전반의 '열전'과 후반의 '냉전'의 종식으로 '분쟁에서 평화로'(시몬 페레스)로 이행했다. 경제에 대해서 보면 단순한 소득과 생산의 증가가 아니라—그것은 여전히 기초적인 인간 욕구이기는 하지만—좀 더 '질이 높은 생활'을 원하게 되었다. 하지만 오랫동안 구축된 정치·경제·사회의 여러 시스템의 전환은 간단하지 않다. 현실적으로는 민족분쟁, 종교관의 충돌이 끊이지 않고, 동요와 불안이 각지에서 계속되고 있다. 냉전 종결에 의한 군사비에서의 해방과 군수에서 민수로의 전환은 일부 나라를 제외하고 진전되고 있지 않다. 무기의 국제간 거래는 오히려 증가하고 있다. '평화의 배당'을 확실하게 하는 방법을 사람들은 모색하고 있다.

둘째, 냉전의 종결과 거의 동시적으로 예전에 '지령경제'였던 나라를 포함하여 세계의 대부분 국가가 국내의 자유화 개혁과 외교적인 개방정책을 진전시켜 시장경제가 확대·심화되었다. 그 결과 세계경제 전체가 '하나의 시장경제'를 형성하게 되었다. 개인의 자유로운 참가와 공정한 경쟁으로 시장경제는 대다수의 행복과 최대의 효율이 나타나야 하지만 현실적으로는 시장경제로의 이행과정에서 우열의 차가 있고 또한 내외 안전망의 미정비로 '승자와 패자'의 경제적 격차가 사회적 불평등을 초래하고 있다. 국민국가의 변용으로 국제간의 조정도 곤란하게 되었다. 우리는 그것을 개선할 방법을 모색하고 있다.

셋째, 세계경제의 일체화가 진전됨으로써 경기와 위기의 전파도 일체화되었다. 그것은 무역 거래를 통해서뿐만 아니라 자본의 유출입을 통해서도 강화되었다. 최근에는 신흥국·발전도상국뿐만 아니라 여러 선진국에서도 경제위기가 발행하고 그것이 세계적으로 큰 영향을 미쳤다. 국제적인 대응이 필요하지만 그러한 협의가 언제나

잘되란 법은 없다. 우선 다양한 국제기관과 협의의 장에서 발언권, 결정권이 최근 세계경제의 구조변화를 반영하지 않고 있다는 점이 문제다. 또한 세계경제의 다극화가 국제적인 협의를 곤란하게 하기도 한다. 우리는 세계경제의 일체화, 세계경제의 구조변화에 대응한 협조체제를 모색하고 있다.

넷째, 경제학·경제정책의 영역이 확대되고 있다. 종래 국제경제정책 혹은 국제경제론이라면 매크로의 성장·투자·무역·산업구조, 마이크로의 다국적기업론·생산성 비교론에 한정되어있었다. 그것이 최근에는 인구·환경문제로 확대되고 또한 인구이동 증대의 일환으로 난민·이민·외국인 노동력의 문제가 등장했다. 에이즈·마약·범죄 등의 문제도 첨예화되었는데, 그것들도 또한 '경제'와 무관하지 않게 되었다.

한편 일본 경제도 현재 대대적인 '전환기'에 접어들었다. 동일본대지진의 타격과 그 이전부터 지속된 헤이세이 불황은 언젠가 탈출하게 될 것이다. 그 후유증이 아직 남아있기는 하지만 어쨌든 '구조 전환'을 해야 한다는 과제를 안고 있다. 그것은 우선 세계경제가 냉전의 종식과 함께 점점 더 시장경제하에서 '일체화'되는 경향을 보이고 있고, 그에 대한 적응이 요구되면서 적극적으로 평화경제의 건설에 대한 기여가 요구된다는 것이다. 또 하나의 과제는 국내에서 경제성장의 성과를 좀 더 많은 국민의 '생활의 질' 향상에 돌리게 된다는 것이다. 어떻게 대응할 것인가?

이 책은 이상과 같은 냉전 종식에서 새로운 체제로의 전환기에 있는 세계경제에 대해 역사적·총괄적으로 포인트를 정리하여 문제에 관심이 있는 사람들의 참고가 되도록 정리했다.

필자는 얼마 전 이와나미 서점에서 같은 신서판『일본경제도설』(1989년. 2001년에 제3판)을 간행했다. 본서는 그 책과 짝을 이루는 것으로 정리방식, 표현 형식(기술과 도표를 주제별로 대조적으로 배치)이 기본적으로 동일하다. 같이 읽어주기를 바란다.

원래 광범하고 더구나 시시각각 변화하는 세계경제이다. 우리들의 인식에 오류도 있을 수 있을 것이고 뒤처진 부분도 있을 것이다. 필자 자신도 충분히 주의하면서 유연하게 변화에 대응하려 했지만, 독자도 객관적으로 세계경제를 관찰하고 스스로 공평한 세계경제관을 지니길

바란다. 이 책이 그에 일조할 수 있다면 저자로서는 그보다 더 기쁜 일은 없을 것이다.

이 책의 구판은 세계를 누비면서 분투해온 동료 다야 데이조田谷禎三와 긴밀하게 협력하면서 이루어졌다. 이 3판의 논지 전반에 대해서는 물론이고 도표에 대해서도 전면적으로 다야 씨의 협력을 얻었다.

마지막으로 본서의 도표 작성에 협력해준 다이와 총연의 여러분, 특히 스즈키 준, 고바야시 다쿠노리, 호시 야스시, 이와타테 사쓰노리, 가와이 미치코 씨 그리고 다이와 캐피탈 마켓의 하세가와 마사시게 씨에게 마음으로부터 감사를 표하고 싶다. 또 이와나미 서점의 사키마키 가쓰미시와 야마카와 요시코 씨로부터 따뜻한 격려를 받았고, 특히 야마카와 씨로부터는 편집 전반에 대해 적확한 지시를 받은 점에 심심한 사의를 표하고 싶다. 또한 이번에도 번잡한 도표를 보기 쉽게 그려주신 고지마 공방의 여러분께 진심으로 감사한다.

2012년 미야자키 이사무

제4판 후기

제3판을 출판한 지 10년 가까이 지나 세계경제에도 여러 변화가 일어났다. 그 10년을 뒤돌아보면, 세계경제의 일체화는 점점 더 진전되었다. 무역·투자·인적 이동을 통한 일체화는 물론이고 정보통신 면에서의 기술혁신의 진전이 예상 이상 속도로 진전되어 그 움직임을 가속화시켰다. 그 자체는 세계경제의 발전을 촉진하는 바람직스러운 현상이다.

다른 한편 2020년에 들어서부터 중국발 신형 코로나바이러스의 세계적 확산과 그 경제적 영향의 거대함은, 세계가 밀접하게 연관되어있기에 마이너스 영향도 순식간에 세계적으로 확산된다는 것을 보여준다.

또한 급속한 세계경제의 일체화에 대해서 그 외에도 여러 가지 문제가 표면화되었다. 우선 미국을 중심으로 한 무역마찰이 극심해졌다. 중국을 필두로 한 신흥국의 경제적 융성과 여러 선진국의 상대적인 지반 침하가 뚜렷해지고, 그것과 관련하여 국제기관의 기능 부전도 표면화되었다. 나아가 환경문제는 명백하게 심각해졌는데도 국제협조가 곤란해졌다. 국내에서 소득격차 확대에 대한 반발도 커지게 되었고 지역분쟁에 관련되어 증가하는 난민 수요에 대한 사람들의 허용 수준은 낮아지고 있다.

더구나 최근 반복되어온 경제·금융위기와 그것들을 초래한 과다한 정책 대응이 여전히 관찰된다. 여러 선진국의 금융완화, 적극재정은 과도한 듯이 보인다.

한편 2000년대 들어 경제의 디지털화는 세계경제에 큰 구조변화를 가져오고 있다. 이제까지 그랬던 것처럼 세계경제는 다양한 과제를 안고 있으면서 계속해서 전진해 나갈 것이다.

이번 개정판에서 가장 큰 변경은 전 판의 8장 「군축경제와 '평화의 배당'」을 빼고, 6장 「디지털 이코노미의 확대·심화」를 추가했다는 점이다. 군축 문제가 중요하지 않아서가 아니라 1, 2판 때처럼 동서냉전 체제가 끝나고 평화의 배당이 기대되던 당시와는 상황이 변했기 때문이다. 어떻게 변화했는가는 10장에서 약간 언급했다. 한편 정보통신 면에서의 기술혁신과 그 영향의 거대함은 너무나 명백하다. 1990년대 초반에 인터넷의 보급은 인류에게 커다란 혜성이 지구에 격돌한 것 같은 엄청난 영향을 경제사회에 가져올 것이라고 갈파한 재계 인사가 있었는데, 그 견해는 상당히 정확했다. 현재 이 부문의 발전을 빼놓고 경제를 논할 수는 없다.

그 이외의 장에는 변화가 없지만, 2장, 4장의 국제무역에 관한 내용은 대폭 수정했다. 기본적으로 9장의 일부를 제외하고 대부분의 문장, 도표는 수정했다.

공저자인 미야자키 씨가 2016년 초에 서거하여 이번에는 필자 혼자서 개정작업을 담당했다. 이번 개정에서는 '미야자키 씨라면 어떻게 생각할 것인가, 어떻게 표현할 것인가'라는 마음의 대화를 지속했다. 미야자키 씨는 1980년대 초반부터 30여 년간 매년 거의 몇 번씩 해외 출장을 갔는데, 필자도 같이 다녔다. 그것은 미야자키 씨가 후쿠다 다케오 전 총리가 H. 슈미트 전 서독 수상 등의 협력으로 1983년에 발족한 세계 주요 문제를 협의하는 인터액션 카운슬(통칭 OB 정상회담)의 사무총장이었기 때문이다. 필자도 매년 세계의 어딘가에서 개최되는 총회와 그 준비모임에 관여했다. 그러한 경험을 통해 견문을 넓힐 수 있었던 것은 실질적으로 사무국을 운영하고 있던 아쓰미 게이코 씨 덕분이다. 또한 미야자키 씨가 생애의

작업으로 1978년부터 계속한 중일경제지식교류회에 일부 참가한 것도 귀중한 경험이었다.

전 판과 마찬가지로 다이와 총연의 이와타테 사쓰키 씨의 도움을 받은 점에 관해서도 감사하고 싶다. 나아가 거의 15년간 도쿄 파이낸셜 리서치TFR에서 매월 개최되는 편집회의에서는 교텐 도요오 씨를 비롯해 편집위원들께 유익한 자극을 얻었다. 그러한 기회를 만들어주신 TFR의 오타니나카 나미에 씨에게 감사의 말씀을 전하고 싶다. 이와나미 서점의 시마무라 노리유키 씨에게는 따뜻한 격려와 적절한 지적을 받았다. 마지막으로 이번에도 번잡한 도표를 정성 들여 만들어주신 후로야 고사쿠 씨에게 감사하고 싶다.

2020년 다야 데이조

세계 각국·지역의 GDP와 인구(2018년)

	명목 GDP (10억 달러)	인구 (100만 명)
〈선진경제〉		
오스트레일리아	1,420.0	25.17
오스트리아	456.2	8.89
벨기에	532.3	11.40
캐나다	1,712.5	36.69
키프로스	24.5	0.86
체코	245.2	10.61
덴마크	352.1	5.78
에스토니아	30.8	1.32
핀란드	274.2	5.51
프랑스	2,780.2	64.73
독일	3,951.3	82.90
그리스	218.2	10.74
홍콩	362.7	7.49
아이슬란드	26.0	0.35
아일랜드	382.8	4.89
이스라엘	370.6	8.88
이탈리아	2,075.9	60.48
일본	4,971.8	126.50
한국	1,720.5	51.64
라트비아	34.9	1.93
리투아니아	53.3	2.81
룩셈부르크	69.6	0.60
마카오	54.5	0.67
몰타	14.6	0.48
네덜란드	914.5	17.18
뉴질랜드	203.1	4.93
노르웨이	434.2	5.32
포르투갈	240.9	10.28
푸에르토리코	101.1	3.20
산마리노	1.6	0.03
싱가포르	364.1	5.64
슬로바키아	106.6	5.44
슬로베니아	54.1	2.07
스페인	1,427.5	46.45

	명목 GDP (10억 달러)	인구 (100만 명)
스웨덴	556.1	10.23
스위스	705.5	8.48
대만	589.9	23.59
영국	2,828.8	66.44
미국	20,580.3	327.35
〈신흥·발전도상국 유럽〉		
알바니아	15.1	2.87
벨라루스	59.6	9.49
보스니아 헤르체고비나	20.2	3.50
불가리아	65.2	7.00
크로아티아	60.8	4.09
헝가리	161.2	9.78
콩고	7.9	1.79
몰도바	11.3	3.54
몬테네그로	5.5	0.62
북마케도니아	12.7	2.08
폴란드	585.8	37.98
루마니아	239.6	19.52
러시아	1,657.3	146.80
세르비아	50.5	6.99
터키	771.3	82.00
우크라이나	130.9	42.04
〈사하라 이남 아프리카〉		
앙골라	105.9	29.25
베냉	14.3	11.49
보츠와나	18.6	2.34
부르키나파소	14.1	19.75
부룬디	3.4	11.19
카보베르데	2.0	0.55
카메룬	38.7	24.88
중앙아프리카	2.3	5.08
차드	11.1	12.49

	명목 GDP (10억 달러)	인구 (100만 명)
코모로 연방	1.2	0.85
콩고민주공화국	47.1	95.03
콩고공화국	11.7	4.46
코트디부아르	43.0	25.61
적도 기니	13.7	1.31
에리트레아	2.0	6.05
에스와티니	4.7	1.10
에티오피아	80.3	94.14
가봉	16.9	2.05
감비아	1.6	2.28
가나	65.5	29.56
기니	12.1	13.29
기니비사우	1.4	1.74
케냐	87.9	48.03
레소토	2.7	2.03
라이베리아	3.2	4.46
마다가스카르	12.1	26.33
말라위	6.9	19.72
말리	17.2	18.54
모리셔스	14.2	1.27
모잠비크	14.4	30.34
나미비아	14.5	2.41
니제르	9.3	22.44
나이지리아	398.2	195.88
르완다	9.5	12.09
상투메프린시페	0.4	0.22
세네갈	23.5	16.30
세이셸	1.6	0.10
시에라리온	4.1	7.57
남아프리카공화국	368.1	57.94
남수단	4.6	12.98
탄자니아	56.9	54.68
토고	5.4	7.99
우간다	28.1	38.82
잠비아	26.7	17.77
짐바브웨	21.0	14.64

〈신흥·발전도상국 아시아〉*

방글라데시	288.4	164.88
부탄	2.6	0.82
브루나이	13.6	0.44
캄보디아	24.4	16.25
중국	13,368.1	1,395.38
피지	5.5	0.89
인도	2,718.7	1,334.22
인도네시아	1,022.5	264.16
키리바시	0.2	0.12
라오스	18.1	7.06
말레이시아	358.6	32.39
몰디브	5.3	0.37
마셜제도	0.2	0.06
미크로네시아	0.4	0.10
몽골	13.0	3.24
미얀마	68.7	52.83
나우루	0.1	0.01
네팔	29.0	28.09
파라오	0.3	0.02
파푸아뉴기니	23.2	8.43
필리핀	330.9	106.60
사모아	0.9	0.20
솔로몬제도	1.4	0.63
스리랑카	88.9	21.69
태국	504.9	67.79
동티모르	2.7	1.27
통가	0.5	0.10
투발루	0.0	0.01
바누아투	0.9	0.29
베트남	241.3	94.58

〈중남미, 카리브해〉

앤티가바부다	1.6	0.09
아르헨티나	519.5	44.56
아루바	2.8	0.11
바하마	12.4	0.38
바베이도스	5.1	0.29
벨리즈	1.9	0.40
볼리비아	40.6	11.38
브라질	1,867.8	208.50
칠레	298.2	18.75
콜롬비아	331.0	49.83
코스타리카	60.5	5.02
도미니카국	0.5	0.07

	명목 GDP (10억 달러)	인구 (100만 명)
도미니카공화국	85.6	10.27
에콰도르	108.4	17.02
엘살바도르	26.1	6.64
그라나다	1.2	0.11
과테말라	78.5	17.26
가이아나	3.9	0.78
아이티	9.7	11.12
온두라스	23.8	9.43
자메이카	15.5	2.86
멕시코	1,222.1	124.74
니카라과	13.1	6.46
파나마	65.1	4.16
파라과이	41.9	7.05
페루	225.4	32.16
세인트 키츠네비스	1.0	0.06
세인트루시아	1.9	0.18
세인트빈센트 및 그레나딘제도	0.8	0.11
수리남	3.4	0.59
트리니다드 토바고	22.5	1.38
우루과이	59.7	3.51
베네수엘라	98.4	28.86

<중동, 중앙아시아>

	명목 GDP (10억 달러)	인구 (100만 명)
아프가니스탄	19.6	36.02
알제리	173.8	42.58
아르메니아	12.4	2.97
아제르바이잔	46.9	9.94
바레인	37.7	1.48
지부티	2.9	1.05
이집트	249.6	96.98
조지아	16.2	3.73
이란	446.1	82.36
이라크	224.2	38.12
요르단	42.3	9.90
카자흐스탄	172.9	18.40
쿠웨이트	141.6	4.57
키르기스스탄	8.1	6.26
레바논	56.4	6.09
리비아	41.0	6.51
모리타니	5.2	3.97
모로코	118.5	35.22
오만	79.3	4.18
파키스탄	314.6	200.96
카타르	191.4	2.72
사우디아라비아	786.5	33.41
소말리아	4.7	-
수단	34.3	41.99
시리아	-	-
타지키스탄	7.5	9.11
튀니지	39.9	11.66
투르크메니스탄	40.8	5.77
아랍에미리트	414.2	10.43
우즈베키스탄	50.5	32.57
예멘	27.6	30.32

주: '신흥국'이란 급성장하고 있는 발전도상국이라는 의미로, 별도로 명확한 정의가 있지는 않다.

자료: IMF, *World Economic Outlook Database*, Oct. 2019

세계경제 연표(2차 세계대전 이후)

년	월	사항
1945	2	얄타회담
	5	독일 무조건 항복
	7	포츠담 선언
	8	히로시마, 나가사키에 원자폭탄 투하. 일본, 무조건 항복
	10	연합국최고사령부 '인권에 관한 5대 개혁'을 일본에 지시
		국제연합 성립
	12	브레턴우즈 협정 발효
1946	5	제1차 요시다吉田 내각
	6	국제부흥개발은행(세계은행) 업무 개시
	11	일본국 헌법 공포
1947	3	IMF(국제통화기금) 발족
		트루먼 독트린 선언
	6	가타야마片山 내각. 마셜 플랜 발표
	7	일본, 제1회 경제백서 발표(국가·기업·가계 모두 적자)
	8	파키스탄 독립, 인도 독립
1948	1	GATT(관세 및 무역에 관한 일반협정) 발족
	3	아시다芦田 내각
	4	소련, 베를린 봉쇄
	8	대한민국 수립
	9	조선민주주의인민공화국 수립
1949	3	도지 라인 발표('죽마 다리를 잘라라')
	4	단일 환율(1달러=360엔) 실시
	9	샤우프세제 권고
	10	중화인민공화국 성립
	11	COCOM 설립
1950	6	한국전쟁 발발
1951	3	이란, 석유 국유화 법안 가결
	9	샌프란시스코 강화조약 조인, 미일안보조약 조인
1952	8	일본, IMF·세계은행 가맹

년	월	사항
1953	3	스탈린 소련 최고지도자 사망
	7	한국전쟁 휴전협정 조인
1955	9	일본, GATT에 가맹
1956	7	일본, 경제백서 "이미 전후가 아니다" 선언
		이집트 수에즈 운하 국유화
	12	일본, UN 가입
1957	2	기시岸 내각
	10	소련, 인공위성 발사
1958	1	EEC(유럽 경제공동체) 발족
	9	프랑스, 제5공화국 발족
1960	1	일본, 외환·무역자유화 조치
	12	이케다池田 내각, '국민소득배증계획' 발표
1961	1	미국, 쿠바와 국교 단절, 케네디 대통령 취임
	9	OECD(경제협력개발기구) 발족
1962	11	중일종합무역(LT무역) 협정 조인
1963	2	일본, GATT 11조국으로 이행
	11	케네디 미국 대통령 암살
1964	4	일본, IMF 8조국으로 이행, OECD 가맹
	9	미국, 금리평형세를 도입
	10	도카이도 신칸센 개통, 도쿄 올림픽 개최
	11	사토佐藤 내각
1965	6	한일 기본조약 조인
	9	인도-파키스탄 전쟁 발발
1966	8	중국, 문화대혁명 개시
	11	아시아개발은행 설립
1967	5	케네디 라운드 타결
	6	제3차 중동전쟁, 수에즈운하 봉쇄
		자본자유화 기본방침 결정
	7	EC(유럽공동체) 발족
	8	ASEAN 결성
	9	IMF 총회에서 SDR 창설에 합의
1968	3	금 풀 정지, 금의 이중가격제 채용
1969	3	중소 국경에서 군사 충돌
1971	6	오키나와 반환 협정 조인
	8	미국, 금·달러 교환정지, 10퍼센트 과징금 등 신정책 발표
	12	스미소니언 협정(1달러=308엔)
1972	2	닉슨 미국 대통령 방중(일본 패싱 외교)

년	월	사항
	6	다나카田中 통상산업대신 '일본열도개조론' 발표
	7	다나카 내각
	9	중일공동성명 조인
1973	1	확대 EC 발족
		베트남 평화협정
	2	일본, 변동환율제로 이행
	5	자본자유화(원칙 100퍼센트 자유화) 결정
	9	도쿄라운드 선언
	10	제4차 중동전쟁, 제1차 오일쇼크(OPEC 원유가격 70퍼센트 인상)
1974	1	미국, 금리 평형세 철폐
	5	슈미트, 서독 수상 취임
		지스카르 데스탱, 프랑스 대통령 취임
	8	닉슨 미국 대통령 사임, 포드 대통령 취임
	12	미키三木 내각
1975	4	사이공 정권(남베트남) 항복
	8	헬싱키 선언(35개국 조인)
	11	주요 선진국 정상회담(서밋) 개시(랑부이에)
1976	1	중국, 저우언라이 수상 사망
	2	록히드 사건
	9	마오쩌둥 주석 사망
	12	후쿠다福田 내각
1977	1	미국, 카터 대통령 취임
1978	8	중일 평화우호조약 조인
	12	제2차 오일쇼크. 오히라大平 내각
		소련, 아프가니스탄 개입
1979	2	이란 혁명(호메이니 지도)
	3	EMS(유럽통화제도) 발족
	5	영국, 대처 수상 등장
	6	도쿄 서밋(정상회담)
1980	4	미국, 대이란 국교 단절과 경제제재
	6	오히라 수상 사망
	7	스즈키鈴木 내각
	9	이란·이라크 전쟁 발발
1981	1	미국, 레이건 정권 발족
	3	제2차 임시행정조사위원회 발족
	12	폴란드 분쟁 격화
1982	11	나카소네中曽根 내각

년	월	사항
1983	11	레이건 대통령 방일
1984	2	미일 엔 달러 위원회발족(금융 자유화 명시)
1985	3	소련, 고르바초프 정권 탄생
	9	플라자합의(G5로 달러고 시정)
1986	4	'마에카와前川 리포트' 발표
	5	도쿄 정상회담(서밋)
	9	우루과이 라운드 선언
	10	미소회담(레이캬비크)
1987	2	G7, 루브르 합의
	4	국철 분할 민영화
	10	월가의 주가 폭락(블랙먼데이)
	11	다케시타竹下 내각
	12	미소, INF 폐지 합의. G7, 루브르 합의 재확인
1988	8	이란·이라크 전쟁 휴전
1989	1	쇼와昭和에서 헤이세이平成로 원호 변경
		미국, 부시 정권 발족
	3	브래디 구상(누적채무 처리 문제)
	4	소비세 실시
	6	우노宇野 내각
		중국, '천안문사건'
	8	가이후海部 내각
	11	베를린 장벽 붕괴
	12	몰타에서 미소 정상회담
		유럽부흥개발은행 설립 결정
1990	3	고르바초프, 소련 초대 대통령 취임
	8	이라크군, 쿠웨이트 침공
	10	독일 재통일
1991	1	걸프전쟁(2월 말 종결)
	8	소련에서 쿠데타 미수사건, 소연방 해체
	10	캄보디아평화협정 조인(파리, 19개국)
	11	미야자와宮沢 내각
	12	소연방을 대신하여 '독립국가공동체CIS' 발족
1992	2	EC가맹 12개국, 유럽연합조약(마스트리흐트 조약) 조인
	3	유엔 캄보디아 잠정통치기구UNTAC 발족
	6	유엔 환경개발회의(리우데자네이루 선언)
	8	NAFTA(북미자유무역협정) 체결
1993	1	EC시장 통합

년	월	사항
		미국, 클린턴 대통령 당선
	7	도쿄 정상회담(서밋)
	8	호소카와細川 내각(비자민연립정권)
	11	마스트리흐트 조약 발효
	12	GATT 우루과이 라운드 최종 협정
1994	1	NAFTA 발효
	4	하타羽田 내각(사회당, 연립정권으로부터 이탈)
	6	엔고, 2차대전 전 이후 처음으로 1달러 100엔 돌파
		무라야마村山 내각(자민당·사회당·사키가케 체제)
	11	APEC 정상회의, 보고르 선언 채택
1995	1	WTO(세계무역기구) 발족
		한신 아와지(고베) 대지진
	8	개조 무라야마 내각
	11	보스니아 헤르체고비나 포괄적 평화 합의
1996	1	하시모토橋本 내각
	11	클린턴 대통령 재선
		2차 하시모토 내각
1997	2	덩샤오핑 사망
	5	영국 블레어 정권 탄생
	7	홍콩 중국에 복귀
		태국, 바트 위기(아시아 통화위기의 시작)
	12	김대중, 한국 대통령 당선
1998	4	북아일랜드, 평화 합의
	5	인도네시아, 수하르토 대통령 사임
		인도·파키스탄 핵실험
	7	오부치小淵 내각
	8	러시아, 경제위기
1999	1	EU 공동통화 '유로' 발족
	3	NATO, 유고슬라비아 폭격(코소보 분쟁)
	12	마카오, 중국에 반환
2000	4	모리森 내각
2001	1	미국, 부시 대통령 취임
	3	일본은행 금융 양적완화 정책실시
	4	고이즈미小泉 내각
	9	미국 동시다발 테러 사건
	12	중국, WTO 가입
		아르헨티나, 정부 대외채무의 일시 지불정지 선언

년	월	사항
2002	1	유로 화폐 유통 개시
	11	중국, 후진타오 체제로
2003	3	미국 주도의 연합군이 이라크 침공
2004	5	EU의 확대(10개국 늘어 25개국으로)
2005	2	교토의정서 발효
2006	9	태국 군사 쿠데타
		아베安倍 내각
2007	1	EU의 확대(27개국으로)
	9	후쿠다福田 내각
2008	9	미국 투자은행 리먼브라더스 파산
		아소麻生 내각
2009	1	미국, 오바마 대통령 취임
	9	하토야마鳩山 내각
2010	5	EU, 7,500억 유로의 유로권 여러 나라 지원책
	6	간菅 내각
	8	미군, 이라크에서 철수
2011	1	튀니지에서 혁명
	2	이집트에서 무바라크 장기정권 종료
	3	동일본대지진
	8	리비아, 카다피 정권 붕괴
	9	노다野田 내각
	12	북한, 김정일 총서기 급서(후계자는 김정은)
2012	11	중국공산당 총서기에 시진핑
	12	2차 아베 내각
2013	4	일본은행이 양적·질적 금융완화(이차원異次元 완화) 개시
2015	9	유엔 정상회담에서 SDGs(지속 가능한 개발목표) 채택
	12	중국 주도의 '아시아·인프라투자은행AIIB' 발족
2016	6	영국, 국민투표로 EU 이탈 과반수 획득
2017	1	미국, 트럼프 대통령 취임
2018	6	1차 북미 정상회담
	7	미국이 중국 등에 철강, 알루미늄 관세 부과(미국과 중국을 중심으로 한 무역마찰 심화)
	12	TPP 11 발효
2019	5	신연호 '레이와令和'
2020	1	중국발 코로나바이러스 확산
		영국, EU에서 이탈

옮긴이 후기

일본에서 대학원 과정을 유학하고 현재도 일본 경제를 연구·교육하는 업에 종사하고 있는 역자가 이 책의 번역을 의뢰받았을 때, 원서의 출판사와 의뢰받은 서적명이 어울리지 않는다고 생각했다. 일본에는 '~업계의 상황', '알기 쉬운~', '도해 ~의 이해'와 같은 타이틀이 붙은 실용서 혹은 '가벼운' 교양서를 간행하고 있는 출판사가 많지만, 유서 깊은 이와나미 출판사는 그와 달리 어디까지나 '무거운' 교양서를 펴내는 데 중점을 두고 있다고 생각했기 때문이다. 저자가 미야자키 이사무宮崎勇라는 점도 의아했다. 미야자키 씨는 일본에서는 별도의 소개가 필요 없을 정도로 저명한 관료 출신의 이코노미스트이지만(대학 등 연구기관에서 활동하는 경제학자와 달리 금융기관·민간연구소 등에서 경제 현안에 대해 의견을 개진하는 그룹을 일본에서는 이코노미스트라고 한다), 이미 타계한 인물이었다.

그런데 이러한 의문은, 이 책을 완독한 후에 말끔하게 해소되었다. 이 책은 역자의 선입관을 무색하게 할 만큼 충실한 내용으로 이루어진 '무거운' 교양서 혹은 전공서에 가까웠고, 고 미야자키 씨의 영향이 남아있음을 확인할 수 있었기 때문이다.

이 책은 국제금융·국제무역·경제위기 등 열 개 주제와 각 주제당 열 개 항목으로 구성되었다. 일본 경제가 아니라 세계경제에 관한 이러한 구상을 특정 개인이 수행하기는 매우 어렵다. 이 책 이외에 비슷한 유형의 실용·교양서가 없는 이유이기도 할 것이다. 독자가 세계경제의 기본구조에 관한 주요 흐름과 현안의 핵심을 파악하고 장래의 방향을 전망할 수 있도록 책을 구성하기 위해서는 무엇보다도 주제와 항목을 적절하게 선정하는 것이 필요하다. 세계경제의 흐름과 방향을 이해하면서 일본의 경제정책을 수립하는 경제관료로 장기간 활약한 미야자키 씨야말로 이러한 구상이 가능한 흔치 않은 적임자였을 것이다. 이 책 초판은 1993년에 간행되었는데, 당시는 미야자키 씨 단독 집필이었고, 2판(2000년 간행)과 3판(2012년 간행)은 다야 데이조田谷禎三 씨와 공저 체제가 되었다. 본서는 그 3판의 편성을 약간 수정한 4판이므로, 미야자키 씨가 공저자로 남아있는 것이 오히려 자연스러운 셈이다.

이 책의 형식(체재)상 특징으로는 각 항목당 도표와 설명이 정확하게 한 페이지씩을 차지하고 있다는 점이다(안타깝게도 국내 출판 시 이러한 점을 전부 구현할 수 없었다). 책을 펼쳤을 때 일목요연하게 보이는, 일본어로 미히라키見開き 1매라고 하는 이 체제는 '~도해', '~도설'이라는 타이틀이 붙은 일본의 실용·교양서의 경우에 자주 이용되기는 하지만, 이 책처럼 모든 주제·항목에 대해 철저하게 그 원칙을 유지한 경우는 드물다. 그것이 가능하기 위해서는 각 항목을 대표하는 통계·문서의 선정 및 조사가 필요한데, 그것 또한 특정 개인이 담당하기 어렵다. 저자 후기에 등장하는 다이와 총연大和総研의 존재가 있었기 때문에 이 책이 가능했을 것인데, 저자인 미야자키 씨는 1982년부터 1995년까지는 이 연구소 이사장, 1996년 이후에는 특별고문직에 있었고, 공저자인 다야 씨도 이 연구소에 재직했던 경험이 있다. 이러한 관계 때문에 통계자료의 수집 및 작성은 연구소의 협력을 얻을 수 있었는데, 그것이 저자의 이력에 더해 책의 전문성을 담보하는 또 하나의 요인이 되고 있다.

이상과 같은 배경에서 탄생하여 단단한 독자층을 확보

하고 있는 이 책은 기본적으로는 '사전'과 같은 기능을 지향하고 있는 듯하다. 즉 저자의 주관적인 해석을 가능한 배제하고 객관적이고 검증된 논리만을 제시하려고 노력한 흔적이 곳곳에서 발견된다. 그렇지만 저자의 관점이 전혀 없는 것은 아니다. 예를 들어, 글로벌 금융위기 이후 지속되고 있는 세계경제의 근본적인 불안정성이 각국 정부의 지나친 개입 때문이라는 해석은 논란의 여지가 충분하다. 그러나 전반적으로는 통계자료에 대해 '담담한' 해설을 지향하고 있다는 점은 분명하다. 따라서 독자들은 이 책을 사전처럼, 목차에서 흥미·관심 있는 항목을 찾아 읽어도 무방할 것이다.

사전처럼 이용할 경우, 인터넷상에 관련 정보가 넘쳐나는 요즘 본서의 장점을 온전하게 흡수할 수 없을지 모른다. 앞서 소개한 대로 본서의 최대 특징은 전체 주제와 항목 선정 구상력에 있기 때문이다. 따라서 이 책의 '정통' 독서법은 저자 의도를 이해하려고 노력하면서 일단 처음부터 끝까지 끈기 있게 읽어보는 것이다. 그러면 세계경제에 대한 체계적인 이해는 물론 향후 전개방향을 예측하는 능력도 향상된 자신을 발견할 수 있을 것이다.

이 책은 대학의 교양·전공서로도 이용될 수 있다. 사

실 현재 대학에서 '세계경제의 이해'라는 교양과목의 강의를 담당하고 있는 역자는 이 책이 강의교재로 매우 적합하다는 인상을 받았다. 수강생들에게는 각 항목에 제시되고 있는 통계 작성 기관의 위상을 설명하고 각 통계 데이터를 업데이트해보도록 연습하는 교재로 활용할 수 있을 듯했다. 특히 7장 에너지·자원 문제, 8장 환경문제는 체계적으로 정리된 한글 자료가 그다지 많지 않은 만큼 매우 유용할 것으로 생각되었다. 수강생들의 관심을 반영하여, 한국 경제의 역동성을 발견해내려는 목적으로 새롭게 주제·항목을 추가하여 그에 관한 통계를 수집하는 연습으로 이어진다면 이 책을 교재로 활용하는 최선의 방법이 될 것이다.

하지만 이 책은 대학교재보다는 역시 우리나라 일반 시민들의 '고급' 교양서로 읽히는 것이 가장 바람직스럽다고 생각한다. 이 책은 이와나미 서점의 신서新書 시리즈로 간행되었다. "역사란 무엇인가, 잘 살아간다는 것은 어떤 것인가, 세계와 인간은 어디로 향해야 하는가 등의 근원적인 질문에 대한 고민이 문화와 지식을 형성하고, 개인과 사회를 지탱하는 기반으로서의 교양이 되었다. 그 교양을 위한 안내서가 이와나미 신서가 추구해온

길이다.” 이러한 이와나미 신서가 우리나라의 독자에게도 널리 소개되는 데 일조할 수 있기를 갈망해온 역자로서는, 그 일부를 이번 번역작업을 통해 수행함으로써 매우 깊은 감회를 느낀다. ‘무거운’ 교양을 추구하는 우리나라의 많은 독자에게 다가가기를 바라는 이유이다.

끝으로 이 책의 저자가 참가하여 자매 도서라고도 할 수 있는 『일본경제도설 제5판』(2021년)도 번역서가 간행되기를 기대해본다.

2022년 4월

여인만

IWANAMI 075

데이터로 읽는 세계경제

-표와 그래프로 살피는 현대 경제 이야기-

초판 1쇄 인쇄 2022년 6월 10일
초판 1쇄 발행 2022년 6월 15일

저자 : 미야자키 이사무, 다야 데이조
번역 : 여인만

펴낸이 : 이동섭
편집 : 이민규
책임편집 : 조세진
디자인 : 조세연
표지 디자인 : 공중정원
영업 · 마케팅 : 송정환, 조정훈
e-BOOK : 홍인표, 최정수, 서찬웅, 김은혜, 이홍비, 김영은
관리 : 이윤미

㈜에이케이커뮤니케이션즈
등록 1996년 7월 9일(제302-1996-00026호)
주소 : 04002 서울 마포구 동교로 17안길 28, 2층
TEL : 02-702-7963~5 FAX : 02-702-7988
http://www.amusementkorea.co.kr

ISBN 979-11-274-0541-0 04320
ISBN 979-11-7024-600-8 04080 (세트)

지성과 양심 이와나미岩波 시리즈

001 이와나미 신서의 역사 가노 마사나오 지음 | 기미정 옮김
이와나미 신서의 사상·학문적 성과의 발자취

002 논문 잘 쓰는 법 시미즈 이쿠타로 지음 | 김수희 옮김
글의 시작과 전개, 마무리를 위한 실천적 조언

003 자유와 규율 이케다 기요시 지음 | 김수희 옮김
엄격한 규율 속에서 자유의 정신을 배양하는 영국의 교육

004 외국어 잘 하는 법 지노 에이이치 지음 | 김수희 옮김
외국어 습득을 위한 저자의 체험과 외국어 달인들의 지혜

005 일본병 가네코 마사루, 고다마 다쓰히코 지음 | 김준 옮김
일본의 사회·문화·정치적 쇠퇴, 일본병

006 강상중과 함께 읽는 나쓰메 소세키 강상중 지음 | 김수희 옮김
강상중의 탁월한 해석으로 나쓰메 소세키 작품 세계를 통찰

007 잉카의 세계를 알다 기무라 히데오, 다카노 준 지음 | 남지연 옮김
위대하고 신비로운「잉카 제국」의 흔적

008 수학 공부법 도야마 히라쿠 지음 | 박미정 옮김
수학의 개념을 바로잡는 참신한 교육법

009 우주론 입문 사토 가쓰히코 지음 | 김효진 옮김
물리학과 천체 관측의 파란만장한 역사

010 우경화하는 일본 정치 나카노 고이치 지음 | 김수희 옮김
낱낱이 밝히는 일본 정치 우경화의 현주소

011 악이란 무엇인가 나카지마 요시미치 지음 | 박미정 옮김
선한 행위 속에 녹아든 악에 대한 철학적 고찰

012 포스트 자본주의 히로이 요시노리 지음 | 박제이 옮김
자본주의·사회주의·생태학이 교차하는 미래 사회상

013 인간 시황제 쓰루마 가즈유키 지음 | 김경호 옮김
기존의 폭군상이 아닌 한 인간으로서의 시황제를 조명

014 콤플렉스 가와이 하야오 지음 | 위정훈 옮김
탐험의 가능성으로 가득 찬 미답의 영역, 콤플렉스

015 배움이란 무엇인가 이마이 무쓰미 지음 | 김수희 옮김
인지과학의 성과를 바탕으로 알아보는 배움의 구조

016 프랑스 혁명 지즈카 다다미 지음 | 남지연 옮김
막대한 희생을 치른 프랑스 혁명의 빛과 어둠

017 철학을 사용하는 법 와시다 기요카즈 지음 | 김진희 옮김
'지성의 폐활량'을 기르기 위한 실천적 방법

018 르포 트럼프 왕국 가나리 류이치 지음 | 김진희 옮김
트럼프를 지지하는 사람들의 생생한 목소리

019 사이토 다카시의 교육력 사이토 다카시 지음 | 남지연 옮김
가르치는 사람의 교육력을 위한 창조적 교육의 원리

020 원전 프로파간다 혼마 류 지음 | 박제이 옮김
진실을 일깨우는 원전 프로파간다의 구조와 역사

021 허블 이에 마사노리 지음 | 김효진 옮김
허블의 영광과 좌절의 생애, 인간적인 면모를 조명

022 한자 시라카와 시즈카 지음 | 심경호 옮김
문자학적 성과를 바탕으로 보는 한자의 기원과 발달

023 지적 생산의 기술 우메사오 다다오 지음 | 김욱 옮김
지적인 정보 생산을 위한 여러 연구 비법의 정수

024 조세 피난처 시가 사쿠라 지음 | 김효진 옮김
조세 피난처의 실태를 둘러싼 어둠의 내막

025 고사성어를 알면 중국사가 보인다
이나미 리쓰코 지음 | 이동철, 박은희 옮김
중국사의 명장면 속에서 피어난 고사성어의 깊은 울림

026 수면장애와 우울증 시미즈 데쓰오 지음 | 김수희 옮김
우울증을 예방하기 위한 수면 개선과 숙면법

027 아이의 사회력 가도와키 아쓰시 지음 | 김수희 옮김
아이들의 행복한 성장을 위한 교육법

028 쑨원 후카마치 히데오 지음 | 박제이 옮김
독재 지향의 민주주의자이자 희대의 트릭스터 쑨원

029 중국사가 낳은 천재들 이나미 리쓰코 지음 | 이동철, 박은희 옮김
중국사를 빛낸 걸출한 재능과 독특한 캐릭터의 인물들

030 마르틴 루터 도쿠젠 요시카즈 지음 | 김진희 옮김
평생 성서의 '말'을 설파한 루터의 감동적인 여정

031 고민의 정체 가야마 리카 지음 | 김수희 옮김
고민을 고민으로 만들지 않을 방법에 대한 힌트

032 나쓰메 소세키 평전 도가와 신스케 지음 | 김수희 옮김
일본의 대문호 나쓰메 소세키의 일생

033 이슬람문화 이즈쓰 도시히코 지음 | 조영렬 옮김
이슬람 세계 구조를 지탱하는 종교 · 문화적 밑바탕

034 아인슈타인의 생각 사토 후미타카 지음 | 김효진 옮김
아인슈타인이 개척한 우주의 새로운 지식

035 음악의 기초 아쿠타가와 야스시 지음 | 김수희 옮김
음악을 더욱 깊게 즐기는 특별한 음악 입문서

036 우주와 별 이야기 하타나카 다케오 지음 | 김세원 옮김
거대한 우주 진화의 비밀과 신비한 아름다움

037 과학의 방법 나카야 우키치로 지음 | 김수희 옮김
과학의 본질을 꿰뚫어본 과학론의 명저

038 교토 하야시야 다쓰사부로 지음 | 김효진 옮김
일본 역사학자가 들려주는 진짜 교토 이야기

039 다윈의 생애 야스기 류이치 지음 | 박제이 옮김
위대한 과학자 다윈이 걸어온 인간적인 발전

040 일본 과학기술 총력전 야마모토 요시타카 지음 | 서의동 옮김
구로후네에서 후쿠시마 원전까지, 근대일본 150년 역사

041 밥 딜런 유아사 마나부 지음 | 김수희 옮김
시대를 노래했던 밥 딜런의 인생 이야기

042 감자로 보는 세계사 야마모토 노리오 지음 | 김효진 옮김
인류 역사와 문명에 기여해온 감자

043 중국 5대 소설 삼국지연의 · 서유기 편 이나미 리쓰코 지음 | 장원철 옮김
중국문학의 전문가가 안내하는 중국 고전소설의 매력

044 99세 하루 한마디 무노 다케지 지음 | 김진희 옮김
99세 저널리스트의 인생 통찰과 역사적 증언

045 불교입문 사이구사 미쓰요시 지음 | 이동철 옮김
불교 사상의 전개와 그 진정한 의미

046 중국 5대 소설 수호전 · 금병매 · 홍루몽 편 이나미 리쓰코 지음 | 장원철 옮김
「수호전」, 「금병매」, 「홍루몽」의 상호 불가분의 인과관계

047 로마 산책 가와시마 히데아키 지음 | 김효진 옮김
'영원의 도시' 로마의 거리마다 담긴 흥미로운 이야기

048 카레로 보는 인도 문화 가라시마 노보루 지음 | 김진희 옮김
인도 요리를 테마로 풀어내는 인도 문화론

049 애덤 스미스 다카시마 젠야 지음 | 김동환 옮김
애덤 스미스의 전모와 그가 추구한 사상의 본뜻

050 프리덤, 어떻게 자유로 번역되었는가 야나부 아키라 지음 | 김옥희 옮김
실증적인 자료로 알아보는 근대 서양 개념어의 번역사

051 농경은 어떻게 시작되었는가 나카오 사스케 지음 | 김효진 옮김
인간의 생활과 뗄 수 없는 재배 식물의 기원

052 말과 국가 다나카 가쓰히코 지음 | 김수희 옮김
국가의 사회와 정치가 언어 형성 과정에 미치는 영향

053 헤이세이(平成) 일본의 잃어버린 30년 요시미 슌야 지음 | 서의동 옮김
헤이세이의 좌절을 보여주는 일본 최신 사정 설명서

054 미야모토 무사시 우오즈미 다카시 지음 | 김수희 옮김
『오륜서』를 중심으로 보는 미야모토 무사시의 삶의 궤적

055 만요슈 선집 사이토 모키치 지음 | 김수희 옮김
시대를 넘어 사랑받는 만요슈 걸작선

056 주자학과 양명학 시마다 겐지 지음 | 김석근 옮김
같으면서도 달랐던 주자학과 양명학의 역사적 역할

057 메이지 유신 다나카 아키라 지음 | 김정희 옮김
다양한 사료를 통해 분석하는 메이지 유신의 명과 암

058 쉽게 따라하는 행동경제학 오타케 후미오 지음 | 김동환 옮김
보다 좋은 행동을 이끌어내는 넛지의 설계법

059 독소전쟁 오키 다케시 지음 | 박삼헌 옮김
2차 세계대전의 향방을 결정지은 독소전쟁의 다양한 측면

060 문학이란 무엇인가 구와바라 다케오 지음 | 김수희 옮김
바람직한 문학의 모습과 향유 방법에 관한 명쾌한 해답

061 우키요에 오쿠보 준이치 지음 | 이연식 옮김
전 세계 화가들을 단숨에 매료시킨 우키요에의 모든 것

062 한무제 요시카와 고지로 지음 | 장원철 옮김
생동감 있는 표현과 핍진한 묘사로 되살려낸 무제의 시대

063 동시대 일본 소설을 만나러 가다 사이토 미나코 지음 | 김정희 옮김
문학의 시대 정신으로 알아보는 동시대 문학의 존재 의미

064 인도철학강의 아카마쓰 아키히코 지음 | 권서용 옮김
난해한 인도철학의 재미와 넓이를 향한 지적 자극

065 무한과 연속 도야마 히라쿠 지음 | 위정훈 옮김
현대수학을 복잡한 수식 없이 친절하게 설명하는 개념서

066 나쓰메 소세키, 문명을 논하다 미요시 유키오 지음 | 김수희 옮김
나쓰메 소세키의 신랄한 근대와 문명 비판론

067 미국 흑인의 역사 혼다 소조 지음 | 김효진 옮김
진정한 해방을 위해 고군분투해온 미국 흑인들의 발자취

068 소크라테스, 죽음으로 자신의 철학을 증명하다
다나카 미치타로 지음 | 김지윤 옮김
철학자 소크라테스가 보여주는 철학적 삶에 대한 옹호

069 사상으로서의 근대경제학 모리시마 미치오 지음 | 이승무 옮김

20세기를 뜨겁게 달군 근대경제학을 쉽게 설명

070 사회과학 방법론 오쓰카 히사오 지음 | 김석근 옮김

여러 사회과학 주제의 이해를 돕고 사회과학의 나아갈 길을 제시

071 무가와 천황 이마타니 아키라 지음 | 이근우 옮김

무가 권력과 길항하며 천황제가 존속할 수 있었던 이유

072 혼자 하는 영어 공부 이마이 무쓰미 지음 | 김수희 옮김

인지과학 지식을 활용한 합리적인 영어 독학

073 도교 사상 가미쓰카 요시코 지음 | 장원철, 이동철 옮김

도교 원전을 통해 도교의 전체상을 파악

074 한일관계사 기미야 다다시 지음 | 이원덕 옮김

한일 교류의 역사를 통해 관계 개선을 모색